대전환의 시　대,

새　로　운
대한민국이 온다

대전환의 시대,

김준형 의
외교혁명 제안

대,

새로운 대한민국이 온다

김준형 지음

CRETA

차례

1장. 흔들리는 국제질서

2장. 잘나가는 한국, 행복하지 않은 한국인

3장. 위기를 기회로

4장. 국제관계 업그레이드하기

5장. 우리는 세계 5강으로 간다

머리말

필자는 최근에 집필한 책들에서 프롤로그와 에필로그를 자주 써왔다. 나날이 바빠지는 현대인의 삶에서 두꺼운 책, 그것도 사회과학 서적을 읽을 엄두가 나지 않을 것이라는 생각이 들었다. 이 둘만 읽어도 일단은 책 전체에서 말하려는 주제를 충분히 이해할 수 있으면 좋겠다는 마음에서 출발했다. 그러다 보니 책을 집필하는 과정에서의 에피소드나 도움을 주신 분들을 향한 고마움을 전하는 머리글이 부가적으로 필요해졌다.

이 책 바로 전에 출간했던 책이 창비의 《영원한 동맹이라는 역설》이었다. 한미동맹을 약화하자거나 반대하기보다는 이제 한국의 국위와 국력이 달라진 만큼 미국에 전적으로 의지하는 것에서 벗어나 자율적이고 실용적인 대미 관계를 수립하자는 내용이었다. 그럼에도 당시 국립외교원장으로 한미동맹에 관해 비판적인 책을 출판했다는 것 때문에 엄청난 후폭풍이 있었다. 방송과 신문에서 한미동맹을 비하했다고 공격했으며, 현직 외교부 고위 공무원의 신분을 문제 삼았다. 심지어 국립외교원 정문에서는 필자를 '민족의 반역자'라고 비난하는 보수단체의 시위까지 있었다. 정치인들은 무플보다 악플이 낫다고 하지만, 학자로서는 그런 반응이 매우 부담스러웠다.

이제 원래의 학자로 돌아와 한국외교의 미래에 관한 제안을 책으로 썼다. 출판 시기가 묘한 것이 대한민국 제20대 대통령선거일이 코앞이다. 꼭 의도하지는 않았지만, 잘된 일이다. 새 정부가 한국외교의 혁명적인 변화를 이끌기를 기대하며 작은 도움이 되면 좋겠다. 책은 갑자기 기획되었고, 짧은 시간에 쓰였다. 그러나 내용은 아주 오랜 사색과 고민, 그리고 배움과 토론의 과정을 겪은 것이다. 필자가 썼던 글들을 가져와 손 보기도 했다. 특히 지난 6년간 정기적으로 만나서 함께 공부해 온 '외교안보통일(외안통) 연구포럼' 동료들의 도움은 결정적이었다. 원동욱(중국), 정다훈(중국), 이영훈(북한), 권율(동남아) 성원용(러시아), 이문영(러시아), 장세호(러시아), 정재원(러시아), 김지운(미중관계), 남기정(일본), 최희식(일본), 심성은(유럽), 조은정(유럽), 이유철(동아시아) 등과 함께 작업한 〈외교전략

보고서)에서 큰 도움을 받았다.

출판의 직접적 동력은 크레타 출판사 나영광 대표님과 정고은 편집장의 엄청난 열정과 노력에서 왔다. 원고를 늦게 내고도 빨리 출판해 달라는 생떼를 인내하고, 비상체제를 가동해 주었기에 새로운 정부를 뽑는 선거 전에 나올 수 있게 된 것이다. 물론 2021년의 마지막과 2022년의 벽두에 잠 못 드는 밤과 키보드를 누르는 필자의 손가락 뼈마디의 만성적 통증도 여기 공헌했다.

머리글이나 서문은 보통 책의 가장 나중에 쓴다고들 한다. 물론 필자도 가장 마지막에 쓰고 있다. 이제는 거의 클리셰가 되어버렸지만, 사람들은 졸업을 두고 끝이 아니라 시작이라고 말한다. 책의 서문을 마지막에 쓰면서 비슷한 생각이 들었다. 대한민국 외교의 혁명적 변화를 간절히 바라면서 힘찬 도약을 향한 새로운 시작을 고대한다.

2022년 2월
국제정치학자 김준형

대한민국은 이미 선진국이다

이 책은 이 땅에 지속 가능한 평화와 함께, 모두가 행복할 수 있는 번영을 위한 한국외교 도약의 간절한 희망과 구체적 방안에 관한 이야기다.

한국의 위상은 엄청나게 달라졌다. 이미 오래전부터 달라지기 시작했지만, 그동안 미처 인식하지 못했다가 최근에 갑자기 자문하기 시작했다. 그게 정말이야? 국뽕 아니야? 그리고 스스로 다시금 의심한다. 오래도록 살아온 이 땅이 강자들의 싸움터에 불과했다는 끝없는 피해의식은 장기간에 걸쳐 약소국 콤플렉스로 굳어지고, 현시점까지도 극복하지 못한 분단구조와 더불어 한반도를 둘러싼 4대 강국의 단단한 역학구조는 새로운 '깨어남'을 막아왔다. 그러나 우리는 힘차게 깨어나 포효할 자격이 충분하며, 약소국 콤플렉스는

이제 과감히 내던져도 될 때가 왔다. 아니, 던져버려야 더 도약할
수 있다.

한국이 약소국이라고?
아니라는 증거는 차고 넘친다

　수년 전 주한 호주대사를 만났을 때 들었던 얘기다. 자신이 근무
하면서 한국 사람들로부터 반복적으로 들은 말 중 가장 이해하기
힘들었던 말이 "한국은 작은 나라"라거나 "한국처럼 약소국"이라는
말이었다고 했다. 그가 아는 한국은 세계에서 명실상부한 국력과
위상을 가진 국가인데, 정작 한국인들의 인식을 깨닫고는 귀를 의
심했다고 한다. 독자들 가운데서도 호주가 우리보다 더 강대국이라
는 막연한 느낌을 지니는 분이 있을 것이다. 물론 영토의 크기는 호
주와 비교해서 작지만, 한국은 결코 약소국이 아니다. 객관적 지표
를 통해 비교해도 호주는 GDP 1.33조 달러로 세계 13위, 군사력 19
위, 국방비 427억 달러로 10위인데, 대한민국은 GDP 1.58조 달러로
세계 10위, 군사력은 6위, 국방비 480억 달러로 8위이다. 호주도 물
론 강대국이지만, 한국은 그 이상의 강대국이다.

2021년 5월, 문재인 대통령과 바이든 대통령의 한미정상회담과 2년 연속 초청받은 6월의 G7 회담에서 확인한 우리나라의 위상은 실로 대단했다. 과거와 같은 배려용 외교 수사의 나열이 아니었다. 이유는 한국이 오늘날 가장 큰 화두가 된 두 개의 가치 영역에서 핵심강국이기 때문이다. 하나는 하드파워고, 다른 하나는 소프트파워다. 먼저 하드파워 면에서, 글로벌 공급망을 의미하는 '가치사슬value chain'을 들 수 있다. 전문가들은 4차 산업혁명 시대에서 여전히 경쟁력을 가진 국가는 최소 10개국에서 최대 15개국 정도라고 말한다. 대한민국은 당연히 포함되어 있을 뿐만 아니라 선두권이다. 성공과 실패를 가를 4가지 결정적 분야는 반도체, 바이오, 배터리, 희토류 같은 필수 물질인데, 한국은 물질 분야만 제외하고 나머지 분야에서 핵심 국가 중 하나로 부상하고 있다. 4가지 분야 중 어떤 것도 확실한 경쟁력이 없는 일본과 비교해 봐도 우리의 실력은 세계의 주목 대상이다. 그래서 미국은 물론이고, 특히 영국과 호주, 독일, 프랑스, 네덜란드, 스페인 등이 한국과 협력하고 연대하려 한다.

다음으로 소프트파워인 가치 영역에서도 한국은 세계가 인정하는 강국이 되었다. 세계를 뒤흔들고 있는 한류 태풍은 상세한 설명이 필요 없을 정도다. 드라마, 영화, 아이돌 그룹이 이끄는 엔터테인먼트 분야를 넘어 K-푸드, K-패션, K-방역까지 한국의 기준이 세계의 기준이 되고 있으며, 이는 탄탄한 산업경쟁력으로 이어지고 있다. 어느 분야든 한국은 곧 '세련됨'을 상징하기에 세계의 많은 젊은이가 한국문화를 좋아하고, 방문하기를 원한다. 규범적 가치 영역에서도 자랑할 만하다. 제국주의의 침략과 전쟁을 극복해낸 저력은 물론이고, 수십 년간의 군부독재와 반민주정부를 끈질긴 민주화 투쟁으로 이겨내 민주주의를 정착시키고야 말았다. 언론의 자유, 인권, 그리고 저발전 국가와 개발도상국의 발전을 돕는 공적 개발원조 등에서도 괄목할 만한 성장을 이뤘다. 우리가 부족하기에 오히려 더 당당하게 내세울 가치도 있는데, 바로 평화다. 전쟁과 분단의 역사와 현실을 겪어온 한국이 염원하는 평화에 대한 진실함과 간절함을 세계는 의심하지 않는다. 그래서 우리가 평화를 말하고 협력을 요청하면 설득력이 있는 것이다. 미국이 중국을 압박할 때 내세우는 민주주의나 인권은 패권경쟁의 수단으로 사용하기에 저항 받는다. 중국이 일대일로를 통해 개발도상국을 원조하는 것은 중국의 영향력 확장의 수단이라는 점에서 의심받는다. 하지만 한국은 그렇지 않다.

지난 20~30년간 세계 외교무대에서 중국의 부상만 집중적으로 부각하고, 한국의 부상은 간과된 측면이 크다. 한국의 경제력과 군사력의 하드파워가 엄청나게 성장했으며, 한류를 포함한 소프트파워의 매력 역시 커졌다. 이 글을 쓰고 있는 시점에서 한국은 G7에 근접했고, 노력 여하에 따라 G5도 아주 먼 목표가 아니다. 유엔무역개발회의의UNCTAD 역사상 최초로 개발도상국에서 선진국 그룹으로 진입한 사례로서 많은 국가가 선망하는 모델이 되었다는 것도 중요하지만, 무엇보다 세계인들은 한국과 한국인을 좋아한다는 사실에 주목하고 싶다. 한국이 다른 강대국처럼 위협적이지 않은 국가라는 점이 크게 어필한다. 다른 나라에 쉽게 이용당하는 호구가 아니냐는 반문은 지나친 자기 비하적 해석이다. 반대로 이는 현재 세계가 처한 각자도생과 분열의 세계질서에서 엄청난 외교적 자산이 아닐 수 없다.

달라진 세계질서, 최악의 시나리오는?

한국이 가치사슬의 실력자로서, 가치 규범의 선도자로서, 무엇보다 진정한 평화의 동반자로서 협력적 글로벌 거버넌스의 주역으로 발돋움할 바탕은 이렇게 잘 마련되어 있다. 다음은 우리 미래의 운명을 결정할 가장 큰 힘은 결국 외교(력)이다. 요즘 유행어처럼 우리는 정말 지금부터라도 '외교에 진심'이어야 하고, 외교가 '하드캐리'해야 한다. 놀랄 만큼 성장한 능력을 발휘하는 동시에 능력을 더욱 배가하는 가장 좋은 수단이다. 사실 그동안 우리는 국제 외교무대에서 북한 문제와 한미동맹만 고집하는 편협한 외교행위자로 낙인찍히다시피 했다. 이제 그런 차원을 벗어나야 한다. 위상의 변화만큼 책임도 뒤따르고, 미·중 사이에서 전략적 가치가 높아진 만큼 압박도 가중될 수 있다. 하지만 우리가 원하는 질서는 달라진 힘으로 다른 나라를 윽박지르고 이익만 챙기며 이기주의가 판치는 세계가 아니라, 모두가 평화롭고 함께 번영하는 세계다. 서로에게 좋기 때문이다. 역사를 통틀어 피해자의 위치에 훨씬 더 오래 있었다는 점에서 우리는 남을 지배하고 괴롭힘으로써 이익을 얻는 국가가 아니라 이익을 공유하는 질서를 원한다.

냉전이 붕괴한 지 한 세대가 흘렀지만, 다음 질서가 분명하지 않다. 21세기는 지구적 협력과 통합의 질서로 출발했지만, 다시 파편화와 대결의 질서가 거대한 위협으로 다가왔다. 지정학적 위험이 전대미문의 파괴적 내일을 가져올 수 있다. 국력의 약화와 함께 편협해지고 있는 미국과 대국답지 못한 중국이 조성하는 반평화적 갈등 속에서 '공동체가 함께 사는 세계'를 만드는 데 일익을 담당할 수 있다. 세계는 스트롱맨들의 적대적 공존의 시대가 만연해지고 있다. 미국은 누가 더 중국에 대해 강경한지가 정치가의 덕목이 되고 있고, 중국은 미국에 대해 얼마나 강하게 저항하느냐로 국민을 결집하고 있다. 서로를 강화한다. 한국에서 북한을 때려 부수고 멸공하자고 목소리를 높이면, 북한의 군부는 남쪽을 신뢰하지 못한다며, 핵무기를 고도화해야 한다는 근거로 삼는다. 과거 부시 대통령의 강경책이 알 카에다를 과격하게 만들고, 알 카에다의 무자비한 테러가 미국 네오콘의 호전성을 강화했던 일을 기억할 필요가 있다. 미·중 관계가 향후 국제질서를 규정할 가장 큰 독립변수라는 점은 명약관화하다. 그러나 어느 한쪽이 다른 한쪽을 확실히 제압하기는 쉽지 않기에 이 상태가 수십 년 계속될 수도 있다. 미·중이 핵무기에 의한 공포의 균형으로 전면적 군사충돌로까지 이어지지 않겠지만, 갈등이 만성화하고 한반도, 동중국해, 대만, 남중국해에서 긴장은 해소되지 못한 채 이어지는 나쁜 상황이 우리로서는 매우 어려운 도전이 아닐 수 없다. 가장 나쁜 것은 미·중의 적대관계가 악화하는 상황에서 남북까지 대결적 긴장이 심화하는 것이다. 그렇게 되면 북·중·러와 한·미·일의 진영 대결구조가 되살아날 것이고, 대중 의존도가 높은 한국 경제는 큰 어려움에 봉착할 것이다.

한국이 가진 두 개의 해법

우리의 해법은 2가지로 압축된다. 먼저 우리가 미·중 관계를 좌지우지할 수는 없지만, 남북한이 평화를 구축하는 것이 난국을 극복할 수 있는 가장 좋은 방법이다. 남북이 법적인 통일은 아니더라도 적대적 관계를 해소하고 평화와 공존하는 것이 필수다. 한반도 긴장이 느슨해지면 한미동맹에 모든 것을 걸어야 하는 부담에서도 어느 정도 자유로워질 수 있다. 소위 '북한 문제'의 근본적 해결 역시 단기간 내에 해결하기는 힘들 것이다. 통일하면 단번에 해결할 수 있다고 주장하지만, 통일이 쉽지 않다. 그렇다면 한발 물러서고, 시야를 길게 두는 편이 낫다. 같은 민족이니 통일의 필연성을 주장할 수 있지만, 젊은 세대에게 강요할 수는 없을 것이다. 평화가 전쟁보다 얼마나 좋은지, 통일이 분단보다 얼마나 더 좋은지 열린 마음으로 토론하면 된다. 미국도 마찬가지다. 우리에게 역사적으로 얼마나 중요한지보다는 얼마나 이익이 되는가를 따지는 실용주의로 가자. 아무리 미국이라도 우리의 이익을 확보하기 위해 씨름하고 격론을 벌이는 것을 망설이지 말자.

다음으로 미·중 전략경쟁의 판에서 배타적 선택의 프레임에 빠져들지 말고, 유사한 입장과 능력을 지닌 국가들과의 연대를 통해 미·중 대결구조를 완충하는 방법이 있다. 미·중 대결구조가 아무리 결정적 변수라고 하더라도 프레임 안에 갇혀 수동적인 선택을 하는 외교로는 미래가 없다. 한국이 필요한 나라, 한국을 필요로 하는 나라들이 연대를 구축해서 제3지대를 만들어 대응해야 한다. 유럽이 가장 매력적인 대상이 될 수 있다. 미·중이 아시아에서 격돌하면서 유럽은 미국의 참여 요구를 받으면서도 역설적으로 전략적 중요성이 감소하고 있다. 다시 말해 미·중 대결구조에서 치러야 할 비중은 커지면서, 외교의 중심 무대에서 벗어남으로써 이익은 작아지고 있다. 전략적 자율성을 표방하지만, 소극적 대응이라는 한계가 명확하다. 특히 미국이 브렉시트를 단행한 영국과 동맹을 우선하면서 상대적으로 대륙의 독일이나 프랑스 등 지역 핵심강국이 소외되고 있다. 한국과 정치·경제적 연대를 맺는다면 힘은 배가될 수 있다. 인도, 캐나다, 호주, 아세안 등도 동참시킨다면 제3지대는 너 큰 힘을 보유할 수 있고, 더 큰 역할을 할 수 있다.

협력이 가능해지려면 물론 각자의 국익이 중요하지만, 자기만 잘 살겠다는 것은 곤란하다. 결국 다 같이 잘사는 평화로운 세계를 가치와 뜻이 맞는 국가들과 협력해서 이룩해야 모두가 행복해진다. 코로나 팬데믹이 가르쳐 준 값비싼 교훈은 모두가 안전해지기 전에는 아무도 안전하지 않다는 것이었다. 모두가 평화로워지기 전에는 아무도 평화롭지 않은 것이다. 미국과 중국이 힘의 외교를 앞세울 때 우리는 제3지대를 통해 다자외교를 실현해 가치를 강조해야 한다. 평화결손의 한반도가 그 결손을 메움으로써 세계에 희망을 던질 수 있다. 더불어 국가주의에 대항해서 시민의 행복을 위해 호전적 국가주의와 편협한 민족주의를 단호히 배척해야 한다. 이를 위해 세계 시민의 연대가 필요하다. 그래서 필자는 문재인 정부가 출범할 때 국민외교 개념을 제안한 바 있다. 국민외교는 국민을 위한 위민爲民 외교이자, 국민에 의한 의민依民 외교다. 이른바 '깨(어있는) 시민'과 '깨국민'이 훨씬 많아져야 소수의 권력이 좌우하는 국가 이기주의가 통제될 수 있고, 세계는 사람을 위한 질서로 나갈 수 있다. 국민이 외교에 대해 정확하게 이해해야 하고, 단합해 힘을 모아야 정치가들이 개인의 정치적 영달이나 권력을 위해 안보 포퓰리즘을 사용할 수 없게 된다.

기울어진 땅에서 모두가 행복해지려면

약소국 콤플렉스의 끈질긴 관성도 아프지만, 한국은 잘나가는데 그 안에 사는 한국인은 행복하지 않다는 지적은 너무도 뼈 아프다. 오늘부터 그러지 말자고 없어지는 것은 아니지만, 인식의 전환 여부에 따라, 그리고 앞으로의 노력 여하에 따라 분명 달라질 수 있다. 안으로만 쳐다보지 말고, 상처만 핥는 자기 연민으로부터 벗어나 주목하고 있는 세계를 바라보자. 세계가 우리를 향해 기대하는 책임을 다할 때 오히려 콤플렉스와 불행감에서 벗어나 자부심과 행복을 느낄 수 있지 않을까? 상실과 폐허를 경험했던, 이른바 '동방의 작은 나라' 한국이, 어떻게 세계 10위 경제 규모를 달성했는지를 세계는 알고 싶어 한다. 어떤 동력으로 반도체 산업을 수출 규모 1

위로 선도하고, 최첨단 우주 기술을 보유한 국가들이 함께하는 '아르테미스 약정'에 가입하며, 독자 기술로 만들어진 한국형발사체 '누리호'를 발사하는 데 성공했는지 묻는다. 한때 기후 깡패였던 한국이, 어떻게 환경보호와 지속 가능한 발전에 동참할 수 있게 되었는지 궁금해한다. 인구밀도가 높고 고도로 도시화한 국가가 어떤 방식으로 팬데믹에 효과적으로 대처할 수 있었는지, 그 제도와 시민의식에 놀라움을 표현한다.

더 나은 미래가 가능하기 위해서는 또 필요한 요소가 있는데, 바로 시대정신을 정확하게 읽어내는 탁월한 지도자다. 사회적 지위나 부의 과시를 위한 수요로 말미암아 가격이 비쌀수록 소비가 늘어나는 소위 '베블런 효과Veblen Effect'로 유명한 경제학자 베블런이 우리에게 그 이상의 통찰력을 준 것이 있다. 기득권이 보수화되는 것은 당연하지만, 가난한 사람들이 보수화되는 이유는 당면한 일상의 생존만으로도 힘겨운데 정치적 변화를 위한 행동을 할 마음의 여유가 없기 때문이라는 것이다. 또 현실이 힘겹지만, 변화가 품고 있는 '알 수 없는 고통'보다, '알고 있는 지금의 고통'을 차라리 견디고 말겠다는 가슴 아픈 체념이다. 그래서 변화가 고통보다 행복을 줄 수 있다는 믿음을 줄 수 있고, 실제로 바꿔줄 지도자가 필요하다. 그런 지도자를 중심으로 모두가 힘을 합쳐야 한다. 그래야 기울어진 땅에서 자기만 높은 쪽으로 옮겨가는 것이 아니라 땅을 평평하게 만들어야 공동체 모두가 행복해질 수 있다. 그런 지도자의 새로운 외교를 위해 이 책을 바치고 싶다.

1장

흔들리는
국제질서

미·중 갈등의 최전선, 한반도의 운명은?

코로나 팬데믹이 불붙인 대전환의 시대, 미국과 중국이 요동친다

  인류 역사는 위기를 맞을 때마다 '대전환'을 이야기했고, 무엇이 어떻게 바뀌게 될지 예측하면서 새로운 각오를 다졌다. 그런데 2019년에 시작된 코로나19 대유행 사태는 지금까지 인류가 경험한 그 어떤 재난도 훌쩍 뛰어넘는 사상 초유의 위기 상황을 초래했다. 경험해 본 적 없는 거대한 불확실성의 시대이며, 분명한 것은 코로나19 대유행이 어느 정도 통제된 이후에도 국제질서의 지각변동은 상당 기간 계속되리란 점이다. 국제질서의 변화는 코로나19로 인해 갑자기 찾아온 것은 아니며, 이는 변화를 가속하고 증폭하는 '촉매제'에 가깝다. 우리는 당면한 현안도 챙겨야 하지만, 엄청난 변동을 겪고 있는 국제정치의 구조와 질서를 긴 호흡으로 바라봄으로써 대세를 정확하게 읽어야 할 시점에 서 있다.

우리가 마주하고 있는 이 거대한 추세, '메가트렌드megatrend'의 실체는 과연 무엇일까? 1990년대 초, 냉전체제가 붕괴하면서 자유주의 국제질서Liberal International Order(LIO)의 전성기를 맞았고, 이를 지구화/세계화globalization로 명명했다. 자유주의 국제질서는 많은 부작용과 논란에도 불구하고 미국의 패권 질서를 일정한 규칙과 규범의 틀 안에서 운용함으로써 세계는 협력과 통합의 질서를 형성했다. 그러나 21세기에 접어들면서 자유주의 국제질서는 요동쳤다. 2001년 9·11과 2008년 국제금융위기는 미국 패권체제와 신자유주의 경제체제의 심각한 약점을 드러냈고, 미국이 아프가니스탄과 이라크 전쟁에 골몰하는 동안 중국의 부상과 도전은 본격화되었다. 또한 세계는 절차적 민주주의가 수적으로 확산했음에도 불구하고 민주주의는 실질적으로 후퇴했다. 신자유주의 질서는 전체적으로는 번영을 가져다주었을지 모르지만 극심한 불평등과 빈부격차를 초래했다. 세계적인 경제학자 토마 피케티Thomas Piketty는 "근로소득이 늘어나는 속도보다 자본소득이 늘어나는 속도가 훨씬 빠르기에 빈부격차가 커질 수밖에 없다"며 자본주의의 치명적 아킬레스건을 지적했다.[1]

2016년의 두 사건, 영국의 브렉시트 결정과 트럼프의 미국 대통령 당선은 자유주의 국제질서에서 메가트렌드의 역류를 예고하는 강력한 경고등이었다. 협력과 통합이 아니라 내부의 실패를 외부 탓으로 돌리는 배타적 민족주의와 혐오를 선동하는 극우 포퓰리즘의 부상을 의미했다. 자유주의 국제질서가 배태하는 위기에 대한 해법이나 대안을 찾기보다는 일부 세력의 정치적 이익을 위한 선동의 정치가 부상했다. 트럼프 대통령이 가져온 현상을 일컫는 '트럼피즘Trumpism'은 미국의 대외정책 변화를 넘어 세계질서 변동의 결과이자, 동시에 세계질서의 근본적 변화를 가속하는 촉매작용을 했다. 세계화를 이끌어 오던 미국이 스스로 리더 역할을 거부하고 자국의 이익을 위해 국제규칙이나 가치도 무시할 수 있다는 행태였다. 여기에다 2020년 코로나 팬데믹의 여파로 비정상 상태가 안정화되기보다는 장기간 지속하면서 불안정성, 불평등성, 불가측성을 갖춘 뉴노멀이 개인 일상부터 국제질서까지 혼란과 혼재의 세계로 몰아갔다. 자유주의 국제질서가 흔들리게 된 또 하나의 결정적 이유는 '팍스 아메리카나'의 쇠퇴와 중국의 부상일 것이다. 미국이나 중국이 중장기적으로 자신들이 주도하는 패권안정 질서를 만들 수 있을지는 모르지만, 적어도 앞으로 수십 년 동안은 양국의 패권경쟁으로 말미암아 하나의 압도적인 패권이 탄생한 이후 안정이 찾아온다고 주장하는 국제정치의 '패권안정 이론hegemonic stability'은 작동하지 않을 것이다.

[그림 1-1] 대격변의 시대, 시스템의 붕괴 위기

트럼프 극복하려는 미국,
새롭게 시작하는 중국 길들이기

미국 사회 내부에서도 그들이 당면한 위기가 매우 다층적이고 전례 없는 규모라고 입을 모은다. 2020년 대선과정에서 자주 반복되었던 평가는 스페인 독감 이후 100년 만의 보건 위기, 1차와 2차 세계대전 사이 겪었던 대공황 이후 90년 만의 경제 대위기, 1960년대 흑인 민권운동 이래 60년 만의 최대의 인종갈등 위기, 19세기 중반 남북전쟁 이후 최대의 정치적 분열 위기, 그리고 인류사에 유례가 없는 기후변화라는 5중 위기에 직면했다는 것이다. 트럼프의 집권과 트럼피즘의 부상은 미국이 맞닥뜨린 총체적 위기의 결과이자 곧 더 큰 변화를 초래한 촉매라고 해석한다. 미국이 만들고 이끌어 온 자유주의 국제질서는 오랫동안 엄청난 부와 패권적 영향력을 가져다 주었지만, 전통 제조업이 경쟁력을 잃었고, 금융 자본주의의 득세와 왜곡으로 소득의 양극화가 초래되었으며, 중산층이 붕괴했다. 여기에 백인 인구는 상대적으로 감소하고 이민의 유입이 증가했고, 최초의 흑인 대통령 오바마의 등장은 미국의 전통기득권을 가진 백인 엘리트들에게 충격을 주었다. 게다가 노동자와 약자의 대변인을 자처하던 민주당은 입으로만 진보를 내세우는 '칵테일 좌파', '브라만 좌파', 우리로 치면 '강남좌파'의 위선이라는 비판에 맞닥뜨리며 외면받았다. 2016년 힐러리 클린턴의 대선 패배 원인이자, 트럼프 승리의 이유였다.

트럼프는 이런 상황을 최대치로 활용하고 선동하면서 대통령 자리에 올랐다. 트럼프는 오바마의 출생지와 이념을 문제 삼으면서 주목받았고, 공화당 경선에 합류했다. 기성 질서에 도전하는 이단아로 자리매김하며 다크호스로 떠올랐다. 멕시코 국경 장벽 건설과 반이민 및 반난민 정책으로 기성세력의 정치적인 올바름을 비난하며 저학력 백인노동자들의 환호를 끌어냈다. 트럼프는 역대 미국 대통령들에게서는 발견할 수 없는 유형의 인물이었다. 대외적으로는 자유주의 국제질서를 무시하고 "미국을 다시 위대하게Make America Great Again(MAGA)"라는 캐치프레이즈 아래 노골적으로 미국의 이익을 우선으로 추구한다고 천명했다. 동맹국이나 파트너 국가들과는 전략적 함의나, 전통적 우의, 미래가치 등은 전혀 고려하지 않고 오직 비즈니스의 이기적 잣대로만 미국을 이끌어가겠다는 선언이었다.

트럼피즘의 광풍이 몰아쳤던 4년이 흐른 후 2020년의 미국 대선은 전임자 트럼프가 상징하는 각자도생의 질서와 도전자 바이든이 상징하는 자유주의 국제질서의 회복 앞에 놓인 세기의 선택이었다. 바이든 당선자는 트럼프의 '갈라치기' 정치로 분열된 미국을 하나로 만들고, 망가진 글로벌리더십을 회복하겠다는 의지를 분명히 했다. 자신의 당선을 역사의 "변곡점"이라 칭했고, "미국이 돌아왔다 America is Back"고 천명했다. 바이든의 당선으로 일단 트럼피즘에 제동이 걸렸고, 세계가 예측 가능한 합리적 미국을 만날 수 있게 된 점은 다행이다. 그러나 바이든이 메가트렌드를 되돌릴지는 미지수다. 트럼프가 자동차의 가속 페달, 흔히 말하는 액셀을 밟은 것이라면, 바이든은 제동 페달, 브레이크를 밟는 것이라고 할 수 있다. 주어진 임기 안에 현 체제가 가진 문제를 해결하고 유턴하기는 어려워 보인다.

트럼프에 대한 재신임 투표에서 바이든이 승리했지만, 실상은 트럼피즘에 대한 단절은 아니었다. 미국 사회의 극단적 분열을 재확인하며 트럼프가 패배하기는 했지만, 역사상 승리한 어떤 대통령보다 많은 표를 얻었다는 것은 미국 사회의 극심한 분열을 보여주는 증거다. 트럼프는 7422만 2957표(46.8%)를 획득해서 지난 대선에서 승리했을 때의 득표수 6298만 4828표(45.9%)보다 무려 1100

만 표나 더 받았다. 트럼프는 꺾었지만 트럼피즘은 꺾지 못했다는 점에서, 전투는 이겼으나 전쟁은 패배한 상황으로 해석될 수 있다. 2024년 선거에서 트럼프의 재도전이 불가능하더라도 공화당의 주류는 트럼피즘 효과를 체험했기에, 분열을 최대치로 이용하는 트럼프와 유사한 인물이 나설 것이다. 민주당 지지자들의 70%가 넘는 사람들이 공화당을 인종차별주의자라고 보고, 공화당 지지자의 80%가 넘는 사람들은 민주당을 사회주의자라고 본다는 여론조사는 미국 사회의 심각한 분열을 극명하게 보여준다. 미국 사회의 주도권을 영원히 잃을 수 있다는 백인들의 분노와 좌절감은 감성적 미사여구와 단순한 화해정책으로 해소되기 어렵다.

　트럼프와 마찬가지로 바이든 외교의 가장 중요한 영역은 아무래도 중국과의 전략경쟁일 수밖에 없고, 바이든은 출발선에서부터 이를 전혀 숨기지 않는다. 실제로 향후 상당 기간 미국은 물론이고 세계질서의 운명은 양국 전략경쟁의 양상에 달려 있다고 해도 과언이 아니다. 그런데 갈등의 원인은 복합적이고 다차원적이다. 먼저 국제정치의 '권력변동power shift'에 의한 구조적 문제라는 점에서 정권교체에 큰 영향을 받지 않는다. 미국과 중국 중에 누가 패권경쟁에서 승리하느냐의 결과보다도, 이미 두 국가의 권력 분포가 급변하고 있다는 자체가 불안정을 필연적으로 초래한다. 또한 양국 여론에서 서로에 대한 반감이 꾸준히 높아지고 있다는 점도 상황을 악화시킬 수 있다. 미국의 대표 여론조사기관인 퓨리서치센터가 대선

직전 미국인의 대중국 인식도 조사를 한 결과 73%가 중국을 부정적으로 생각한다고 답했다. 이는 해당 조사를 시작한 이후 최고치를 기록했다.

최근 미국 내의 대중 노선에 관한 논쟁은 힘과 힘의 대결에 초점을 맞추자는 존 미어샤이머John Mearsheimer 류의 공격적 현실주의자와 아직은 자유주의 국제질서의 회복을 주장하며 실제로 가능하다고 믿는 조지프 나이Joseph Nye 류의 자유주의자들이 맞서고 있는 형국이다. 이는 마치 현 국제질서의 2가지 메가트렌드의 충돌을 그대로 옮겨온 것과 유사하다. 그런데 양자 모두 지금까지 중국에 대해 경제적 협력과 포용정책을 계속하면 중국이 변할 것이라는, 과거 미·중 정상화를 끌어냈던 헨리 키신저Henry Kissinger 류의 기능주의 접근의 한계를 인정한다. 결국 외부적 압박이나 제재를 통해 중국체제의 정치개혁이 이뤄질 수밖에 없다고 공통으로 주장한다. 다만 방법론에 있어 우격다짐 방식으로 중국을 압박하고 비난하는 트럼프에 반해, 바이든은 미국이 국제리더로서의 신뢰성을 회복하고 투명성, 민주성, 개방성에 바탕을 둔 미국 체제의 우월성을 통해 압박하는 게 더 효율적이라고 주장한다.

이란이나 북한같이 작은 나라도 제재를 통해 완전하게 고립하거나 봉쇄하는 것은 불가능한데, 명실상부 대국으로 부상한 중국을 봉쇄하는 것이 사실상 불가능하다는 점에서 중국은 미국이 과욕을 부리고 있다고 판단한다. 특히 현재 중국의 GDP에서 무역이 차지하는 비중이 꾸준히 감소해 왔기에 미국의 대중제재가 중국 경제 전체에 주는 영향은 시간이 갈수록 제한적일 것으로 판단하고 있다. 심지어 일부에서는 세계 경제에서 미국이 차지하는 비중이 점점 감소하고 있는 상황에서 미국이 이렇게 제재의 범위와 대상을 확대하면 탈달러화로 인해 장기적으로는 미국 패권의 한계점이 예상보다 빨리 도달할 것이라는 주장도 나온다. 중국은 아직 미국과 냉전 수준의 전면적인 갈등을 원하지 않으며, 미국이 공격하면 같은 수준으로 대응한다는 정도의 원칙을 고수하고 있다. 중국은 현재의 미·중 갈등을 협상으로 완화하고 타결하려 하지만, 미국이 계속 강경하게 나오면 장기전에서는 중국이 유리할 것으로 생각한다.

[그림 1-2] 맷집 게임으로 미국에 대응하는 중국

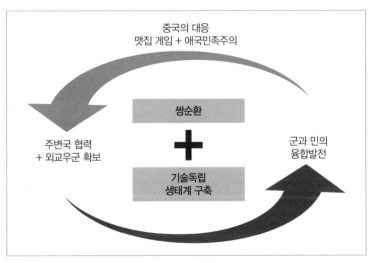

미·중 전략경쟁에서 중국이 선택한 전략은 맷집 게임, 일단 '견디기'다. 미국은 기축통화인 달러를 기반으로 한 세계에서 가장 큰 소비시장이고, 한국·유럽·일본의 성장패턴과 유사하게 중국도 미국 시장에 수출을 활발히 하면서 급속한 경제발전을 할 수 있었다. 미국은 중국에만 연 5천억 달러 이상의 무역적자를 기록했고, 중국은 미국의 무역적자를 바탕으로 지난 20년간 두 자리 수의 경제발전을 이룩해 왔다. 이는 중국의 이익인 동시에 취약점이 될 수 있다. 마치 한중관계가 그렇듯 미국의 무역보복에 치명적일 수 있으므로, 관계가 좋을 때는 상관없지만 지금처럼 관계가 악화하면 아킬레스건이 될 수밖에 없다. 그래서 중국은 강력한 내수 시장을 이용해 경제발전을 이어가려는 쌍순환 전략을 취한다. 내수 경기 활성화로 내순환을 일으켜 자금을 확보하고, 이를 통해 새로운 기술 발전과 무역 증가를 도모해 외순환을 이뤄, 동시에 중국경제의 핵심축으로 삼겠다는 것이다.

바이든 행정부는 중국을 적으로 돌리거나 신냉전 구도로 가는 원칙을 반복적으로 강조해 왔다. 다만 규칙을 위반해 온 중국을 '규칙을 준수하도록play by the rule' 만들겠다고 한다. 단호한 대중전략을 추구하되 트럼프처럼 일방적 관세전쟁 또는 신냉전의 덫에 빠지지 않도록 하겠다고 했다. 왜냐하면 그런 실수는 미국의 정책을 군사 일변도로 이끌 수 있으며, 상황이 나빠지면 미국의 농민과 노동자

들이 유탄을 맞아 다칠 수 있기 때문이라는 것이다. 항행航行의 자
유에 대한 글로벌 공약을 강조함으로써 남중국해 내에서 벌어지고
있는 중국군의 위협에 적극적으로 저항하는 한편, 대만 관계법을
존중하며 양안 문제의 평화적 해결을 지원한다. 홍콩 사태와 관련
해서는 홍콩 시민들의 민주적 권리를 지지하고, 홍콩의 인권 가치
를 수호하며, 민주주의적 법치를 완전히 이행하는 것을 지지한다.
홍콩과 함께 중국의 신장 위구르에 대한 인권탄압을 규탄한다.

뉴노멀 시대 미·중 각축장에 낀
한반도의 운명은?

미·중 양국은 무역, 통화, 기술, 체제 경쟁의 영역에서 치열한 각
축을 벌이고 있다. 세계 60여 개 국가들이 미국과 동맹이거나 소위
파트너 국가들이라면, 110여 개 국가들이 중국을 무역대상국 1위
로 두고 있다. 사실상 우리나라뿐만 아니라 대다수 국가가 미·중 사
이에 끼어 있다고 볼 수 있으며, 이는 과거 미·소 양극체제처럼 서
로 분리된 진영이 아니라 중첩과 상호의존 관계이기에 문제는 복
잡해진다. 한국이 미국과는 동맹인 동시에 경제적으로는 중국에
크게 의존하고 있다는 점에서 이들 국가 중에서도 가장 어려운 처
지인 것은 맞다.

[그림1-3] 미·중 전략 경쟁

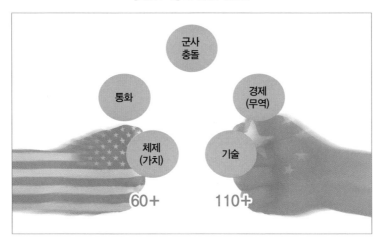

무역, 통화, 기술, 체제 우위라는 영역에서 미국과 중국의 전략적 갈등은 전 지구적으로 벌어지지만, 물리적으로는 동아시아의 지정학적 구조를 중심에 두고 집중되는 경향을 띤다. 지구적 경쟁에서는 아직 중국이 미국과 맞서는 데는 역부족일 수 있으나, 동아시아에서는 지정학적으로 안방이라고 할 수 있어 팽팽한 세력 다툼이 가능하다. 양국의 세력권 경계 설정이 관건인데, 한반도, 동중국해, 중국과 대만 양안, 그리고 남중국해가 그런 지점들이다. 이들 지역은 패권 대결의 단층선 역할을 한다. 그림 1-4의 지도와 같이 이들을 연결하면 동아시아를 위에서 아래로 가로지르는 경계선이 생기는데, 중국은 이를 돌파하려 하고 미국은 어떻게든 봉쇄하려 한다. 군사적 충돌로 확산하고 신냉전으로 격화하기에는 부담이 있지만,

[그림 1-4] 동북아를 둘러싼 4개의 발화점이 만드는 단층선

| 한반도
사드 배치 |
| 센카쿠(조어도)
미일동맹 강화 |
| 중국과 대만 양안
양안 분쟁 |
| 남중국해
인공섬 분쟁 |

적어도 이들 발화점은 앞으로 서로에 대한 기 싸움과 경고, 그리고 상대방의 의도를 확인하기 위한 테스트 행위가 많아질 것이다. 이 경계선을 두고 이미 밀고 당기는 예고편들이 불거진 바 있다. 한반도에서는 사드 배치로, 동중국해에서는 센카쿠(조어도) 분쟁으로, 중국과 대만 양안은 트럼프 정부의 의도적 대만 챙기기로 드러났고, 남중국해에서는 중국이 인공섬을 만들고, 양국의 군사행동 증가로 인한 갈등이 증폭되었다.

미·중의 대결구조는 본격적인 무력충돌로 가기는 어려우나 상당 기간, 어쩌면 수십 년을 지속할 일종의 뉴노멀 현상으로 고착될 가능성이 매우 크다. 이런 점에서 한국을 포함한 동아시아의 발화점들은 미·중 대결구조 속에 끌려들어 갈 위험이 이어질 것이다. 가까운 시일 내에 미국이 과거 소련이나 일본처럼 중국을 완전히 제압한다거나, 중국이 미국을 추월하거나, 또는 미국과 중국이 협력 관계를 구축해서 일종의 콘도미니엄 체제 또는 G2 공조 체제로 갈 가능성은 희박해 보인다. 단층선을 구성하는 4개의 충돌지점 중 가장 위험한 지역은 대만이겠지만, 정작 변수의 핵심은 한반도다. 대만에서의 충돌은 그야말로 끝을 의미한다는 면에서 운신과 활용의 폭이 크지 않지만, 한반도는 남북분단과 한·미·일과 북·중·러의 구도로 인해 미·중 전략경쟁의 다양한 파장이 몰아칠 수 있다.

냉전체제가 붕괴한 지 30년이 되었지만 잔재는 광범위하게 퍼져 있고, 북·중·러와 한·미·일 진영 구도 역시 약화했지만 엄연히 살아 있으며, 향후 상황 전개에 따라 얼마든지 부활할 가능성은 있다. 따라서 한반도는 미·중 갈등의 최전선에서 이를 강화함으로써 비용을 치를 것인지, 아니면 경계의 자리에서 완충의 역할을 할지 기로에 선 셈이다. 남북한의 국력이 엄청난 격차를 보임에도, 통일은 커녕 평화공존도 쉽지 않은 과제가 되고 있다. 2017년 북·미 간 긴장이 고조되어 충돌 직전의 상황까지 갔으나, 평창올림픽을 활용한 문재인 정부의 중재로 2018년은 대반전을 이뤘다. 그러나 북·미 간의 불신을 근본적으로 극복하지 못했으며, 2019년 2월 하노이 2차 북·미 정상회담이 결렬된 이후 긴 교착상태에 빠졌다. 국제협력은 쇠락하고 미·중 전략경쟁이 심화하는데, 한반도와 주변 동북아는 요동치는 변화의 중심에 서 있다.

바이든은 트럼프 2.0?

바이든은 마침내 "미국이 돌아왔다America is Back"라고 외치면서 자신의 외교원칙을 '중산층을 위한 대외정책'으로 천명했다. 2016년 민주당의 힐러리 클린턴이 공화당의 트럼프에게 패배한 핵심 이유는 바로 제조업의 경쟁력 붕괴와 중산층의 몰락에 대한 책임론이었다. 이를 정확하게 인식했던 바이든 정부는 중동에서 테러리스트와 싸우든 새로운 무역 거래를 추구하든, 미국의 외교정책을 국내 정책과 분리하지 않고 연결하겠다는 전략을 내세웠다. 제이크 설리번 국가안보보좌관은 외교정책과 국가안보에서 정부가 하는 모든 일은 기본적으로 일하는 가정의 삶을 개선하고 안전하고 편하게 만드는 것에 있다고 했다. 이런 바이든 정부의 노선은 결국 명분이나 이념이 아니라 미국의 이익이 되는 실용적인 정책을 하겠다는 것이다. 따지고 보면 결국, 미국인들에게 유리한 정책을 최우선으로 하는 국익 중심주의와 다르지 않다.

바이든의 대외정책은 언뜻 보면 트럼프와는 엄청난 차이가 있는 것처럼 보인다. 트럼프는 고립주의적 노선을 유지했고, 동맹이나 다자주의는 무시하는 정책을 폈다. 파리기후협약에서 빠져나오고, 이란과의 핵 합의인 '포괄적 공동행동계획Joint Comprehensive Plan of Action(JCPOA)'에서 탈퇴해 버렸다. 반면에 바이든은 트럼프가 무시했던 동맹관계를 회복하고, 다자주의를 강조하며, 기후변화, 민주주의, 인권 등을 중요시한다는 노선을 천명했다. 하지만 겉으로 보이는 것과 달리 실제로는 차이가 크지 않고, 오히려 유사성과 지속성이 존재한다는 지적이 계속 나온다. 바이든은 제2차 세계대전 이후 지속해 왔던 미국 대외정책의 원칙인 국제주의를 선언하고 있으나 실제로는 미국의 국익을 우선하는 정책이나 고립주의적 경향도 보였다. 글로벌 시스템에 미국의 필수적인 이익이 달려있다는 원칙은 약해졌지만 국내이익을 접어두고 군사적인 개입을 하는 것이 장기적으로 국가에 이득이 된다는 생각을 하지 않는다. 미국 외교협회 Council of Foreign Relations(CFR) 리차드 하스Richard Haas 회장은 바이든의 대외정책을 순전한 고립주의라고 보기보다는 미국의 전형적 국제주의에 대한 '거부'라고 봐야 한다고 주장했다. 특히 강경한 대중 정책을 보면 고립주의라고 하기는 어렵다고 했다.[2]

트럼프와 바이든의 가장 큰 유사성은 역시 미·중 전략경쟁이 외교의 중심이라는 사실에 있을 것이다. 트럼프 정부의 대중 정책 설계자였던 전 국가안전보장회의NSC 아시아 담당 선임보좌관 매슈 포틴저Matthew Pottinger는 바이든이 트럼프의 대외정책을 그대로 계승하고 있다고 단언했다. 바이든 정부에서 대중전략을 총지휘하는 백악관 국가안보보장회의 인도·태평양 조정관 커트 캠벨Kurt Campbell

은 대중 관계를 관여나 포용이라고 정의하던 시대는 종식되었다고 선언했다. 즉, 과거 헨리 키신저 등이 중국을 미국이 주도하던 세계에 편입할 수 있을 것으로 생각했던 환상은 깨졌다는 것이다. 대만 정책은 더욱 연속성이 두드러지는데, 미국과 대만의 공식적인 접촉을 금지하던 것을 해제했을 뿐 아니라 고위급 간의 접촉을 적극적으로 공개하고 있다. 무역정책도 크게 다르지 않다. 다른 분야와 마찬가지로 트럼프가 매우 과장된 언술과 일방적 행보를 보였다는 차이는 있지만, 바이든 정부의 새로운 자유무역정책은 거의 없고, 트럼프의 보호무역주의 정책들을 계승하거나 약간의 변화만 주고 있다. 관세정책이나 수출규제, 중국 보조금 기업 조사 등도 트럼프 시절의 정책들을 대부분 그대로 계승했다.

다만 트럼프가 대놓고 '미국 우선주의America First'를 주창했고, 보다 고립주의적 경향이 강했다고 한다면, 바이든은 대놓고 민족주의 성향을 드러내지는 않으면서 트럼프와 맥을 같이 하는 정책이 일부 엿보인다. 중산층을 위한 외교를 비롯해 팬데믹 대처와 백신 등에서 보인 자국 위주의 정책, 그리고 전략기업들을 미국 내로 귀환시킨다는 리쇼어링Reshoring 정책, 아프가니스탄 철군 등이 그렇다. 물론 민주당 정부가 주장하는 인권이나 민주주의 등 가치 문제는 트럼프의 철저한 비즈니스 계약적 사고와 큰 차이를 보이는 것은 사실이다. 트럼프는 가치를 오히려 장애물로 생각했고, 독재자들과의 개인적 친분 등을 선호했다. 하지만 바이든 역시 중국과의 대립구조에서 미국의 전략에 도움이 되는 필리핀, 인도, 베트남, 사우디아라비아 등 비민주정권에 대한 가치 이슈들은 모른 척했다. 또한 아프가니스탄 철수 이후 현지의 인권 유린에 대해서는 침묵하는 등 이중적 자세를 보였다는 점도 고려해야 할 것이다.

특히 백신 정책은 바이든도 미국 우선주의를 그대로 잇는 것을 보여주는 가장 좋은 예가 될 수 있다. 백신이 남아돌 때도 미국은 거의 수출하지 않았다. 이런 정책은 매우 근시안적일 뿐만 아니라, 미국이 스스로도 잃어버렸다고 언급했던 리더 국가로서의 기회를 놓친 것이다. 근시안이라고 보는 것은 모두가 안전할 때까지 아무도 안전하지 않다는 가장 상식적인 이유를 외면했기 때문이다. 남미나 아프리카, 인도 등에서 발생한 변종 바이러스는 결국 미국에 해를 끼쳤다. 백신을 제대로 나눠 공급하지 않은 것은 미국이 리더로서의 진정한 귀환을 증명할 수 있는 절호의 기회를 스스로 무산시킨 것과 다름없다. 미국 내 국내정치는 분열이 점차 극대화하고 있지만, 대외정책은 꽤 합의를 이루고 있다는 것도 특이한 현상이다. 문제는 이런 합의가 미국의 장기적 이익이나 국제질서에 대한 미국의 책임을 이행한다는 차원에서는 부정적이라는 점이다. 20년 이상 끌어오던 아프가니스탄에서의 전쟁을 끝내고 철수한 조치는 다른 동맹국에 대한 신뢰 문제와 동일선상에 놓고 볼 수는 없다고 하더라도, 미국의 이익을 앞세운 결정이라는 점에서 자유주의 국제질서를 회복한다는 명분과 진정성은 훼손될 수밖에 없다. 바이든이 자유주의자의 외교를 거부하고 실용적인 현실주의자임을 가장 잘 보여준 것이 아프가니스탄 철수였다. 바이든은 아프가니스탄 전쟁의 근본적인 이유는 테러리스트로부터 위협을 제거하는 것이었고 목표가 달성되었기에 철수하는 것이라면서, 민주화를 포함한 미래는 아프가니스탄 사람들의 몫이라는 냉정한 말을 남겼다.[3]

대중 정책도 가치를 앞세우고 자유주의자의 노선을 택하는 듯이 보이지만, 실제로는 국가이익과 안보를 가장 중요하게 생각한다. 기후변화, 방역, 테러리즘, 핵무기 확산 등에 있어 중국이나 러시아의 도움 없이는 결코 승리할 수 없는데, 중국에 적대적 정책을 펼치면서 과연 중국이 이를 수용할 것인가의 문제도 있다. 중국은 미국의 압박이 거세지면 북한이나 이란을 도울 수 있고, 내부의 석탄발전소를 건설할 수 있으며, 사이버 안보 분야에서 공세적으로 나올 수 있다. 현재 세계가 당면하고 있는 복잡하고 치명적인 도전을, 미국 혼자서는 성공하기 힘들다. 중국이나 러시아 같은 국가들이 규칙과 가치에 기초한 다자질서를 구축하는 데 훼방을 놓기도 하지만, 그들의 협조가 없이는 성공할 수 없다. 최소한 그들이 방해하지 않도록 해야 할 것이다. 이제 다른 국가와의 협력은 선택이 아니라 필수다.

팩트보다는 감성이
우선하는 시대

우리가 사는 이 시대를 규정하는 많은 용어나 개념 중에서 가장 중요한 두 개의 키워드가 있는데, 바로 '뉴노멀New Normal'과 '탈진실Post-truth'이다. 1장에서 설명한 것처럼 제2차 세계대전 이후 구축해 왔던 자유주의 국제질서가 급격히 힘을 잃으면서 인류사회는 문명사적 전환의 시대를 맞고 있다. 미국과 유럽은 점점 치고 올라오는 민족주의와 중국의 도전에도 여전히 서구적 가치와 규칙에 기초한 자유주의 국제질서의 대세론과 준수를 주장하지만, 핵심 두 축인 민주주의와 시장 자본주의가 큰 위기를 맞이하고 있다. 시장 확대와 자유무역을 통해 인류는 유사 이래 최고의 번영을 누려왔지만, 공짜는 없었다. 특히 번영의 과실은 전혀 고르게 분배되지 않고 내부적으로 강요된 희생과 불평등을 낳았으며, 이는 자본주의를 지탱하는 핵심 중산층의 붕괴로 이어졌다. 세계화 경쟁에 특화된 기업과 자본은 기회와 이익의 확장으로 부를 무한정으로 축적했지만, 경쟁력을 잃은 노동자들은 이어지는 임금 삭감과 자산 하락으로 고통받았다. 신자유주의의 폐해와 함께 민주주의도 차츰 정당성을 잃어갔다. 1990년대 초 공산주의 체제의 붕괴와 2010년 이후 확산된 '아랍의 봄'이라는 거센 민주화의 바람은 언뜻 외연을 확장하는 듯 보였다. 그러나 실제로는 전 세계 민주주의가 흔들리고 있다. 절차적 민주주의는 갖추었을지 모르지만, 집권 후 권위주의와 선동적 참주정치로 민주주의가 훼손되고 있다. 비서구 후진국들뿐만 아니라 서구의 선진국들도 휘청거리고 있다.

고삐 풀린 세계화, 판도라의 상자가 열린다

브렉시트나 트럼프 현상은 전조현상의 하나거나, 시발점이 되었다. 브렉시트가 통과된 직후 "마침내 판도라의 상자가 열렸다"는 표현이 많이 나왔다. 우리가 사는 세계는 기존 시스템의 위기에 따른 불안감, 기성제도에 대한 불신, 반이민 정서와 외국인 혐오, 세대 간 갈등과 젠더 갈등 등이 봇물 터지듯이 본격화되고 있다. 그렇다면 누가 판도라의 상자를 연 것일까? 이 상자는 한편으로는 고삐 풀린 자본주의 세계화가 만들어낸 악화일로의 불평등이고, 다른 한편으로는 문제를 해결해야 할 정치의 부재다. 이로 인해 판도라의 호기심과는 비교하기도 어려운 거대한 분노가 끓어오르고 있다. 분노는 집단화로 폭발력을 키우고 있는데, 더 큰 문제는 원인이나 가해자를 향하지 않고 피해자끼리 충돌하는 양상을 보인다. 예를 들면 약자가 더 약한 자를 대상으로 혐오 폭력을 가한다. 국가도 공동체도 조율 기제를 상실하고 있으며, 국제정치도 협력보다는 경쟁적 군비 증강을 내세우는 안보 장사꾼과 극우 민족주의자들이 활개치고 있다. 패권의 추억은 강경한 대외정책을, 국제협력에 대한 피로감은 고립주의를, 개방과 이민에 대한 반감은 인종주의를 부추긴다.

이런 현상을 집약적으로 담아내는 것 중 하나가 바로 '뉴노멀' 담론이다. 뉴노멀은 새로운 시대의 도래 또는 패러다임의 변화에 따른 새로운 기준이 등장함을 의미한다. 이 말은 글로벌 채권투자 회사 핌코PIMCO의 최고경영자를 지낸 모하메드 엘 에리언Mohamed El-Erian이 《새로운 부의 탄생》에서 언급한 이후 유명해졌다.[4] 그는 2008년 세계경제의 위기가 1920년대 말 대공황과의 비교를 넘어, 자본주의 경제 시스템에 대한 근본적인 몰락을 예견했다. 이는 제2차 세계대전 이후 오래도록 지속하던 고성장과 고소득을 통한 번영의 시대가 끝나고, 높은 실업률과 저성장의 고착을 필두로 한 세계경제의 장기침체, 경제적 불안정의 일상화, 그리고 빈부격차의 세계화로 대표된다.

사실 우리가 현재 겪고 있는 모든 불안한 변화를 뉴노멀 현상으로 치부해 버리는 과잉현상도 발견되지만, '올드노멀'[5]과는 확연한 차이를 보이며 지각변동을 예고하고 있다는 사실도 부정하기 어렵다. 뉴노멀이라는 말 자체는 자기 모순적 어법이다. 직역하면 '새로운 정상'인데, 이는 과거의 정상이 바뀐 것은 맞지만, 이상하지 않은 상태를 표현하고 있기 때문이다. 그러나 뉴노멀은 그런 '새로운 정상성'을 의미하지 않는다. 물론 현재 진행형이라는 점에서 언젠가 평형으로 돌아갈 가능성을 완전히 부정하지는 못하지만, 지금 시점에서 바라보는 뉴노멀은 과거의 정상성에서는 찾아보기 힘든 비정상적 현상이 장기간 이어지면서 마치 정상인 것처럼 일상이 되어버렸다는 것이다. 뉴노멀의 또 다른 중요한 특징은 이러한 비정상성이 우리가 과거에 누렸던 정상으로 돌아가지 못할 수도 있다는 함의를 지닌다는 점이다. 뉴노멀의 시발점이 된 자본주의 경제의 저성장 기조가 전통적인 경기순환 법칙에 따라 다시 성장 기조로 돌아가지 않을 수도 있다는 예측까지 나오는 상황이다.

이런 배경에서 각국은 외부로부터의 안보위협을 과장하고, 군비경쟁을 강조하고 있다. 현 상황은 1930년대 대공황 이후 제2차 세계대전 이전의 상황과 많은 유사점이 발견된다. 차이가 있다면 당시의 발화지점은 유럽이었고 지금은 동북아가 후보지라는 점인데, 현재 배타적 민족주의의 발흥과 경쟁적 군비 강화가 급속하게 진행되고 있다. 시진핑, 아베, 푸틴, 김정은 등도 하나같이 국내 권력의 공고화를 위해 극우적인 안보 포퓰리즘에 의지했다. 현재 시점에 기시다도 아베와 다르지 않고, 바이든 역시 안보 포퓰리즘의 범주에서 크게 벗어나지 않는다. 트럼프와 마찬가지로 고립주의적 경향과 네오콘적 대외정책이 혼합되면서 부상하는 중국을 견제하기 위한 냉전질서를 재현하는 모습을 띠고 있다. 물론 미·중 갈등이 고조되고 있지만 양국의 높은 상호의존도로 인해 실제로 군사적 충돌에 이르기는 어렵다. 신흥 강국이 부상하면 기존 강대국과의 충돌을 피할 수 없다는, 고대 그리스 도시국가의 패권전쟁으로 확산됐던 소위 '투키디데스의 함정Thucydides' Trap'에 빠질 가능성은 크지 않다. 이 개념을 처음 제시했던 하버드대학교의 그레이엄 앨리슨Graham Allison 교수도 양국의 충돌 가능성까지는 몰라도 필연성까지 간다는 데 동의하지 않는다. 3차 대전에 버금가는 묵시록적 충돌은 일어나지 않을 것이라고 보지만, 오히려 불안정한 미·중의 기싸움과 갈등이 파고를 달리하며 길고 지루한 사이클을 만들 것으로 예상한다.

이렇게 볼 때, 코로나19 팬데믹 역시 돌연변이라기보다는 이런 추세를 폭발적으로 가속화하는 변수로 간주하는 것이 타당해 보인다. 팬데믹이 촉진하는 추세는 '뉴노멀'로 압축될 수 있을 것이다. 뉴노멀은 20세기 인류사회를 규정해 온 질서가 처한 근본적 위기 상황을 지적하는 담론인데, 코로나라는 가속 페달이 등장한 셈이다. 세계화와 국가주의라는 각자도생이 어느 쪽으로도 정리되거나 공존의 관계를 유지하기보다는 서로 반대 방향으로 우리가 사는 세계를 당기며 부작용을 일으킬 가능성이 크다. 우리는 현재 이런 상황을 지켜보고 있다.

그동안 세계화가 구축해 온 '초연결hyper-connectivity' 사회는 바이러스를 '물 만난 물고기'로 만들었다. 세계화로 인한 초연결 사회가 아니었다면 이렇게 짧은 시간에, 이렇게 널리 확산하지 못했을 것이다. 초연결은 무차별적 감염을 불러왔고, 사람들과 국가들은 살기 위해 단절하고 봉쇄한다. 가장 쉬운 방법이지만 진정한 해결책은 아니다. 감염을 막지 못해도 죽지만, 완전한 봉쇄도 우리의 삶을 멈추게 할 수 있기 때문이다. 쉬운 선택이 아니다. 1세기 전 '계몽주의Enlightenment'와 '사해동포주의Cosmopolitanism'⁶의 세계가 민족주의라

[그림1-5] 뉴노멀과 탈진실의 시대

불확실성
uncertainty

불안정성
instavility

불평등성
inequality

진실보다 입장
사실보다 의견

Fake than Fact

• 비정상상태의 장기화
• 혼재와 혼란
• 분노의 집단화
• 혐오와 피해의 낙수효과

는 각자도생으로 무너지면서 세계대전으로 이어진 전례가 있다. 당시 영국의 쇠락과 미국의 고립주의는 리더십 부재를 낳았고, 국제협력은 사라졌으며, 제국주의의 식민지 수탈과 배타적 민족주의의 부활로 이어져 대공황과 비극적 전쟁을 치렀다.

가짜뉴스와 음모론이 범람하는 시대

이 시대를 규정하는 두 번째 단어는 '탈진실'이다. 탈진실에 대한 해석은 뉴노멀보다는 덜 다양하지만, 다른 해석들도 분명 존재한다. 가장 보편적인 해석은 객관적인 사실보다 개인의 신념이나 감정이 여론에 더 큰 영향을 끼치는 현상을 일컫는 말이다. 미국의 유명 희곡작가이자 소설가인 스티브 테쉬흐Steve Tesich가 《더 네이션The Nation》지에 기고한 글에서 최초로 사용했다.[7] 1979년에 아카데미 각본상을 받기도 했던 그는 사람들이 점점 실체적 진실에 다가가기보다, 감정적으로 편한 쪽을 선택하는 경향이 커진다고 주장했다. 2016년 옥스퍼드 사전이 탈진실을 '올해의 단어Word of the year'로 선정하면서 더 유명해졌다. 오늘날 여론은 객관적 진실보다는 감정이나 선동이 지배하고, '페이크fake'가 '팩트fact'를 압도하곤 한다. 닉슨의 워터게이트 사건이나 레이건의 이란 콘트라 사건은 국민이 불편한 진실을 알기 원하지 않기에, 정치가들은 대놓고 거짓말을 하고,

국민은 크게 문제 삼지 않는다는 것을 보여준다.

확실히 이 시대는 팩트보다 감성이 우선인 것은 분명해 보인다. 진실보다 선동이 먹히고, 객관적 사실보다 주관적인 의견이 대세가 되는 시대다. 가짜뉴스가 범람하고, '아니면 말고'라는 식의 폭로전이 난무하며, SNS에는 근거를 알 수 없는 음모론이 돌아다닌다. 과거 뉴스는 그대로 사실을 전하는 권위가 부여되었지만, 지금은 뉴스조차 탈진실의 대열에 앞장서다시피 하고, 앞다퉈 '팩트체크'라는 코너를 신설해서 스스로 진실규명에 나서는 웃지 못할 광경이 벌어진다. 누구든 자기 말만 옳고 상대방의 의견은 틀렸다고 생각한다. 그러니 내 말만 던지고, 상대방의 얘기는 들을 필요도 없으며, 누구든 상대방을 설득하려는 노력은 하지 않는다. 이런 상황에서 진실과 사실은 무시당해 설 자리가 없어진다. 선거 시기가 되면 이런 현상은 극한으로 치닫는다. 가짜와 선동의 대가인 트럼프가 미국에서 당선되고, 영국이 통합이 아닌 결별을 선동하면서 브렉시트를 결정한 2016년에 탈진실이 올해의 단어로 선정된 것은 그래서 의미심장하다. 의도적으로 국민을 분열시키고, 인종차별을 서슴지 않고, 가짜뉴스를 통한 선동으로 점철된 트럼피즘처럼 탈진실을 대변하는 것이 또 있을까? 《뉴욕타임스》는 2016년 대선을 두고 미국 대통령선거 사상 감성적인 단어가 가장 많이 사용되었다는 분석을 내놓기도 했다. 절망과 분노를 일으키는 부정적 감성을 선동했던 트럼프가 긍정적 감성에 호소한 클린턴에게 승리했던 결과가 가리

키는 지점도 예사롭지 않다. "악화가 양화를 구축한다"라는 그레셤의 법칙Gresham's law은 팬데믹 이후의 우리 삶에 불안을 가중한다.

물론 한국사회도 탈진실에서 자유롭지는 못하다. 아니 오히려 시간이 갈수록 우리 사회 역시 탈진실에 포박되어 가고 있다. 한국 정치에서 가짜뉴스는 일상이 되어버렸다. 광주민주화운동을 두고 북한의 배후설을 퍼뜨린다거나, 세월호를 둘러싸고 도를 넘는 가짜뉴스들이 넘쳐났다. 대선이나 국회의원 선거는 묻지마 식 폭로전이 이어지면서 가짜뉴스와 진실을 구분하기 힘들 지경이 되어버렸다. 상당수 가짜뉴스는 이미 검증된 사실조차 마구잡이로 뒤집기도 하고, 나중에 사실로 재확인된다 하더라도 이미 일어난 파장을 되돌리기는 어려워진다. 오히려 가짜뉴스의 연속된 생산은 이전의 가짜뉴스가 마치 진실인 것처럼 다음 뉴스의 근거자료로 사용되기도 한다. 객관적 검증절차 없이 주장과 선동은 여론으로 자리잡고, 유튜버들은 물론 언론까지 이를 재생산하고 확산시킨다.

강성현은 자신의 저서 《탈진실의 시대, 역사 부정을 묻는다》에서 탈진실과 한국 역사의 왜곡을 연결지어 비판했다.[8] 역사적으로 객관적 자료로서 다양한 반박 근거와 통계 자료가 있고, 이미 검증된 사실이 있음에도 《반일 종족주의》[9]의 저자 이영훈은 이를 무시하고 자신의 주관적 신념과 정파적 주장에 맞는 근거만을 의도적으로 사용했다고 비판했다. 더한 문제는 이런 생각을 공유하는 사람들끼리

똘똘 뭉쳐 학계와 시민단체가 제기하는 반박은 논리적이거나 객관적인 것이 아니라, 한국인의 유전자가 '반일'이라는 '종족주의'가 있기에 맹목적이라고 주장한다. 그들이야말로 모든 것을 종족주의로 환원하는 탈진실의 전형인데도 말이다.

왜 이런 현상이 벌어질까? 가장 큰 이유는 세상이 그만큼 불안하고, 미래가 보이지 않기 때문일 것이다. 불안정성, 불확실성, 불평등성을 특징으로 하는 뉴노멀 시대가 바로 탈진실과 직접 연결되기 때문이다. 두 번째 이유는 사회적 분열과 갈등이 계속 심화하고 있기 때문이다. 탈진실은 분열과 갈등을 먹고 자란다. 미국은 지난 2020년 11월에 치른 대선을 두고 남북전쟁 이후 최악의 정치적 분열상이라며 우려했는데, '미합중국the United States of America(USA)'이 아니라 '미분열국Divided States of America(DSA)'이라고 자조했다. 트럼프는 이런 상황의 최대 수혜자이자, 최대치로 활용한 사람이다. 한국사회도 미국에 못지않게 분열로 인한 탈진실이 확대일로다. 위대한 촛불혁명으로 80% 이상의 지지를 받으면서 출범한 문재인 정부가 야권의 주장처럼 분열을 정치적 이익을 위해 의도적으로 조장하지는 않았다고 하더라도, 이를 아우르고 통합하지 못한 것은 사실이다. 역대 대통령들이나 정당들이 선거 승리 후에 자신을 선택하지 않은 국민도 섬기는 지도자가 되겠다고 앵무새처럼 반복하지만, 통합의 리더십은 쉽게 발현되지 않았다.

글로벌 위기,
갈등보다는 협력을

이제는 인류 공동체의 위협을 돌볼 때

군사적 문제에만 집중되던 안보의 개념이 일상의 여러 분야로 나날이 변화하고 확장되고 있다. 원래 국가의 가장 기본적인 책임은 국민의 생명을 보호하고 안전을 지켜주는 이른바 '국가안보 national security'에 있으며, 국가안보를 가장 위협하는 것은 적대 국가의 존재이자 전쟁이었다. 따라서 외부의 물리적 타격에 대응하는 군대를 양성하고 무기를 확보하는 군사 분야가 중심이 되었고, 이를 우리는 전통적 안보traditional security라고 불렀다. 그런데 1990년대 초 탈냉전과 함께 세계화의 물결로 국가 대 국가의 구도에 머물던 전통적 안보만으로 사람들의 안전을 온전하게 지킬 수 없는 위험과 위협들이 등장했다. 테러리즘, 환경과 생태를 위협하는 기후변화, 그리고 감염병이나 자연재해 등이 여기 포함된다. 우리는 이를 두고 신안보라고 부르는데, 그 외에도 비전통 안보non-traditional security, 인간 안보human security, 포괄 안보comprehensive security 등의 다양한 용어들을 사용해 왔다.

이들 용어는 공통적으로 냉전 붕괴와 탈냉전 도래의 산물이라고 할 수 있다. 냉전체제는 1648년 베스트팔렌 조약 이후 오랜 기간 구축되어 온 민족국가 체제의 연장이기도 하고, 미국과 소련을 중심으로 동서 양 진영으로 나뉘어 군사적 긴장과 상호 위협에 대한 군사적 억지를 기본으로 유지되는 체제였다. 이런 체제의 안보는 국가의 군사력에 의한 전통안보가 가장 중요할 수밖에 없었다. 그러나 소련과 사회주의의 붕괴 이후 세계가 재편되면서, 국가 간 분리와 대결이 사그라지고 상호의존으로 인한 이득만큼이나 위협도 급격하게 증대되었다. 더불어 국가 독점의 시대가 종식되고 국제정치의 플레이어로 개인과 기업, 비정부단체가 등장하였고, 이슈 영역들도 이전의 군비경쟁이나 영토갈등 이상의 다양한 영역으로 확산하였다. 이를테면 테러, 마약, 국제 범죄조직, 불법 이민, 해적, 대량난민 등이 국가에 위해를 가할 수 있다는 인식이 커졌다. 이와 더불어 기후변화, 자연재해, 환경오염, 전염병, 사이버 안전에 대한 문제 역시 부상했다. 전통안보의 시각에서는 이런 이슈들을 과연 위협으로 볼 수 있느냐는 문제 제기도 있었지만, 시간이 지날수록 한두 국가의 힘만으로는 대처가 어려운, 그래서 초국가적인 협력이 필요한 영역으로 인식되기 시작했다.

전통안보가 국가를 주체로 군사적 문제에 초점을 맞췄다면, 신안보는 일상에서 피해를 유발할 수 있는 생활밀착형 위협이라고 볼 수 있다. 단순한 환경 위험이던 미세먼지는 어떤 임계점을 넘어갔을 때 안보적 위기이자 신안보 문제로 인식되는데, 우리 사회는 이미 그 수준에 이르렀다. 예를 들면 미세먼지, 바이러스, 사이버 공격 등도 안보 이슈가 된다. 미세먼지가 실제 경제 활동과 군의 훈련 등에도 지장을 주고 있으니 국민이 미세먼지를 안보 위기로 체감하고 있다. 2019년에 처음 발견되어 이름 붙여진 코로나19 바이러스는 인류사회에 엄청난 충격파를 안겼다. 미국의 경우만 보더라도, 그들이 역사적으로 치른 외국과의 모든 전쟁에서의 사상자를 합친 것보다 더 많은 사람이 목숨을 잃었다. 사이버 위협도 간단치 않다. 전 세계가 인터넷으로 연결된 시대여서 사이버 공격은 큰 위협일 수밖에 없다. 2017년 전 세계 사이버 공간을 뒤흔든 랜섬웨어 '워너크라이WannaCry' 역시 새롭게 인류를 위협하는 신안보 문제다.[10] 인공지능AI의 발달로 인한 문제도 신안보에 속한다. 또는 인기 영화시리즈 〈터미네이터〉와 같은 킬러 로봇도 얼마든지 등장할 수 있다는 전망이 나온다. AI 무기체계의 가장 높은 수준인 자율 살상 무기는 독립적으로 공격 대상을 인식하고, 별도의 조종 없이 대상을 파괴한다. 영화에서처럼 인간의 통제 없이 인간을 살상할 수 있다는 점에서 심각한 윤리 문제로 인식된다.

멈추지 않을 인류의 도전, 위태로운 인류

신안보와 관련해서 주목할 만한 책이 있다. 《앞으로 100년: 인류의 미래를 위한 100장의 지도*Terra Incognita*》는 우리가 현재 처한 위치를 알려주며 어떤 도전에 직면하고 있는지를 보여주고, 미래를 향해 나아갈 수 있도록 돕는다는 취지에서 새로운 개념의 신안보 지도를 제시한다. 세계화나 국제개발에서 진보적 목소리를 내는 옥스퍼드대학교 안보 전문가 이언 골딘과 로버트 머가는 요즘 화두라고 할 만한 신안보 문제의 중요성을 이 책을 통해 제기한다. 오늘날 과학기술의 괄목할 발전으로, 물리적으로는 '테라 인코그니타*terra incognita, 미지의 땅*'가 이제 더는 없다. 그런데 저자들은 우리가 알아야 하는 또 다른 지도가 존재한다고 강조한다. 바로 기후변화, 불평등, 저출산, 고령화 등 인류가 맞닥뜨린 새로운 도전과 그 도전들이 초래할 지도들은 미지의 땅과 같다는 것이다. 정부, 대학, 기업, 비정부기구 등에서 수집한 광범위한 데이터를 활용해 100장의 지도에 담아 시각적으로 보여줌으로써 이해를 돕는다. 저자들이 뽑은 신안보 주제는 모두 13가지인데, 세계화, 기후, 도시화, 기술, 불평등, 지정학, 폭력, 인구, 이주, 식량, 건강, 교육, 문화다.[11]

인공지능과 로봇공학 등의 놀라운 신기술이 이끄는 4차 산업혁명 시대는 정치와 경제는 물론 삶의 전 영역을 통째로 바꿔놓고 있고, 그 변화의 폭은 상상을 초월할 것이다. 특히 앞서 지적했던 자본주의 경제체제가 초래한 가장 큰 문제점인 빈부격차에 대한 확실한 해결책이 없는 상태로 4차산업이 도래함으로써, 일자리 문제에 엄청난 영향을 미칠 것이라는 전망이다. 로봇과 인공지능이 인간의 일자리를 대체하는 현상이 이미 진행 중임에도 그에 대한 구체적인 대책은 보이지 않는다. 앞에서도 언급했듯이 불평등은 인류가 가장 오랫동안 골머리를 앓아온 문제인데, 신자유주의와 세계화로 악화일로를 걷다가 이제는 신기술의 발전으로 더욱 어려워질 것이다. 미국의 경우 소득 상위 1%는 하위 90%보다 소득이 40배 이상 높고, 전 세계적으로 소득 상위 1%는 순자산이 1천만 달러 이상이며, 전체 부의 48%를 보유하고 있다고 한다. 가공할 코로나 팬데믹 상황을 지나면서 이미 일자리의 지형도가 크게 달라지는 것을 목격했다. 소위 언택트 비즈니스가 활성화되고, 전통적인 비즈니스는 경쟁력을 잃었다. 무엇보다 변화의 속도가 빨라지면 기존 사회의 긴장도가 높아지고 위협을 느끼게 된다는 점에서 매우 중요한 신안보 이슈다. 국가와 사회가 협력해 대책을 마련해야 한다.

환경파괴나 기후변화로 인한 위기상황도 오늘날 가장 빈번하게 부상하고 있는 이슈다. 지구의 공기와 물은 계속되는 산업화와 화석연료 사용의 폭발적인 증가로 오염되어 회복 불가의 상태로 악화하고, 동식물의 다수는 멸종상태이며, 자원의 보고인 바다 역시 남획과 개발로 고갈되고 있다. 무심코 바다에 버린 플라스틱의 오염 문제는 정말 심각한데, 1년에 약 8백만 톤이 버려지고 약 1백만 마리의 바다생물이 죽어간다. 미세플라스틱은 인간에게도 직접적인 위협이 되고 있다. 아직 후속 연구가 더 필요하지만, 세계자연기금 WWF에 따르면 인간이 먹는 미세플라스틱의 양은 일주일에 신용카드 한 장이나 되고, 세포막을 손상하고 신경계에 알레르기를 일으킬 수 있다고 한다. 삼림은 점점 사라지고 토양 역시 오염과 고갈, 사막화로 파괴되는 등 지구는 성한 곳이 없을 정도로 변하고 있다. 열대우림의 면적은 기하급수적으로 줄어들었고 오존층은 점차 사라지고 있으며, 지구온난화와 이로 인한 기상이변이 속출하며, 방사능과 각종 화학물질의 쓰레기 더미에 깔려 신음하고 있다. 더욱이 이런 환경파괴는 인구증가와 맞물리면서 속도가 줄어들 기미가 보이지 않는다.

과거 50년 동안의 인구증가는 그 이전 수천 년의 인류 역사 동안 증가한 인구보다 더 많을 정도다. 기후변화는 온난화, 즉 단순히 기온이 올라가는 현상과는 근본적으로 다른 차원이다. 기온상승을 넘어 전 지구의 기후의 본질적 양태가 비정상적이고 불확실하게 된다는 것을 의미한다. 예전에도 가뭄이 있었고 장마나 홍수도 있었지만, 대체로 어느 시기에 어떤 식의 반복적 패턴을 보였고, 아주 가끔 가뭄이 지나치게 오래 간다든지, 비가 너무 많이 와서 큰 홍수가 난다든지 했다. 하지만 최근에는 예측하기 어려운 패턴으로 변화하는 양상이 빈번하게 일어나고 있을 뿐 아니라 규모 역시 과거와는 비교조차 할 수 없을 정도로 크다. 예를 들면 장마철인데 갑자기 마른장마를 넘어 가뭄이 심해지다가 갑자기 호우가 퍼부으면서 홍수가 나는 경우를 자주 보게 되는 것이다. 또한 건조한 지역의 강우량은 더 줄어들고, 비가 많은 지역은 더욱 비가 많아지는 양극화 현상도 심해진다.

극심한 가뭄으로 지구 전체가 사막이 되어버리거나, 해수면 상승으로 도시들이 바다 밑으로 가라앉은 모습이 영화의 한 장면이 아니라 실제가 될 것이라는 충격적인 보고서가 나왔다. 2040년 이전까지 지구의 평균온도는 1.5도 상승을 넘어설 가능성이 크다고 한다. 1.5도는 2015년 파리기후협약에서 195개국이 산업화 이전 상태에 대비해 넘지 말도록 약속한 마지노선이다. 2021년 8월 '기후변화에 관한 정부 간 협의체IPCC'가 제54차 총회에서 발표한 'IPCC 제6차 평가보고서'에 따르면 1.5도 상승 도달이 2018년에 예상했던 2052년보다 12년 더 빨라졌다. 또 산업화 이전 시기에는 50년에 한 번꼴이었던 폭염 발생도, 지구 평균기온이 1도 상승한 지금은 10년에 한 번씩 기록적인 폭염을 맞는다. 과학자들은 평균기온이 1.5도

상승하면 5년에 한 번, 4도가 상승하면 매년 역대급 폭염이 발생한다고 예측했다. 칼럼니스트 데이비드 웰즈는 기후변화의 심각성을 강하게 경고한다. 이대로 두면 지구는 2050년에는 사람이 '살 수 없는uninhabitable' 곳이 된다는 것이다.[12]

이제는 국경을 넘어, 글로벌 협력의 시대로

이렇게 안보의 주제와 대상이 다양해진다. 국가는 이제 외부로부터의 군사적 위협으로부터 국민을 보호하는 것에서 경제 불안, 사회불안, 여기에 심리불안까지 돌봐야 한다는 요구가 커졌다. 이런 의미에서 신안보는 인간안보 개념과도 상당 부분 겹치는데, 국가가 아닌 인간 개개인이 안전을 보장받는 핵심 실체라는 점이 그렇고, 국가가 군사력을 포함한 다양한 수단을 통해 영토와 주권을 보호한다는 전통안보와는 구별되기 때문이다. 인간안보 개념은 1994년 유엔개발계획UNDP에서 처음 사용되었는데, 넓은 의미에서는 부족이나 결핍으로부터의 자유freedom from want로 경제적 풍요나 사회적 안정 등을 포함한다. 반면에 좁은 의미에서는 공포로부터 자유freedom from fear로 폭력, 전쟁, 테러 등으로부터의 자유를 의미한다.

인간안보의 개념적 유용성에도 불구하고 국제사회에서 논의가 확대되지 못한 이유는 다음 2가지다. 1990년대 이후의 인간안보 개

넘은 탈냉전 시대를 배경으로 서구 강대국이 인권 등 그들의 주관적 가치를 제3세계에 일방적으로 강요한 성격이 짙으며, 이러한 개념의 실천적 적용이 제3세계 국가들의 주권에 대한 제한으로 인식되면서 반발을 초래하였다는 것이다. 또한 인간안보의 논의 초기에는 국제개발 협력을 통한 빈곤이나 기아로부터의 자유의 보편적 달성에 초점이 맞춰졌던 반면, 이후에는 굿 거버넌스^{good governance}와 같은 개발 협력의 규범적 통제수단 마련에 논의가 집중되면서 저개발국가들의 발전권을 침해하게 되었고, 이에 따라 효용성에 의문이 제기되었다.

원래 신안보나 인간안보는 국제질서에서 갈등보다는 협력을 유지하는 것이 더 바람직하다. 우선 신안보 이슈는 특정 국가가 아니라 국경을 초월하는 경우가 많으며, 그 대상도 특정 국가만 위협하는 것이 아니라 어떤 국가도 피해자가 될 수 있다. 따라서 여러 국가가 힘을 합치거나 국제기구와 제도를 통해 협력할 때 효율적으로 대처할 수 있다. 정말 중요한 것은 이렇게 새롭게 떠오른 이슈들을 어떻게 대처하고 다뤄야 하느냐의 문제다. 신안보의 특징은 전통적 안보와는 달리 예측이 어렵고, 초국가적이기에, 과거의 대처방식으로는 대응하기 어렵다. 전통적 안보 이슈에 관해서는 이미 상당한 체계와 노하우를 가지고 있지만, 미지의 영역을 다룰 조직과 운영체계를 이제부터라도 구축해 나가야 한다.

국경에 사로잡힌 이기심보다 사람이 우선

신안보는 한반도의 분단질서와도 밀접하게 연결된다. 우리는 여전히 분단질서 속에 살아가고 있고 북한으로부터의 위협을 억지해야 하는 동시에, 중국의 급부상과 미국의 대중 견제 등으로 한반도와 동북아에 지정학이 부활하면서 전통안보가 여전히 힘을 발휘하고 있다. 그러나 한국도 신안보의 사각지대가 결코 아니며, 오히려 전통안보와 신안보가 중첩적으로 한꺼번에 밀려오는 양상에 따라 훨씬 더 대응하기 어렵다. 한국이 유럽, 미국 같은 선진국들에 비해 전통적 안보가 큰 비중을 차지하기에 국가 차원에서의 안보만 강조되는 경직성은 신안보의 도전에 대처하는 과정에서 문제를 드러낸다. 즉 한국의 안보가 북한의 군사적 위협에 집중하다 보니, 안보자산을 과잉동원하면서 새로운 안보 도전에 제대로 대응하지 못할 위험이 크다.

역설적인 것은 한반도 평화의 관점에서 볼 때 국가나 정권 차원이 아니라 인간 중심의 접근법은 남북협력에 새로운 지평을 열 수 있다는 점에 주목해야 한다. 문재인 정부는 기존의 전통안보적 관점에서 제로섬의 적대적 관계를 극복하기 위해 인간안보를 통한 협력적 안보구상을 펼치기도 했다. 즉 사람 중심 접근법에 기반한 남북한 국제협력 증진 차원으로, 기존의 남북협력사업 외에 재난, 질병, 기후 및 환경 문제 해결을 위한 각종 국제협력사업을 적극적으로 발굴하고자 노력했다. 문재인 대통령은 취임 3주년 특별연설에서 "남과 북도 인간안보에 협력하여 하나의 생명공동체가 되고 평화공동체로 나아가길 희망합니다"라며 인간안보의 관점에서 남과 북의 협력도 언급한 바 있다. 사실 남북 간 환경, 산림 및 방역·보건의료 협력은 이미 2018년 〈9·19 평양공동선언〉에서 합의된 내용으로, 인간 우선 안보의 관점에서 다양한 국제기구의 관여와 후원을 기반으로 한 사업추진을 시도해 볼 수 있다. 북한의 빈곤·기아로부터의 자유, 존엄 있는 삶을 영위할 자유는 인간안보의 목표이자 인간 우선 접근법의 목표이기도 하므로, 중·장기적으로는 남북협력을 통해 북한 주민의 삶의 질을 향상하는 일련의 활동을 추진함으로써 국제사회의 공감대를 넓힐 수 있을 것이다.

코로나19 팬데믹은 우리에게 신안보의 중요성을 절실하게 깨닫는 계기가 된 동시에 한계를 여실히 보여주었다. 전례 없는 지구적 재난을 경험하면서 향후 글로벌 이슈에 공동 대처해야 할 필요성이 커졌고, 따라서 편협한 국가이익만을 추구하는 외교 행태로는 문제 해결이 어렵다는 것은 명확했다. 그러나 지금껏 겪어보지 못했던 재난에 직면해 세계 각국은 질병 통제를 위한 상호 원조와 협력이라는 명제의 실천에 집중해야 했음에도 미국을 포함한 대다수 나라가 자국 우선주의를 내세워 국경을 봉쇄하고 각자도생의 방식을 채택했으며, 책임론과 블레임 게임^{blame game}[13]으로 상호비방에 몰두함으로써 국제협력의 존립 기반을 무력화해 버렸다. 이런 맥락에서 신안보는 앞으로 우리나라가 한반도 문제를 넘어 외교의 지평을 확대하는 차원에서 지금의 기회를 적절히 활용한다면 국제적으로 널리 인정받는 유산을 창조할 수 있을 것이고, 우리나라의 국제적 역할과 기여를 제고할 수 있는 분야로도 활용할 수 있을 것이다. 다만 우리의 이런 노력이 과거 선진국이 직면했던 시행착오를 반복하지 않도록 진정한 사람 중심의 기조를 이어가는 것이 중요하다. 인간 우선 접근법은 코로나19 팬데믹을 겪으면서 중요성이 재인식된 다자주의를 기조로 하며, 국제 연대와 협력 강화의 필요성을 이끌어야 한다.

2장

잘나가는 한국,
행복하지 않은
한국인

01

선진한국과
헬조선 사이에서

선진국 대한민국,
더 이상 꿈이 아니다

국제연합무역개발회의UNCTAD는 2021년 7월 스위스 제네바 본부에서 열린 제68차 무역개발이사회 마지막 날, 한국의 지위를 개발도상국 회원인 그룹 A에서 선진국 회원인 그룹 B로 격상하는 것을 만장일치로 통과시켰다. 이렇게 국가의 지위가 변경된 일 자체가 1964년 UNCTAD가 설립된 이후 약 57년 만의 일이자 최초의 사례다. UNCTAD는 국가 그룹을 아시아와 아프리카 등 주로 개도국이 포함된 그룹 A, 선진국 그룹 B, 중남미 국가 그룹 C, 러시아 및 동구권 그룹 D의 4개 그룹으로 범주화해 왔다. 국제 원조 없이는 생존 조차 어려웠던 가장 가난한 나라에서, 다른 국가를 원조하는 잘사 는 나라가 되었다는 국제연합의 공신력 있는 보증이기도 하다.

[그림 2-1] UNCTAD(국제연합무역개발회의) 그룹 분류 현황

그룹 A(아시아/아프리카)			그룹 B(선진국)		
아프가니스탄 캄보디아 콩고 인도 인도네시아 이란	이라크 이스라엘 케냐 쿠웨이트 말레이시아 필리핀	대한민국 (변경전) 사우디아라비아 싱가포르 남아프리카 태국 베트남	오스트레일리아 오스트리아 캐나다 덴마크 핀란드 프랑스	독일 그리스 이탈리아 일본 네덜란드 뉴질랜드	노르웨이 대한민국 (변경후) 스페인 스위스 영국 미국
(등 총 98개국)					(등 총 32개국)
그룹 C(중남미)			그룹 D(동구권)		
아르헨티나 브라질 칠레	콜롬비아 멕시코 파라과이	페루 우루과이 베네수엘라	불가리아 크로아티아 헝가리	카자흐스탄 루마니아 러시아	세르비아 우크라이나 우즈베키스탄
(등 총 33개국)					(등 총 25개국)

자료:외교부 국제경제국

* UNCTAD 195개 회원국 중 일부만 표기했으며 괄호 안 숫자가 그룹 내 전체 국가 수다. 회원국 중 7개국은 위 그룹에 미포함되었다.

한국이 이미 선진국의 위상에 올랐다는 객관적 지표들은 더 있다. 대한민국은 전 세계 242개 국가 중 GDP 순위 10위, 제조업 경쟁력 3위다. 그리고 2019년, 한국은 역사적으로 세계 6개 나라만 달성한 이른바 '30-50' 국가클럽에 진입한 7번째 국가가 되었다. 30-50 국 가클럽은 국민소득 3만 달러 이상이며 인구 5천만 명 이상의 조건

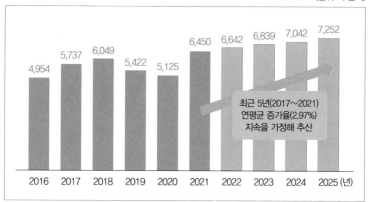

[그림 2-2] 한국의 연간 수출 추이

(단위:억 달러)

4,954　5,737　6,049　5,422　5,125　6,450　6,642　6,839　7,042　7,252

최근 5년(2017~2021)
연평균 증가율(2.97%)
지속을 가정해 추산

2016　2017　2018　2019　2020　2021　2022　2023　2024　2025 (년)

자료:무역협회 무역통계

을 만족하는 국가로, 미국, 일본, 영국, 독일, 프랑스, 이탈리아 등 6
개국이다. 특기할 만한 것은 대한민국을 빼면 모두 한때 식민지를
경영했던 제국주의 국가들이고, 여기서 한국은 식민지를 경험한 유
일한 나라다. 2021년 한국의 수출은 코로나 팬데믹에도 불구하고
전년도에 비해 두 자릿수가 증가해서 역대 최고 실적을 달성했다.
이런 추세대로라면 대한민국의 수출은 2024년에는 7천억 달러 시
대를 열 것으로 예상한다. 이는 지금까지 중국, 미국, 독일, 네덜란
드, 일본 등 5개 국가만이 달성했던 기록이다. 한국이 수출국 6위를
기록한다는 의미다.[1]

　국가채무 상황 역시 매우 안정적인데 OECD 평균 부채비율이
110%인 데 반해 대한민국은 46%로 세계에서 부채가 적은 순서로

4위에 올랐다. 한국도 예외 없이 코로나 팬데믹으로 국가부채가 커지고는 있으나 이는 세계 공통적인 현상이다. 일본은 250%에 달하고, 미국은 112%이다. 선진국이라는 지표는 더 있다. 미국의 세계적 경제 전문 통신사 《블룸버그》는 2020년 당시 2021년 한국의 경제성장률을 OECD 국가 중 1위로 예측했고, 동시에 세계에서 가장 혁신적인 국가로 대한민국을 꼽았다. 100점 만점에 90.41점을 받은 대한민국은 2020년 2위에서 2021년에는 1위에 올랐다. 2위 싱가포르는 87.76점을 받았다. 여타 주요국의 순위를 보면 미국 11위, 일본 12위, 중국 16위다.

2019년 세계은행이 발표한 기업 하기 좋은 나라 192개국 중 5위, 국가별 공공 청렴지수가 2020년에 15위였고, 아시아에서는 단연 1위다. 국제신용평가사 무디스의 ESG 평가에서도 최고 등급인 1등급이고 미국이 2등급, 일본이 3등급이다.[2] 1등급을 받은 12개국 중에서 인구 5천만 이상의 규모는 독일과 대한민국뿐이다. 우리나라의 선진국 역량은 G7 국가들과 견줘도 손색이 없다. 국제통화기금 IMF에 따르면 2020년 한국의 GDP 규모는 1조 5868억 달러로 세계 10위다. 2021년 무역 순위 8위의 무역 강국, 화력 기준 군사력 세계 6위, 국방예산 기준 세계 8위 등은 최근 글로벌 사회에서 자주 인용되는 한국을 수식하는 지표들이다. 불과 70년 전, 전쟁으로 폐허가 된 땅에서 대한민국은 '한강의 기적'으로 중진국 대열에 오르고, 이후 1990년대 말과 2008년의 두 차례의 글로벌 금융위기를 이겨냈다. 1996년 부자국가 클럽이라는 OECD에 가입해 37개국의 일원이 되었고, 2008년 금융위기를 해결하기 위해 출범한 G20 정상회담의 구성원이 되었다.

G7 정상회의는 어째서 한국을 2년 연속으로 초청했을까

　2019년 말부터 유례없는 코로나 팬데믹 사태로 어려움이 없지 않았지만, 위기 대응의 모범사례를 선보이면서 한국을 대하는 국제사회의 시선과 자세도 엄청나게 달라졌다. 대표적인 예가 바로 주요 7개국 정상회의 G7에 한국이 2020년과 2021년, 2년 연속으로 초청받았다는 것이다. G7은 전 세계 인구의 10%로 전 세계 GDP의 45.5%를 차지하는 선진국 중에서도 '최'선진국들의 협의체다. 1975년 미국·영국·프랑스·독일·이탈리아·일본 등 6개 국가가 정상회의를 처음 개최했으며 이듬해 캐나다가 합류하면서 40년 넘게 G7 체제를 유지해 오고 있다. G7은 그동안 종종 도움의 손길이 필요한 국가들을 초청하기도 하는데, 우리도 그런 초청을 받은 적이 있었다. 그러나 최근 한국이 초대받는 것은 분위기가 180도 다르다. 2021년 G7에서 개최국인 영국이 한국을 초대하면서 이렇게 말했다. "한국은 개방과 민주주의라는 가치를 공유하고 있으며 미래의 전염병 유행 예방, 기후변화 등 시급한 과제를 해결하고 더 나은 미래를 재건하는 데 공헌할 것을 기대하기 때문이다."[3] 이는 국제사회의 위기를 극복하기 위해 한국이 도움의 수혜자가 아니라 제공자의 역할이 되어달라는 의미로서 우리의 변화된 위상, 즉 선진국으로서의 위상을 그대로 보여주는 것이었다.

우리는 이제 객관적으로 평가해도 G7 바로 바깥에 위치하며, 조금 욕심을 내서 희망을 보탠다면 가까운 시일 안에 노력 여하에 따라 G7은 물론이고, G6나 G5까지도 가능하다. 이는 근대역사 이후 그 어떤 나라도 가보지 않은 미답의 천로역정을 개척한 것이나 다름없다. 여권 대선후보였던 이낙연 더불어민주당 전 대표는 "코로나19를 거치며 한국은 더 크고 강해졌고 세계가 그것을 인정하기에 자부심을 지녀도 좋다"면서 "G8, 나아가 G5로 발돋움할 한국을 기대한다"고 밝혔다. 안철수 국민의당 대선후보도 제1호 공약으로 'G5 경제 강국' 진입을 제시하면서 "5개 분야에서 세계 초격차 기술을 확보하고, 이를 바탕으로 5개의 글로벌 선도기업을 만들어 G5 국가로 진입하도록 하겠다"고 말했다. 물론 대선을 앞둔 정치인들의 과장이 섞여 있다고 하더라도 결코 근거 없는 얘기는 아니다.

세계를 뒤흔든 한류 콘텐츠

한국의 달라진 위상은 경제력이나 국방력 등 소위 말하는 하드파워만이 아니다. BTS와 블랙핑크 등의 아이돌 그룹은 전 세계 음악 시장을 들었다 놨다 한 지 이미 오래다. 〈기생충〉, 〈오징어게임〉, 〈지옥〉, 〈지금 우리 학교는〉을 만들어내는 소프트파워 저력은 해외에서 찬사를 한 몸에 받고 있다. 〈오징어 게임〉, 〈지옥〉, 〈지금 우리 학교는〉은 연속적으로 넷플릭스 전 세계 1위의 기염을 토했다. 특히 〈오징어 게임〉은 넷플릭스 사상 최장기간 1위와 역대급 시청률을 기록했다. 이 때문에 넷플릭스를 선두로 애플TV, 디즈니플러스, HBO 등 세계적 스트리밍 서비스 플랫폼 회사들이 경쟁적으로 한국 콘텐츠를 차지하기 위해 치열한 경쟁 중이다. 《월스트리트저널》은 "거대 다국적 기업들이 한류에 올라타기 위해 한국 콘텐츠 사냥에 자금을 쏟아붓고 있다"고 표현했다.[4] 한류 콘텐츠를 정기적으로 소비하는 규모는 전 세계적으로 1억 명을 넘어서고 있다. 물론 한국인은 제외한 숫자다. 2021년 9월 현재 옥스퍼드 영어사전에는 한국어에서 유래된 단어가 26개 넘게 등재되었다. '한류'라는 단어는 물론이고 대박, 먹방, 불고기, 오빠, 트로트, 언니, 애교 등 음식 이름부터 생활 곳곳에서 사용하는 단어들이 망라되어 있다. 2013년까지 이 사전에 등재된 한국어 기원 영어단어가 12개에 불과했던 것과 비교하면, 그만큼 한국의 영향력이 커졌다는 것을 반영한다.

우리의 놀랄 만한 상승도 있지만, 반대로 과거 우리가 동경하며 따라가던 미국과 유럽 등 서구사회의 선진국 이미지가 퇴색하고 있는 현실도 한국이 문화에 대한 자신감을 더욱 가지게 된 이유 중 하나다. 물론 문화적 영역은 아니지만, 코로나 대응과정에서 기민하게 움직였던 한국과 달리 마스크나 유전자 증폭검사PCR 시스템도 제대로 확보하지 못해 쩔쩔매던 모습은 과거에 우리가 막연히 동경했던 서구의 모습과는 판이하게 달랐다. 그들의 하락과 우리의 성장으로 차이가 좁혀졌다는 느낌이 강해진 것은 사실이다. 물론 서구사회에 대한 한국인의 동경이 사라진 것은 결코 아니다. 여전히 젊은이들은 서구 문화에 열광하고, 할리우드의 유명 배우와 런던 팝 가수에 환호한다. 프랑스와 이탈리아의 패션에 열광하며, 미국과 유럽을 여행하는 것이 필수 코스 중 하나다. 한국의 팝뮤직은 상당 부분 미국 문화의 변용과 적응으로 발전했고, 여전히 한국의 콘텐츠가 우리만의 고유한 기준에서 만족하기보다는 아카데미 시상식, 그래미 시상식, 빌보드 차트 등 '선진문화권'의 플랫폼으로부터 좋은 평가를 받는 것에 열광한다.

그런데 흥미로운 것은 해외 매체의 최신 반응을 소개해 나르는 한국 유튜버들의 모습이다. "한국인이 아니라면 불가능해요" "충격 증언" "공개하자마자 일본 드라마 제치고 1등" 같은 매우 자극적인 제목들이 달리고, 수십만, 수백만 조회 수를 기록한다. 외국인들이 한국 문화 콘텐츠에 열광하는 리액션 영상reaction video을 앞다퉈 만들어 올린다. 문화의 힘을 실감하는 현상이기도 하지만, 불과 5년 전까지 헬조선이라며 자조하던 젊은이들이 이제는 소위 '국뽕'의 젊은이들이 된 것일까? 대한민국의 화려한 위상의 이면에 한국의 젊은이들은 여전히 고통받는다면, 그 이유는 뭘까? 전문가들은 유럽인들이나 미국인들이 한국 문화와 음식을 보고 열광하는 모습을 보고 젊은이들이 쾌감을 누리는 것을 '전복의 쾌감'이라고 말한다. 우리가 기를 쓰고 배우려 하던 입장에서 이제는 그들이 우리 것을 보고 경탄하고, 우리 것을 배우려 하는 모습에 열광하는 것이다. 과거 김대중 정부에서 일본 대중문화의 문호를 개방했을 때 가장 우려했던 것은 우리 문화시장이 일본에 의해 완전히 잠식될 것이라는 공포였지만, 불과 20년이 지난 지금은 완전히 역전되었다.

한국은 잘나가도, 한국인은 행복하지 않다?

그런데 "대한민국은 어려움 속에서도 잘나가고 있는데, 한국인들은 행복하지 않다?"라는 의문이 끊이질 않는다. 행복하지 않은 정도가 아니라 스스로 '헬조선'이라고 부르는 것은 어떻게 이해해야 할까? '헬조선'은 2010년대 들어오면서 유명해진 인터넷 신조어다. 지옥을 뜻하는 영어단어 'hell'과 조선을 합친 것으로 '한국은 지옥에 가깝고 전혀 희망이 없는 사회'라는 매우 강하고 신랄한 표현이다. 한국이 지옥과 비견될 정도로 살기 나쁜 나라로 '흙수저', '88만 원 세대', '삼포 세대' 등과 함께 한국 청년들이 불만족한 현실과 불안정한 미래에 대해 분노와 자조를 담은 말이다. '디시인사이드'를 비롯한 인터넷 커뮤니티에서 주로 사용하다가 점차 언론들도 쓰기 시작했다. 이런 신조어는 한국사회가 당면한 문제가 점점 심각해지고 있음을 보여주는 것이고, 개인이 노력하면 얼마든지 개선될 수 있다는 식의 전형적인 자기계발서의 현란한 눈속임 같은 캠페인과 솔루션은 오히려 그들의 좌절감을 배가시킬 뿐이다. 특히 미래 세대의 주인이라고 할 청년들은 절망을 더 많이, 더 크게 말하고 있다. 금수저가 아닌 흙수저를 물고 태어난 이상, 치열하다 못해 죽음과도 같은 한국의 경쟁 사회에서 잘되는 것은 불가능하다면서 아예 "이번 생에는 망했다"라는 말을 줄여서 '이생망'이라는 처절하도록 슬픈 말로 자조한다.

필자가 대학에서 만난 학생들은 한목소리로 결혼과 출산이 인생의 절망으로 가는 또 하나의 추락이라고까지 말한다. 혼자 살면 그나마 여유롭게 즐기고 살 수 있지만, 결혼하면 중산층으로 살기도 힘들어지고, 아이까지 낳는다면 빈곤층으로 떨어진다는 것은 이제 철칙이 되었다고 한다. 이런 암울한 현실과 나아질 전망이 없는 미래는 자기가 속한 나라를 지옥처럼 여기도록 만들었다는 것이다.

한국의 경제가 발전하고 사회가 고도화되면서 동시에 경쟁은 치열해지는데, 개인의 노력과 자기계발만 강요할 뿐 실상은 정반대라며 '탈조선'을 부르짖는다. 노력해도 정당한 대우를 받지 못하고, 아무도 책임지지 않는 불공정한 사회라는 아우성이 메아리친다. 외국에서는 트렌디한 문화와 안전한 대한민국을 부러워하고 동경하는데, 정작 이 땅에 사는 한국인은 행복하지 않은 정도를 넘어 헬조선이라고 부르는 엄청난 역설을 어떻게 이해해야 할까.

국가는 성장하고 개인은 좌절하고

한국의 국력이 엄청나게 커지고, 글로벌 무대에서 국격과 국력, 그리고 국위가 상승하고 있다. 한국은 민주화의 고난과 역경을 헤치고 나와 남부럽지 않은 민주주의를 이뤘다. 충분히 자랑할 만하다. 이렇게 잘나가는데 한국에 사는 한국인들은 행복하지 않다는 말처럼 역설적인 상황이 또 있을까? 지금까지 살펴본 것처럼 전자는 스스로 평가나 세계의 평가도 일치할 만큼 사실이다. 그리고 미래 전망은 더욱 밝다. 그런데 후자도 틀린 것은 아니다. 한국인의 행복지수는 객관적 지표에서도 어제오늘의 일이 아니라 늘 바닥을 헤맨 것으로 유명하다. 일본보다 낮고 중국과 비슷한 하위권이다. 유엔 산하 자문기구 '지속가능발전해법네트워크'Sustainable Development

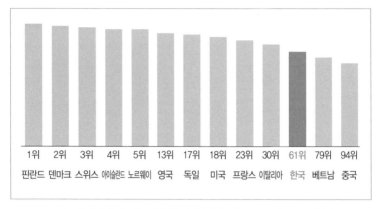

[그림 2-3] 2020년 국가별 행복 순위

1위	2위	3위	4위	5위	13위	17위	18위	23위	30위	61위	79위	94위
핀란드	덴마크	스위스	아이슬란드	노르웨이	영국	독일	미국	프랑스	이탈리아	한국	베트남	중국

자료: 유엔 산하 자문기구 지속가능발전해법네트워크(SDSN)의 〈2020 세계행복보고서〉

Solutions Network(SDSN)'가 발표한 '2020년 세계 행복보고서'에서도 한국의 '행복지수'는 조사대상 149개국 중 61위에 그쳤다. 행복지수는 국민 개별소득, 사회적 지원, 건강한 삶의 기대수명, 선택의 자유, 관용성, 부패에 대한 인지 정도 등 6가지 항목으로 점수를 부여한 다음 합계를 내는 방식이다.

한국 사람들이 행복하게 느끼지 못할 타당한 이유는 많다. 자살률 1위, 노인빈곤율 1위, 남녀 임금 격차 1위, 중대 재해 발생률 1위, 출생률 최저 수치를 기록했다. 2020년 한 해 산업재해로 사망한 사람이 2062명에 이르며 OECD 회원국 기준으로 상위권을 다투고, 전국 체불임금이 1조 5830억 원에 이른다. 연평균 노동시간은 1908시간으로 독일과 덴마크의 1400시간 미만과는 비교가 안 되고, 1767시간인 미국보다도 훨씬 더 길다. 그리고 무엇보다 전체 평균보다 두 배가량 높은 자살률 1위로 인구 10만 명당 27.3명이 자살하는 나라임을 고려하면, 왜 한국인들이 행복하지 않은지 충분히 설명된다. 하루 38명, 2시간마다 약 3명이 스스로 목숨을 끊는 나라다. 부동산가격 폭등이나 중산층 붕괴, 젠더 갈등, 비정규직 문제 등이 삶의 질을 떨어뜨리는 데 큰 역할을 했을 것이라고 전문가들은 지적한다.

사회학자 로널드 잉글하트는 물질적으로 풍요해질수록 사람들의 관심사는 단순한 생존문제에서 삶의 질과 민주주의의 심화로 옮겨간다고 주장했다.[5] 경제 수준이 올라가면 타인에 대한 배려와 약자에 대한 관용이 커지면서 여유로운 삶으로 변화한다. 그런데 우리나라는 그렇지 못한 실정이다. 한국의 역대 선거 슬로건 중에 가장 기억에 남는 것 중 하나가 바로 '저녁이 있는 삶'이 아닌가 한다. 2012년 손학규 민주통합당 대선 경선 후보가 내세운 슬로건이었는데, 장시간 노동시간으로 가족과 함께 저녁을 보낼 수 없는 한국사회의 어려운 현실을 바꿔 좋은 일자리를 많이 만들고, 생산성을 높임으로써 노동시간을 줄여 저녁이 있는 삶을 보장하겠다는 약속이었다. 손학규 후보는 경선에서 낙마했지만, 이 슬로건만큼은 아직도 많은 사람의 기억에 남았고, 이후 다른 정치인들에 의해 부활했다. 정치적 구호로서 이렇게 드문 생명력을 가진 슬로건이 되었다는 것은 그만큼 한국사회의 열악한 삶의 질을 역설적으로 대변하고, 저녁이 있는 삶에 대한 사람들의 욕구가 간절하다는 의미다. 유사한 용어로 '워라밸'이라는 말도 유행했는데, '일과 삶의 균형'을 뜻하는 '워크 앤 라이프 밸런스Work and Life Balance'의 줄임말이다. 이 역시 한국의 살인적인 장시간 노동을 줄이고 개인적 삶을 영위할 수 있는 문화의 정착을 호소하는 의미가 있다. 《트렌드 코리아 2018》[6]에서는 1988년생부터 1994년생을 '워라밸 세대'라고 규정했으며, 이들은 자신을 희생하면서까지 일을 하지 않고 작지만 확실한 행복이라는 '소확행'을 실천할 정도의 소득 수준에 만족한다고 말한다.

선진한국은 시민의 힘, 이제는 시민에게 행복을

한국사회에 '행복'이 큰 이슈다. 정치 슬로건을 넘어 기업을 소개할 때나 여러 교양강좌에서 빈번하게 등장한다. 그러나 이런 현상은 그만큼 우리 사회가 행복하지 않다는 반증일 것이다. 산업화와 민주화를 거치면서 경제적으로 번영하고 정치적으로 자유를 얻었지만, 여전히 한국인 대부분은 행복하지 않다는 아픈 절규처럼 들리는 것이 사실이다. 한국은 이렇게 잘나가는데 왜 한국인은 행복하지 않을까? 가장 먼저 들 수 있는 원인은 지금까지 대한민국이라는 집합체에만 집중되었기 때문이다. 그 안에 있는 한국인은 주목의 대상도 아니었고 잘나가는 대한민국의 혜택이 돌아가는 대상도 아니었다. 다시 말해 지금까지의 모든 관심의 초점이 국가나 사회에 집중되어 있었기 때문이다. 개인의 행복이 중요하다는 인식이 등장하는 것은 어쩌면 한 나라가 선진국으로 진입하는 단계에서 자연스럽게 발생하는 현상일 수도 있다. 심상정 정의당 대선후보가 내건 '시민의 삶이 선진국인 나라'라는 슬로건 역시 같은 지점을 향하고 있다.[7]

한국은 국가의 자산이 개인의 행복으로 이어지는 정도가 너무 작다. 개개인의 노력으로 단단한 열매를 맺어도 다른 나라들과 비교해 너무 치열한 경쟁 사회라는 점과 양극화가 갈수록 심화하는 점이 그 이유다. OECD는 '불평등과 성장 보고서'를 통해 지니계수[8]를 나타내는 수치가 계속 악화하고 있다고 알려준다. 1장에서 지적한 대로 성공의 과실은 독점하고, 실패의 고통은 가난한 사람들에게 전가하는 방식으로 불평등은 심화하고 축적되었다. 정부 투자를 늘려 대기업과 부유층의 부를 먼저 늘려주면 중소기업과 저소득층에게도 골고루 혜택이 돌아가며 경기가 활성화된다는, 신자유주의를 정당화하는 만병통치약 '낙수효과trickle down effect'는 허구임이 이미 입증되었다. 현대경제연구원의 2018년 발표에 따르면 한국의 빈곤 탈출률과 저소득층 소득개선 효과는 조사대상 OECD 국가 중에 최하위였다. 부의 낙수효과가 아닌 손실의 낙수효과가 확대되었다. 승자들이 패자들에게 덮어씌우는 손실 전가 행위는 날로 심해지고 있다. 위계화된 먹이사슬 구조는 건드리지 않고 거대자본은 중소자본에, 중소자본은 다시 노동자에게, 노동자는 다시 비정규직에 손실을 전가한다. 결국 이 구조는 사회 전반으로 확대되어 '갑질 천국 헬조선'을 만들었다.

우리는 역사적으로 사회적으로 집단주의 문화가 지배적이었다. 국가를 포함해 개인보다 개인이 속한 집단이 우선시되고, 개인은 희생함으로써 집단의 이익을 추구하는 것이 미덕인 사회였다. 개인의 이익은 사사로운 이기주의로 매도되는 일이 많았다. 물론 이런 이분법이 서구의 우월주의로 동양의 전통주의를 단순하게 범주화하는 선입관을 만들어 내기도 했지만, 개인을 존중하고 개인의 행복에 가치를 두는 전통은 약했던 것이 사실이다. 더욱이 일본 제국주의의 침략, 한국전쟁과 분단, 그리고 이후 권위주의 발전국가 등으로 국가 또는 집단 우위의 사회가 지금까지도 면면히 이어졌다.

국가는 생각보다 쉽게 정의할 수 없다. 국민과 사회, 역사를 모두 포괄할 수도 있고, 아주 좁게는 정부나 정권을 의미할 때도 있다. 그러나 가장 기본이 되는 원칙은 국가는 국민 개인의 총합이라는 점이다. 국익을 위한 것도 궁극적으로는 국민을 위한 것이라는 점에서 국가 자체가 신성시되는 것은 바람직하지 않다. 유발 하라리는 아예 국가는 허구라고 직격탄을 날린다.[9] 개인의 행복을 위해 존재하지 않는 국가는 의미 없다는 말이다. 그렇다. 선진국을 이룬 것은 결국 우리 국민이며, 개개인의 인내와 희생으로 국가발전을 이룩한 단계를 벗어나, 이제는 국가가 개인의 행복을 위해 존재해야 하는 단계로 넘어가야 할 것이다. 국가가 선진국이 아니라 시민이 선진국인 나라를 만드는 정부의 최선의 노력이 요구된다. 우선 정부부터 개발도상국의 모습에서 벗어나 중심을 잡을 필요가 있다. 무엇보다 서로 소통의 기회도 없이 위로부터 일방적으로 강요되는 정의나, 기득권의 입맛에 따라 취사선택되는 공정은 '적자생존의 헬조선'을 오히려 강화할 뿐이다.

한국은 잘나가는데 한국인 행복하지 않은 많은 이유에 대한 개선책을 마련하는 것은 반드시 이뤄내야 할 일이다. 그렇지만 잊어서는 안 될 점은 앞선 국가들을 추격하고 무작정 따라 하는 관성에서 벗어날 필요가 있다는 점이다. 이 관성은 그간 우리 미래의 성장동력이라고 하는 첨단산업에도, 외교에도 작용했다. 이제는 아젠다도 우리가 제시하고, 목표도 우리에게 맞는 것을 설정해야 한다. 언제까지 후발주자로서 추격만 할 것인가. 우리가 가는 길에 대한 성찰은 다시 도전할 수 있는 강력한 동기부여가 되고, 달성하는 과정에서 합의된 국민 여론은 구성원들에게 행복감을 전해줄 수 있다. 목표도, 대상도 무엇인지도 모르는 상태에서 무조건 일만 하고 앞만 보며 달려왔던 지금까지의 모습과는 달라져야 한다.

최근 한국의 선진국 도약이라는 주제와 관련해 박태웅의 《눈 떠보니 선진국》이 베스트셀러가 되었는데, 사실 우리가 달려온 길은 그저 잠 한번 자고 눈을 떠보니 그렇게 된 것은 결코 아니다.[10] 선진국이 되었다는 것은 그만큼 책임을 감당해야 한다는 뜻이기도 하다. 즉 개발도상국에게 주어지는 특혜나 예외적 대우를 포기해야 한다. 명확하게 정해진 것은 없으나, 선진국이라면 탄소 중립, 부패 없는 투명한 정치, 개발원조 등의 분야에서 보장되는 권리나 보호를 받기보다는 책임을 요구받는다. 이런 책임은 단순한 계산으로는 손해로 보일 수 있지만, 잘 수행할 때 국격은 높아지고, 중장기적으로 국익에 보탬이 된다는 점에서 오히려 적극적으로 받아들일 필요가 있다. 이럴 때 가장 중요한 영역 중 하나가 외교다. 우리가 당면한 외교 환경이 달라졌고, 국력, 국위, 국격이 달라졌기에 이에 맞는 새로운 외교로 변화해야 한다. 한국의 외교가 과거처럼 한미동맹에 전적으로 의존하거나 북한과의 체제 경쟁 등에 매몰되어서는 안 되며, 시야를 넓히고 글로벌 무대에서 다양한 대상을 향한 외교 선진국으로 발돋움해야만 우리가 가진 역량과 자산, 그리고 폭발하는 잠재력을 꽃피울 수 있다.

혐오와
차별의 시대

분노와 좌절은
만인의 만인에 대한 혐오로

앞에서 제기했던 대로 뉴노멀 현상은 20세기 인류사회를 규정지어 온 시장 자본주의와 민주주의 시스템이 처한 근본적 위기상황에 관한 담론이다. 개인의 자유를 핵심 고리로 삼으며 자본주의와 민주주의는 국가와 같은 공적 영역을 상대적으로 축소했다. 국가는 개인의 자유를 가로막는 장애물로 취급당하며 주변으로 점차 밀려났다. 국가는 시장이 필연적으로 초래하는 불평등에 대한 조정자로서의 공적인 역할이 축소되었고, 약자와 소수자를 위해 존재해야 할 정치 본연의 기능도 약해졌다. 결국 세상은 영국의 철학자 홉스가 말한 야만의 상태, 강자가 약자를 지배하며 약탈하는 '만인의 만인에 대한 투쟁'으로 흘러가는 것을 막아낼 제대로 된 수단을 상실해 버렸다.

아리스토텔레스의 《정치학》 원문을 직접 번역한 천병희는 "인간은 정치적 동물이다"를 보다 원문에 가깝게 번역한다면 "인간은 본성적으로 국가공동체를 구성하는 동물"이라고 했다. 인간은 혼자서는 약하므로 생존을 위해 국가를 만들지만 모여 산다고 문제가 해결되지는 않는다. 외부의 위협에 대비한 공동체를 만들었지만, 인간은 본능적으로 이기적인 존재이므로 치열한 내부투쟁이 시작된다. 이 내부투쟁은 정치에 의해 조정된다. 인간은 정치적 동물이라는 말에서 정치를 빼고 나면 '동물'만 남는다. 이는 인간이 정치를 잃어버리고 제대로 하지 못하면 짐승이 되고, 인간사회는 약육강식의 정글이 된다는 말로 귀결된다. 짐승의 세계에서는 힘센 놈이 약한 놈을 잡아먹는 것이 자연법칙이지만, 인간은 정치를 통해 다툼을 멈추고 타협하며 살아가려 한다. 본능을 극복하는 이성이 작동하기 때문이다. 아리스토텔레스도 이성이 인간의 고유한 영역이며, 정치가 바로 그런 이성을 실천하는 영역이라고 했다. 그 이성은 '만인의 만인에 대한 투쟁'으로 점철된 세상이 초래하는 불평등을 국가와 정치가 교정하고, 소수자와 약자를 돌보는 데 있다.

이런 국가와 정치의 본질이 붕괴하고 있다. 올드노멀에서도 국가들이 사적 권력에 의해 공공성을 왜곡한 적이 있었지만, 지속적인 혁명과 민주화 운동으로 본분을 차츰 회복했다. 그러나 뉴노멀에서는 특정 개인이나 집단에 의해서가 아닌, 개인의 자유를 기반으로 구축된 시장에 의해 국가가 무력화되었다. 많은 약점에도 불구하고 자본주의가 지금까지 유지될 수 있었던 것은, 시장이 사적 이익을 무분별하게 축적하는 행위를 국가가 공적인 권위로 통제하고, 사적 자본이 담당하지 않는 공공재를 제공하며, 세금과 복지를 통한 재분배를 수행해 왔기 때문이다. 그러나 국가의 개입을 축소하는 것을 전제하는 신자유주의의 확대는 필연적으로 공공성 축소로 이어졌고, 국가는 시장의 패자를 돌볼 의지와 수단을 상실했다. 불평등이 구조화된 지금 시장은 스스로 개선에 나설 리가 없는 상황에서 국가는 소수의 사적 이익을 위한 도구로 전락했다.

이렇게 국가가 시장의 승자들을 위해 봉사하는 존재로 전락함으로써 홉스가 언급한 정글 세계의 도래를 막을 수단은 없어졌다. 누군가를 제압하고 빼앗아야만 가질 수 있는 제로섬 게임과 적자생존의 시대인 것이다. 자본주의 사회에서 갖은 수단을 동원해서 이익을 극대화하는 것은 결코 비난의 대상이 아니라 상식과 규범이 되었고, 승리한 자본이 독식하는 메커니즘은 나날이 견고해졌다. 더 비극적인 것은 적자생존의 세상은 부가 만들어낸 위계 질서를 통해 아래로 전가된다. 뉴노멀은 경제학자 장시복 교수의 지적처럼 '위계화된 승자독식사회'의 전형으로 약탈의 먹이사슬이 구축된다. 성공의 과실은 독점하고, 실패의 고통은 가난한 사람들에게 전가하는 방식으로 불평등은 심화되고 축적되었다.[11] 전 세계 곳곳에서 벌어지는 이러한 승자독식의 뉴노멀은 한국사회에서 더욱 증폭되어 왔다. 한국의 기득권 집단은 정치경제의 헤게모니를 장악하고 불평등 구조를 확대, 재생산해 왔다. 금수저들의 갑질과 흙수저들의 아우성이 교차하는 상황이 오늘날 한국의 뉴노멀이다.

　뉴노멀의 가장 큰 희생자 중 하나는 한국의 미래를 담당할 청년세대다. 물론 물려받을 것이 있는 금수저들은 이런 왜곡의 시대에 만족할 것이며, 미래에 대해서도 낙관적이다. 그러나 'N포 세대'로 대변되는 흙수저들에게는 대안도 희망도 없다. 게다가 구조의 희생자인 흙수저는 저항하려는 실천정신도 없다. 그저 좌절과 분노가 치밀 뿐, 분노의 원인을 제공한 부당한 질서를 바꾸려 하지 않는다. 이에 더해 어떻게든 부당한 차별구조의 상층부로 올라가려 할 뿐, 기울어진 운동장을 바꾼다는 것은 불가능하다고 생각하며, 싸워봤자 나만 손해일 뿐 바뀌는 것은 없다고 인식한다. 더 비극적인 것은 그들의 분노는 더 약한 자들을 향한 혐오 폭력으로 나타나기도 하며, 기득권은 이를 선동한다. 문화평론가 오혜진의 지적처럼 계급적 좌절이 손쉽게 혐오 폭력과 같은 퇴행적 행동으로 전이되는 것이다.[12] 특히 여성과 성 소수자, 장애인들 같은 약자들을 향한다. 지난 수년간 약자를 향한 혐오 폭력이 유례없이 증가했다. '한남충',

'노인충', '흡연충', '맘충' 등 나와 다른 모든 존재를 벌레로 만듦으로써 자신의 분노를 배설하고, 존재 의미를 재인식하려 한다. 변화를 위해 행동하기 전에 이미 냉소주의를 먼저 배운 이들은 팍팍한 현실이 누적될수록 만인에 대한 만인의 혐오라는 홉스의 세계관으로 무장하고 세상을 마주한다.

패배감과 공포심이 낳은 비극, 혐오 폭력

오늘날 우리가 사는 세계 어느 곳이나 폭력이 넘쳐난다. 마치 질병을 일으키는 병균처럼 퍼져있으면서 우리의 안전과 생명을 위협하고 있다. 유엔의 WHO 보고서에 따르면 여성 3명 중 1명은 배우자나 같이 사는 사람들에 의해 신체적·성적 폭력을 당한 적이 있다고 한다. 그리고 매년 약 50만 명이 살해당하고, 그중 30만 명은 총에 목숨을 잃고 있다. 또 세계 약 60개국에서 전쟁상태 또는 전쟁에 준하는 무력충돌이 벌어지고 있다.[13] 치안이 불안하고 사회적 안전체계가 모자란 후진국에서 폭력이 더 많이 일어나고 있는 것은 일단 사실이다. 아프리카 남부와 중남미 지역에서 발생하는 살인사건은 전 세계 평균의 4배가 넘는다. 그러나 뉴노멀 시대의 폭력의 특징은 세계에 안전한 곳이 없다는 점이다. 선진국도 안전하지 않다.

특히 미국에서는 보통사람들도 총기 소지가 가능해, 많은 사람이 총기에 의해 목숨을 잃고 있다. 2015년 통계를 보면 미국 21개 주에서 총기 사망자의 숫자가 교통사고로 숨진 사람의 숫자를 넘어섰다.

폭력의 발생은 여러 가지 원인이 복합적으로 얽혀서 작동하는 경우가 많다. 질투, 좌절감, 분노 같은 심리적인 원인부터, 전쟁이나 테러처럼 구조적인 원인도 있다. 또한 식량 부족, 인구의 폭발적인 증가, 환경파괴 같은 요인들로 사람들의 스트레스가 높아지고 갈등이 커지는 것도 폭력의 원인이다. 심리학자들은 인간의 욕심과 더불어 불안하고 두려운 마음 상태로 인해 폭력이 발생한다고 보기도 한다. 유전적 원인이나 머리부상, 그리고 사이코패스로 불리는 정신질환에 의해 발생하는 폭력도 있지만, 사람의 폭력적인 행동은 욕심과 그로 인한 불안 때문에 주로 생긴다고 한다.

성경에 나오는 유명한 카인과 아벨의 이야기는 우리에게 혐오나 질투에 의한 폭력에 대해 이해할 만한 실마리를 던져준다. 형 카인은 하나님에게 드리는 제사에서 동생인 아벨만 편애하고 자신은 미워한다는 열등감을 가졌고, 하나님의 사랑을 차지하기 위한 경쟁심과 질투심으로 동생을 살해하기에 이른다. 승부에 매달리면 매달릴수록 동생은 항상 성공만 하는 것 같고, 자신은 실패자가 된다고 느꼈다. 결국 더는 이겨낼 수 없는 패배감에 빠지자 극단적인 행동까지 저지른 것이다. 그런데 성경에서 알려주는 더 중요한 가르침이 있다. 카인이 동생을 살해한 죗값으로 떠돌이가 되는데, 그에게 주어진 가장 큰 형벌은 모든 사람이 자신에게 폭력을 사용할 것이라는 공포심에 휩싸이게 된다는 사실이다. 카인은 매일 일상에서 위협을 느끼고, 생존을 위해 힘든 삶을 살아가게 된 것이다. 그는 이런 위협에서 살아남기 위해 더 폭력을 쓰고, 위험은 더 커져만 가는 악순환에 빠진다.

혐오 폭력은 자기가 패배자가 되고 낙오가 되었다고 생각할 때의 좌절감으로 인해 발현되는 경우가 많은데, 가해자가 피해자를 진정한 인간으로 대하지 않는 태도와 연결된다. 1994년 4월 6일 아프리카 중동부의 작은 나라 르완다에서는 내전이 발발했고, 그 후 100일간 약 100만 명이 희생되었다. 그런데 내전이 발발하기 전 오랫동안 방송을 통해 상대종족을 두고 인간으로 존중받을 가치가 없는, 없애야 할 '바퀴벌레'라고 헐뜯었다. 사람을 마치 바퀴벌레 없애듯, 아무런 거리낌 없이 닥치는 대로 학살했다. 히틀러의 나치도 유대인을 학살했을 때 유대인을 좀벌레라고 불렀다는 것을 기억하면 소름 끼치는 연결구조가 아닐 수 없다.

과녁이 거기가 아니라고!
희생자끼리 싸우게 만드는 혐오 폭력

우리는 폭력이라고 하면 누가 누구를 때리는 장면을 가장 먼저 떠올리지만, 눈에 보이는 것부터 눈에 보이지 않는 모습까지 형태는 매우 다양하다. 스웨덴의 저명한 평화이론가 요한 갈퉁은 체계적으로 이해하기 위해 다양한 폭력을 직접적 폭력, 구조적 폭력, 문화적 폭력으로 분류했다. 직접적인 폭력은 신체적인 힘이나 무기 등을 들고 다른 사람에게 해를 끼치는 것인데, 신체나 정신을 해치는 것 외에도, 상대방을 묶거나 가둠으로써 자유를 빼앗은 행위도 포함된다. 또한 막말이나 욕설도 직접적 폭력이다.

둘째는 구조적 폭력으로, 가족, 사회, 국가, 국제정치 그리고 규칙, 관습, 제도 같은 구조로 인해 발생하는 폭력이다. 노예제도를 포함해서 사회·경제적으로 가난한 사람들을 억압한다든지, 법이나 관습에 의해 사회적으로 약자가 피해를 입는 것 등이 폭력이다. 간디는 "가난이야말로 가장 나쁜 종류의 폭력"이라고 말했다. 신분에 의한 차별, 성차별, 인종차별, 그리고 차별에 의한 혐오도 모두 구조적 폭력이다. 폭력을 휘두르는 가해자는 잘 드러나지 않지만, 폭력이 오래도록 지속하는 특징이 있고, 피해자들의 숫자와 범위가 광범위하다. 또 다른 특징은 피해자들이 아무리 노력해도 피해에서 벗어나기 어렵다는 것이다.

셋째, 문화적 폭력은 문화, 예술, 종교 등을 통해 벌어지는 폭력이다. 이런 영역은 인간의 삶을 깊고 풍부하게 해주어야 하지만 반대로 폭력의 주역이 되는 경우가 다반사다. 여성은 약하고 남성은 강하므로 남성이 여성을 지배하는 것이 당연하다는 생각, 흑인은 더럽고 모자라는데 백인은 깨끗하고 똑똑한 존재이므로 인종차별은 어쩔 수 없다는 생각 등은 모두 문화적 폭력에 해당한다. 이민자나 이주노동자들은 무시하고 차별해도 된다는 생각도 마찬가지다. 문화적 폭력은 구조적 폭력보다 더욱 눈에 띄지 않는 경우가 많은데, 그것은 폭력에 의해 생기는 피해를 피해처럼 보이지 않게 위장하기 때문이다. 그 사회 구성원 대부분이 문화적 폭력을 자연스럽게 인정해 버리거나, 더 나아가 아예 사람들의 생각이 문화적 폭력에 지배당하기 쉽다.

현재 우리 사회에서 혐오 폭력이 심각한 이유는 바로 이러한 구조적 폭력과 문화적 폭력의 복합 작용으로 강화되고 있기 때문이다. 물론 혐오 폭력에 대한 직접적인 책임은 가해자 개인에게 있으며, 개인감정의 차원이 중첩되어 있다. 그러나 현재의 혐오 폭력이 전방위로 확산되는 현상은 구조적이고 문화적인 원인이 더 결정적이다. 현재 우리 사회처럼 지나친 경쟁 사회는 혐오 폭력에 매우 약할 수밖에 없다. 왜냐하면 나를 제외한 모든 사람이 경쟁상대고, 그 상대와 협력하기보다 상대를 반드시 이겨야 하기 때문이다. 승리에 대한 유혹은 그만큼 혐오 폭력을 부르기 쉬워진다. 일등만 중요한 극도의 경쟁 사회는 신자유주의가 계속 공급하는 능력 절대주의 신화와 연결되어 있다.

마찬가지로 한국사회의 서열문화 또는 군대문화도 혐오 폭력을 더욱 조장한다. 절망적인 경제 현실에 처한 젊은이들의 분노는 가부장적인 서열문화와 겹치면서 남녀갈등과 세대 간 갈등으로 확대된다. 선배나 상사들이라는 소위 윗사람들은 권력과 자본을 통해 갑질을 일삼고 아랫사람들에게 폭력을 행사한다. 다시 한번 구조와 문화적 폭력의 희생자가 되는 것이다. 가부장적 서열문화에서 함께 희생되고 있는 옆의 피해자에게 전가하며 분노와 좌절을 해소한다. 자기 집단과 상대 집단을 나누어 모든 불만과 죄의 원인으로 규정하고 집단적인 혐오 폭력을 가하고, 무엇보다 불평등한 사회에 대한 불만이 누적되면서 혐오 폭력은 패자끼리의 전쟁으로 이어졌다. 물론 불평등을 초래한 기성질서에 대한 불만도 드러내지만, 만만한 희생양 찾기로 이어지고, 이는 약자들끼리의 갈등과 대립을 격화시킨다.

가장 확실한 예로 들 수 있는 피해자가 바로 여성이다. 2012년 이후 한국에서 강력범죄 피해자에서 여성이 차지하는 비율이 90% 내외라는 극단적인 통계치는 우리에게 상황의 심각성을 대변한다.[14] 여성 혐오는 성적 소수자, 외국인, 이주민 혐오들로 확산하고 있다. '싫다'라는 단어보다 훨씬 더 강력한 의미를 표현할 때 아예 혐오를 '극혐'이나 '여혐'처럼 접미사로 사용한다. 국가와 기득권 지배세력은 이를 놓치지 않고 사악한 공모에 나선다. 오늘날의 혐오 폭력과 대립의 문화는 기득권 세력이 자신들의 지위를 유지하기 위해 확대, 재생산하고 있다. 이들은 무한경쟁의 신자유주의가 주도하는 현재, 자신들의 기득권 유지를 위해 혐오 폭력과 갈등은 필수라는 것을 본능적으로 인식하고 있다. 현재의 대립문화로 인해 과연 누가 실질적인 이득을 지속하게 되는가를 살펴보면 답은 쉽게 나온다. 피해자끼리 대립구도에 배치시킴으로써 전선이 자신들의 지배질서를 향하지 않게 하는 것이다. 약자나 소수자의 인권보다 혐오할 자유를 우선시하고, 혐오 폭력을 개인의 일탈로 축소해버림으로써 혐오 폭력의 원인이 되는 구조를 은폐해 버린다.

한류의
빛과 그림자

한국의 각종 문화 콘텐츠,
세계는 궁금해한다

2021년 한해, 한국관광공사 유튜브가 뒤집히는 사건이 발생했다. 그것은 다름 아닌 한 광고 때문이었는데, 〈한국의 리듬을 느껴봐Feel the Rhythm of Korea〉 시리즈의 서울편 영상이 놀라운 조회수를 올리며 입소문을 탄 것이다. 국내외 시청자들의 반응이 뜨거웠다. 서울 도심을 배경으로, 국악을 재해석한 밴드 '이날치'의 음악 〈범 내려온다〉와 '앰비규어스 댄스 컴퍼니'의 해학적 안무가 어우러져 한국이 가진 정통성과 현대적 면모를 균형 있게 담아냈다는 평가가 있었다. 외국인이 남긴 것으로 보이는 댓글에는 "무슨 말인지 알아듣지 못하는 음악이지만 정말 중독성 있다", "한국에 방문했던 적이 있는데 또 가고 싶다", "한국은 관광 광고도 뮤직비디오처럼 만든다" 등의 호평이 이어졌다. 서울 편에 이어 부산, 강릉, 목포, 안동, 전주 등 해당 지역의 특색에 맞는 영상이 차례로 공개되면서 이 또한 많은 호응을 얻었다.

문화 콘텐츠란 "매체를 통하여 제공되는 각종 문화 정보나 그 내용물로, 문화적 성격을 가진 내용물을 멀티미디어 기술을 통하여 산업적으로 발전시키는 것을 통틀어 이르는 것"이다. 즉 오늘날 인터넷을 기반으로 유통되는 콘텐츠 중 문화적 성격을 띠는 것을 총칭한다. 여기에는 문자, 미술, 사진, 영상, 음악, 게임, 문화재 등 다양한 내용이 포함된다. 앞서 소개된 한국관광공사의 홍보물도 문화 콘텐츠에 해당될 수 있다. 기존 방식대로 한국의 관광 명소와 상품을 나열하고 기술하는 것에 머물렀다면 단순 광고로 여겼겠지만, 여기선 감각적인 음악과 춤, 그리고 세련된 영상미를 더해 호기심을 자극하는 문화 콘텐츠로 시청자들에게 다가간 것이다. 해당 영상이 입소문을 타면서 밴드 이날치와 안무 그룹 앰비규어스 댄스 컴퍼니에도 관심이 쏟아졌다. 탄탄한 기본기는 물론, 묵묵히 자신의 분야에서 실력을 쌓아왔던 전문가들이었기에 호감이 증폭되었다.

세계 시장을 선도하는 한국의 문화 콘텐츠로는 어떤 것이 있을까. 가장 대표적인 것 중의 하나가 바로 '게임'이다. 한국콘텐츠진흥원의 2020년도 조사에 따르면, 2019년 한해 기준으로 게임 산업이 기록한 수출액은 66억 5778만 달러, 수입액 2억 9813만 달러로, K팝의 무려 11배 규모다. 2015년부터 이어진 추이 역시 지속적인 상승세를 보여주는데, 사업체나 종사자 수의 변동이 적은 것에 비해 매출 상승이 꾸준하므로 안정적인 성과를 내고 있다고 평가할 수 있다. 그뿐만 아니라, 한국 게임은 완제품 형태로 수출하는 비중이 매우 높으며, 특히 모바일 게임 부문에서는 92.3%에 달한다. 이는

[그림 2-4] 2015~2019년도 한국 게임산업 추이

구분	사업체 수 (개)	종사자 수 (명)	매출액 (백만 원)	수출액 (천 달러)	수입액 (천 달러)
2015년	13,844	80,388	10,722,284	3,214,627	177,492
2016년	12,363	73,993	10,894,508	3,277,346	147,362
2017년	12,937	81,932	13,142,272	5,922,998	262,911
2018년	13,357	85,492	14,290,224	6,411,491	305,781
2019년	13,387	89,157	15,575,034	6,657,777	298,129
전년대비 증감률(%)	0.2	4.3	9.0	3.8	△2.5
연평균증감률(%)	△0.8	2.6	9.8	20.0	13.8

자료: 한국콘텐츠진흥원

• 사업체나 종사자 수의 증감률에 대비해 매출액 및 수출액/수입액의 증감률은 상대적으로 안정적인 수치를 보여주고 있다.

기술이나 서비스, 로열티(라이선스) 등만 수출하는 다른 국가들과 차별성을 띠는 지점으로, 한국 게임 자체가 완결성을 가진다는 의미로 풀이될 수 있다.

신흥 강자로 업계를 무섭게 장악하고 있는 또 다른 문화 콘텐츠는 '웹툰'이다. 웹툰의 성패는 모바일 환경의 최적화에 달려 있다. 종이 만화책을 만든 후에 디지털화하는 일본, 미국의 만화와는 달리 한국 웹툰은 처음부터 스마트폰의 상하 스크롤 방식을 염두에 두고 그린다. 이러한 방식은 2003년 포털 사이트 다음^{Daum}에서 연재를 시작한 작가 강풀이 최초로 선보인 것으로, 이후 웹툰의 공식으로 자리잡게 되었다. 이러한 UX^{User eXperience}/UI^{User Interface}를 최적화한 결과, 몰입도는 물론 시청각 요소를 결합해 현장감까지 부여한다. 이젠 웹툰을 열면 인기 가수가 부른 OST가 배경음악으로 깔리고, 꽃잎이 휘날리는 효과를 보여주며, 인물들이 서사에 맞춰 움직이기까지 하는 것이다. 이뿐만 아니라 업계는 한국 웹툰을 영어, 중국어, 일본어, 태국어, 프랑스어 등 다양한 언어로 번역해 제공한다. 작가의 말투와 느낌을 생생히 옮기기 위해 팬 번역 서비스를 열고, 번역 업체를 인수하거나 전문 웹툰 번역가를 양성할 정도로 수출 시장에 공들이고 있다. 한국만화영상진흥원 또한 이러한 수출 시장에 발맞춰 매해 웹툰 번역 지원 사업에 대규모 예산을 책정한 바 있고, 해에 따라 규모를 늘려나가고 있다.

웹툰의 탄탄한 이야기 구조를 기반으로 또 다른 문화 콘텐츠를 창출해내는 일도 눈여겨볼 만하다. 영화 〈이끼〉, 〈은밀하게 위대하게〉, 〈내부자들〉, 〈강철비〉, 〈신과 함께〉 등은 대표적인 웹툰 원작 영화다. 영화뿐만 아니라 〈미생〉, 〈김비서가 왜 그럴까〉, 〈타인은 지옥이다〉, 〈이태원 클라쓰〉, 〈여신강림〉, 〈유미의 세포들〉 등의 드라마도 웹툰을 기반으로 국내외에서 큰 인기를 얻었다. 여기서 더 나아가, 웹툰은 이제 세계적인 OTT 플랫폼 넷플릭스와도 손을 잡았다. 〈스위트홈〉, 〈D.P.〉, 〈지옥〉, 〈지금 우리 학교는〉 등 다양한 장르물로 확장해 나가는 한국 웹툰은 그 미래가 무궁무진할 것으로 기대되고 있다.

2020년에는 제92회 아카데미 시상식에서 봉준호 감독의 영화 〈기생충〉이 작품상, 감독상, 각본상, 국제장편영화상을 수상해 총 4관왕에 오르며 세계적으로 작품성을 인정받은 바 있다. 비영어권 영화가 작품상을 받은 것도, 한국 영화가 후보에 오르고 수상한 것도 모두 최초였다. 이렇듯 오늘날 한국의 문화 콘텐츠가 국내에서는 물론 해외 대중에게 사랑받게 된 이유는 무엇일까. 영화제작사 리얼라이즈픽쳐스의 원동연 대표는 성공 요인을 2가지로 꼽았다. 하나는 한국의 스토리텔링 기법이 간결하면서도 명쾌하다는 점이다. 탄탄한 각본을 기반으로 인물의 입체성, 스토리 공감대를 형성하고 세련된 연출 기법으로 몰입감을 높이는 것이다. 이른바 '절단신공', 클라이맥스에서 끊고 다음 화로 넘어가도록 하는 기법은 예능, 드라마, 웹툰, 웹소설 등의 콘텐츠에서 이미 명성이 높다. 그래서 유행하는 말이 '개미지옥'이다. 한국 드라마는 마치 개미지옥처럼 한번 빠지면 헤어 나올 수 없다는 것이다. 최근 '오겜 신드롬'을 일으킨 넷플릭스 오리지널 드라마 〈오징어 게임〉에서도 이런 작법이 절묘하게 사용되었는데, 이런 극적인 엔딩에 익숙하지 않은 외국인들이 황당해하는 리액션 영상이 유튜브에서 유행하였다. 다른 하나는 비즈니스 생태계의 확장이다. 〈오징어게임〉의 대흥행에 빼놓을 수 없는 공신은 넷플릭스로, 해당 드라마는 글로벌 OTT 서비스의 지원을 받아 제작되었다. 넷플릭스가 투자한 규모는 총 2백여억 원, 9회로 구성되었기에 회당 약 28억 원 수준으로 알려져 있다. 현재로선 국내 제작사가 감당할 수 없는 규모의 제작비다.

한편 원동연 대표는 한국의 문화 콘텐츠가 많은 이들에게 사랑을 받는 만큼, 지속 가능한 성장에 관해 활발한 논의가 시작되어야 한다고 꼬집었다. 특히 〈오징어 게임〉이 세계적인 흥행을 이끌어냈음에도, 판권과 저작권을 넷플릭스가 독점할 수밖에 없는 구조에 많은 사람이 우려를 표한 바 있다. 자칫하면 한국이 제작 하청 업체가 될 수도 있다는 지적이다. 이런 사례가 반복되는 것을 방지하기 위해 한발 앞서 법제적 노력을 꾀한 나라가 있다. 바로 프랑스다. 프랑스는 글로벌 OTT 기업과 콘텐츠 제작사들이 공정한 협업을 일구어낼 수 있도록 지적재산권 보호 법안을 발의하였다. 넷플릭스 오리지널 시리즈 〈뤼팽〉을 제작한 프로듀서 이자벨 데조르주Isabelle Degeorges는 해당 의제를 공론화시키는 데 앞장섰다. 법안의 핵심은 글로벌 OTT 기업이 프랑스에서 벌어들인 매출액의 20% 이상을 자국 콘텐츠에 재투자해야 한다는 것이다. 이는 균형적인 제작 생태계를 만들고, 창작자들의 개성적이고 독창적인 콘텐츠 생성이 지속될 수 있는 환경을 마련하기 위함이다. 한국의 문화 콘텐츠 또한 무궁무진한 가치를 갖고 있으므로, 성장을 위한 재정적 지원뿐만 아니라 지적재산권과 관련한 법적 보호가 논의되어야 할 때다.

한국 패션의 트렌디함에 빠지다

파리의 대표적인 백화점 르 봉 마르셰Le Bon Marché에서 2020년 가장 인기가 많았던 브랜드는 어디일까. 에르메스, 샤넬, 디올, 루이비통 등 본고장 프랑스를 누빈 쟁쟁한 이름들을 누르고 남성복 매출 1위를 달성한 브랜드는 다름 아닌 '우영미WOOYOUNGMI'다. 디자이너 우영미는 자신의 이름을 딴 브랜드를 2002년 설립, 2011년 한국인 최초로 프랑스 의상 조합의 멤버가 되었으며, 패션으로 자부심이 높은 프랑스인들의 큰 사랑을 받았다. 특히 2020년에는 코로나19 팬데믹 때문에 아시아에서 프랑스로 여행을 오던 관광객들이 급감했다는 점에 주목해야 한다. 이는 관광객들이 선호하던 기존 브랜드들이 고전을 면치 못하게 했고, 이에 따라 파리를 비롯한 현지인들의 수요가 생생하게 반영된 결과로 풀이된다.

우영미뿐만 아니라 한국계 패션 디자이너들은 세계적으로 활약하고 있다. 미국에서 큰 사랑을 받고 있는 정욱준 디자이너의 브랜드 '준지Juun.J', 영국을 주 활동 무대로 하고 있는 표지영 디자이너의 브랜드 '레지나 표Rejina Pyo' 등이 대표적이다. 2019년 9월에는 4대 파리 런웨이 장소 중 하나로 꼽히는 브롱니아르 궁Palais Brongniart에서 'K-컬렉션 인 파리' 패션쇼가 열렸다. 이젠 '앤더슨 벨Andersson Bell'을 현지 가격으로 사기 위해 한국을 찾는 관광객이 있을 정도다. 인기는 통계에서도 드러난다. 2014년에서 2020년에 걸친 통계청 조사[15]에서는 해외에서 온라인 경로를 통해 이른바 '직구'로 한국 제품을 구입한 추이를 시기별, 품목별로 보여주고 있는데 그중 '의류 및 패션 관련 품목'에 주목할 필요가 있다. 2020년 1분기부터 코로나 팬데믹으로 세계 경제가 위축되었던 시기를 고려하면, 그 이전까지 해외 판매 매출이 계속 증가하고 있었음을 볼 수 있다.

왜 K-패션이 세계적인 열풍을 일으키고 있을지 곰곰이 생각해 보면, 다음의 3가지 주목할 만한 특징이 있다. 첫째, 한국적인 아름다움을 고스란히 녹여낸 독창성이다. 넷플릭스 오리지널 시리즈 〈넥스트 인 패션〉 시즌 1의 우승자인 김민주 디자이너는 매회 절제되고 우아한 디자인을 선보이면서도, 그 속에 한국만의 개성을 톡톡히 살렸다. 특히 4화에서 선보인 스포츠웨어는 제주도 해녀복에서 영감을 받아 만들었고, 심사위원들과 동료 디자이너들의 극찬을 받았다. 김민주 디자이너는 쟁쟁한 동료들과 경쟁 끝에 우승을 거머쥐었고, 자신의 이름을 딴 브랜드 '민주킴Minju Kim'은 국내외에서 큰 사랑을 받고 있다.

둘째, 편안함과 가격 대비 효율성 등 한국 패션에는 실용성을 중심으로 다양한 요소가 맞물려 있다. 보기에는 아름다울지 몰라도 입기에 불편한 옷이나, 신체를 지나치게 구속하는 옷은 거부한다. 레지나 표의 2022 봄/여름 컬렉션은 런던 아쿠아센터에서 다이버들이 수심 5미터 다이빙 풀로 뛰어드는 것으로 시작됐다. 평소 자유롭고 생기로운 디자인을 선호하는 표지영 디자이너의 가치관을 고스란히 반영했다. 여성의 강인함, 부드러움, 당당한 면모를 자연스럽게 보여주는 컬렉션이었다. 떠오르는 신진 브랜드 '제이 청J.Chung'의 정재선 디자이너는 그의 옷이 "30대 일반 여성이 보기에 가격이 너무 비싸지 않으면서 물빨래를 할 수 있고, 신축성 있지만 고급스러워 보이는 옷"이었으면 한다고 밝혔다. 그러면서도 우수한 재봉과 마감, 최신 기술이 접목된 원단 사용 등 품질로 경쟁하는 것 또한 K-패션의 강점이다.

셋째, 트렌드 민감성으로 SNS 등을 적극적으로 활용하여 시장의 수요를 읽고 이를 디자인에 반영, 마케팅으로까지 나아가는 경향이 있다. 이는 신한류로 봐야 한다. 삼성물산, 이랜드 등 유통 역량을 갖추고 있는 기업과 디자이너들이 협업하고, 아이돌 및 스타들과의 다양한 콜라보레이션을 선보이고, 인스타그램과 유튜브 등의 온라인 플랫폼을 적극적으로 활용한다. 대표적으로 안경 브랜드 '젠틀몬스터Gentle Monster'는 실험적인 비주얼과 과감함을 접목, 레트로 열풍을 타고 MZ세대의 마음을 사로잡았다. 특히 기존 해외 브랜드들이 서양인의 얼굴형에 맞춘 안경과 선글라스를 출시했기 때문에 다양한 인종과 배경의 소비자 니즈가 채워지지 않은 점을 공략했다. 이에 광고에도 다양성을 내세웠다. 영화감독 박찬욱, 블랙핑크 제니 등 유명 인사들뿐만 아니라 나이, 인종, 성 정체성 등에 구애받지 않는 모델을 기용하였다. 또 펜디, 앰부쉬, 몽클레어, 화웨이 등의 다양한 브랜드와 협업하여 SNS에서 이슈 몰이를 했다.

패션 사업은 의류 제작 공정뿐만 아니라 품질, 디자인, 브랜드 가치 등을 포괄하는 고부가가치 산업이다. 한국 패션업계는 2010년대에 들어 신진 디자이너들을 중심으로 브랜드가 해외로 뻗어나갔고, 그전까지만 해도 하락세였던 수출 증가율을 상승세로 전환시키는 중요한 전환기를 맞이한다. 제조업 단계에만 머물러 있었다면 중국, 베트남 등과의 가격경쟁력 면에서 세계 시장에서 큰 어려움을 겪었을 것이다. 산업통상자원부는 5대 소비재 종목을 지정해 수출에 전폭적인 지원을 도모하고 있는데, 패션, 화장품, 농수산식품, 의약품, 생활 및 유아용품이 그 대상이다. 반도체 등 전통적인

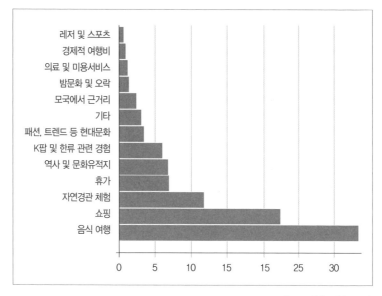

[그림 2-5] 전 세계 관광객들이 한국을 여행지로 선택하는 이유(2019년)

자료 : 스태티스타(Statista)

수출 품목 외에도 패션이나 화장품 등이 해외 시장에서 가질 경쟁력을 일찍이 전망하고 있었다는 것이다. 또한 패션은 수출 측면에서 유망할 뿐만 아니라, 관광객들이 한국에 방문하고 싶게끔 만드는 매력적인 콘텐츠가 될 수 있다. 세계적인 통계 전문 기업 스태티스타가 자체 조사한 2019년 통계에서, 한국을 여행지로 선택한 이유를 묻자 1위는 음식(33.4%), 2위가 쇼핑(22.4%)이었다. 이어지는 순위에 6위가 한류 관련 경험(6%), 7위가 패션, 트렌드 등 현대문화(3.4%)인데,[16] 이는 패션 업계가 한국을 방문하는 관광객들을 대상으로 문화와 연계된 사업을 펼치는 등 확장 가능성을 내포하고 있단 의미다.

K로 시작하는 나라 대한민국

한동안 한국인들이 해외에 나가서 자국을 소개할 때 단골처럼 등장하는 멘트로 "두 유 노 김치?$^{Do\ you\ know\ Kimchi}$"가 있었다. 사실 '신토불이身土不二', '우리 것이 최고다' 식의 정신에 기반한 구호들은 전혀 새로운 것은 아니다. 다만 이것이 2000년대 초 세계화 풍토와 맞물리면서 의문형으로 발전된 것이었다. 이렇듯 "두 유 노?"는 한국인이 자랑스러워하는 음식, 문화, 인물 등을 외국인에게 인정받고 싶을 때 쓰는 일종의 레퍼토리가 되었다. 이의 변종인 '두 유 노 클럽'은 네티즌들이 커뮤니티 등에서 이를 유머로 소비하는 일종의 밈^{meme}인데, 여러 버전이 있으며 독도를 배경으로 유명 스포츠 스타, 연예인 등이 합성되어 인터넷을 떠돌고 있다.

이는 쇼비니즘^{chauvinism}[17]을 긍정하는 이른바 '국뽕'의 연장성에 있기도 하고, 풍자적인 의미로 사용되기도 한다. 한마디로 우리가 개인들의 성공을 곧 국가의 성공으로 받아들이고, 지나치게 '과몰입'된 감정을 가지는 것 아니냐는 것이다. 여기서 끝나는 것이 아니라, 이를 타자에게 물음으로써 '반드시 알아야 한다'는, 인정을 강요

하는 태도가 될 수 있어 경계가 필요하다. 서울시 전前 글로벌센터
장, 영국 출신 폴 카버는 한 칼럼에서 이런 '두 유 노'에 내재된 폭
력성을 지적한 바 있다. 그는 한국에 사는 외국인으로서 이런 질문
을 처음 들었을 때는 당황스럽고 불쾌했지만, 수백 번 반복하면서
익숙해졌다고 밝혔다. 그리고 부디 외국인에게 이런 질문을 하지
말아 달라는 당부를 덧붙였다.[18] 실제로 오늘날 유튜브에서 많은 인
기를 끌고 있는 외국인 리액션 영상이나 한국 생활 인터뷰 영상 대
부분은 사실 한국인의 관점에서 제작되고 소비되고 있다. 이는 타
인과 좋은 것을 나눈다는 의미를 넘어서서, 한국 것은 외국인에게
마땅히 긍정되어야 하고 칭찬을 받아야 한다는 서사를 내포한다.

  2020년 아카데미 시상식에서 봉준호 감독은 영화 〈기생충〉으로
수상을 휩쓸었을 때, "가장 개인적인 것이 가장 창의적인 것이다The
most personal is the most creative"라는 문구를 나눈 바 있다. 아이러니하게
도, 이 문장은 왜곡되어 대중들에게 '가장 한국적인 것이 가장 창의
적인 것이다' 혹은 '가장 한국적인 것이 가장 세계적인 것이다' 등
으로 잘못 기억되고 있다. 이유는 무엇일까. 기원을 거슬러 올라가
보면 이 문구는 본래 괴테가 "가장 민족적인 것이 가장 세계적이다"
라고 한 표현에서 파생된 것이다. 그 취지는 19세기 초 독일의 대
문호 괴테가 말년에 제자 에커만과 9년 동안 나눈 대화를 바탕으로
출간된 《괴테와의 대화》에 잘 설명되어 있다. 당시 유럽을 중심으

로 형성되었던 문학계에서는 무엇이 세계 문학의 표준이 되어야 하는지에 관한 치열한 토론이 있었고, 각자 민족 문학이 가장 우월하다는 편향된 시각에 매몰되기 쉬운 상황이었다. 그런데 괴테는 그 흐름에 정면으로 반대하는 취지로 이런 표현을 한 것이다. "여러 민족의 다양성이 모여 세계를 만든다." 그렇기에 "가장 민족적인 것이 가장 세계적이다." 즉, 애당초 이 표현은 특정 민족의 우월성이나 서열을 따지기 위한 것이 아니라, 세계시민주의 정신에 기반한 다양성, 포용성을 옹호하는 차원에서 선언된 표현이었다.

'세계화 시대의 중심에 선 한국', '가장 한국적인 것이 가장 세계적인 것이다'를 비롯해 이런 맥락의 변용이 언제부터 한국에서 널리 쓰이게 된 것일까. 또 괴테의 취지에 정반대되는, 마치 '한국의 것은 우수하므로 세계 보편이 되어야 한다'는 뉘앙스를 갖게 된 이유는 무엇일까. 고민해 볼 만한 문제다. 그뿐만 아니라 모든 분야에 "K-"를 붙이는 유행 또한 성찰이 필요하다. K-팝, K-푸드, K-드라마, K-무비 등 마치 수출품에 '메이드 인 코리아Made in Korea' 딱지를 붙이는 것 같은 행태가 되지 않도록 주의해야 한다.

세계화는 단순한 일방적 전파가 아니라 상호 교류가 여러 차원에서 교차, 반복되며 일어나는 현상이다. 서울대 언론정보학과 홍석경 교수는 "한류는 전파propagation 현상이 아닌 수용reception 현상"이라고 짚었다. 한국 문화의 세계적 인기를 이해하려는 과정에서 여러 이데올로기적 편향이 나타나고 있는데, 대표적인 관점 중의 하나가 한국의 것이 전파되는 이유를 한국에서 찾는 것이다. 홍 교수는 한국의 음악이나 드라마가 절대적으로 올바르거나 사회적으로 훌륭해서 전파된 것이 아니라, 세대, 인종, 젠더에 관한 다양한 감수성이 교차하는 지점에서, 새로운 상상력을 펼칠 수 있는 공간을 형식적으로 우수한 형태로 제공하기 때문에 폭넓게 수용되는 것이라고 설명한다.[19] "두 유 노?"가 과해지면 새뮤얼 헌팅턴이 말한 '문명의 충돌' 식의 대결적 세계관에 빠질 수 있다. 그것이 외국인에게 투영되는 데에 그치는 것이 아니라, 세계화 시대에 다른 문화와 가치관을 마주하는 우리의 태도에도 큰 장애물일 수 있기에 주의를 요한다. 21세기 신한류 시대에 우리는 세계화의 본질에 대한 담론을 갖추었는지 물어야 할 때다.

글로벌 비대면 사회는 〈오징어 게임〉을 성공시켰다?

비대면 사회의 지속으로 가장 큰 타격을 입은 분야는 단연 공연 및 엔터테인먼트 업계다. 감염병 확산을 막기 위해 물리적으로 국경을 넘나드는 이동이 금지되고, 도시가 봉쇄되어 관광객이 급감한 상황 속에서, 해외 팬들의 방문이 수익의 큰 부분을 차지하던 업계는 큰 어려움을 겪었다. 내수 시장 역시 사회적 거리 두기의 상황에 따라 공연장 좌석 변동이나 공연 자체가 취소되는 일이 잦았고, 그 현장감을 단순히 온라인으로 스트리밍하는 데 근본적인 한계가 있어 업계가 상당히 위축되었다. 그러한 틈에서 경쟁력을 확보한 것이 바로 새로운 온라인 플랫폼의 확장이었다.

2020년 9월, 코로나19의 유행이 한창이던 시기 블랙핑크의 팬사인회가 제페토[20]에서 열려 4500만 명이 방문했다. 이어서 방탄소년단, 잇지, 트와이스 등 전 세계적으로 인기를 얻고 있는 아이돌 그룹들의 제페토 참여가 공식화되었다. 이곳에서 팬들은 서로 "우리 블핑 뮤비 방에서 만나"라는 메시지를 주고받고, 자신이 좋아하는 그룹 멤버들과 춤을 추고, 실시간으로 소통할 수 있게 되었다. 새로운 한류의 등장이었다. 신新한류, 다른 표현으로 K-컬처Culture는 기존 한류와 구별되는 새로운 한류의 총칭으로 특정된다. 신한류의 특징은 이미 세계 곳곳에 흡수되어 있던 전 세대 한류 문화를 토양으로, 대면 관광 및 기존의 여행 산업이 타격을 입은 코로나19 팬데믹 환경 속에서 폭발적인 확산을 이뤘다는 것에 있다. 세계적인 감염병의 유행으로 사람들이 단절과 봉쇄를 경험하게 되었고, 이러한 어려움 속에서 한국의 콘텐츠는 다양한 플랫폼을 통한 실시간 연결, 탄탄한 스토리텔링으로 공감대 형성, 유대감 확보 등으로 많은 사랑을 받을 수 있었다.

신한류 열풍을 주도한 대표적인 주체로 넷플릭스 오리지널 시리즈 〈오징어게임〉을 꼽지 않을 수 없다. 총 9부작으로 제작된 〈오징어게임〉은 전 세계 1억 4천만 명 이상이 시청했고, 최장기간 넷플릭스 글로벌 1위 달성(총 46일)이라는 기록을 썼으며, 사회 각계각층 남녀노소의 사랑을 받으며 드라마 속 한국의 놀이문화가 유행하는 열풍까지 일어났다. 심지어 한동안 CNN 홈페이지 상단에 'Squid Game' 카테고리가 있을 정도였다. 한국인의 관점에서 〈오징어 게임〉은 '지극히 한국적인' 드라마다. 무궁화 꽃이 피었습니다, 구슬치기, 달고나 뽑기 등 우리 국민이 공유하고 있는 어린 시절 추억의 놀이가 외국인에게도 흥미의 대상이 된 이유는 무엇일까?

[그림 2-6] 한류의 구분

구분	한류 1.0	한류 2.0	한류 3.0	신한류(K-Culture)
시기	1997년 ~ 2000년대 중반	2000년대 중반 ~ 2010년대 초반	2010년대 초반 ~ 2019년	2020년~
특징	한류의 태동 영상콘텐츠 중심	한류의 확산 아이돌스타 중심	한류의 세계화 세계적 스타상품 등장	한류의 다양화 + 세계화 (온라인 소통)
핵심분야	드라마	대중음악	대중문화	한국문화 + 연관산업
대상국가	아시아	아시아, 중남미, 중동, 구미주 일부 등	전 세계	전 세계 (전략적 확산)
소비자	소수 마니아	10~20대	세계시민	세계시민 (맞춤형 접근)

자료:문화체육관광부

• 케이컬처(K-Culture)는 신한류의 영문 명칭 겸 국제 홍보브랜드다.

영국의 《가디언》지는 "오징어 게임:세상을 폭풍같이 휩쓸고 있는 지옥 같은 호러쇼"[21]라는 제목의 기사로 2020년도 오스카OSCARS를 휩쓴 영화 〈기생충〉과 비슷하게, 계급 갈등이 어떤 파국을 맞는지를 보여준다고 평가했다. 이 드라마는 경제적 절망뿐만 아니라, 사회에서의 소외, 갑과 을 간의 갈등을 다루는 데 있어서 빠른 전환, 채도 높은 감각적 비주얼로 시청자들의 몰입을 유도한다. 그렇다면 그간 현대 사회의 경쟁을 신랄하게 다루는 이러한 장르물이 없었던가? 조승연 작가는 자신의 유튜브 채널 〈조승연의 탐구생활〉에서, 이전에도 미국의 〈헝거게임〉 시리즈, 일본의 〈배틀로얄〉 등 서바이벌 게임 장르물이 존재해 왔다고 짚는다.

어쩌면 이 드라마가 '생존'이라는 단순한 규칙만을 가진 듯 보이지만, 〈오징어 게임〉이 유난히 특별한 것은 게임 속 참가자들에게 선택과 자유에 관한 그럴듯한 제안을 끊임없이 던지고 있다는 점 때문이다. 즉 이 '선택'의 게임을 (표면적으로는) 누구도 강요한 적이 없으며, 오롯이 본인의 '자유의지'로 참가하고 있는 것이고, 참여자들의 동의를 구하면 나갈 수 있다는 탈출구를 보여주고 있다는 사실이 시청자들을 매혹했다. 이는 기존의 서바이벌 게임 장르물과 〈오징어 게임〉의 근본적인 차별성이다. 야생의 험준한 환경에 내던져져서 서로를 죽고 죽이는 시나리오가 아닌, 철저하게 인공적으로 조성된 세트장에서 그 시스템에 구속되는 내러티브를 갖는 것이다.

사실 K팝 또한 신한류 시대를 맞아 보다 다층적 차원에서 이해됨을 발견한 바 있다. 이제 사람들은 표면적으로 보기 좋고 퍼포먼스가 완벽한 것에만 호응하는 것이 아니라, 아이돌 가수 혹은 그룹으로 성장해 나가는 과정에 응원을 보내고 있다. 특히 한류 문화가 여러 세대를 거듭함에 따라 겪었던 어려움이 여전히 근절되지 못한 채 존재하고 있다. 엔터테인먼트 소속사와 연습생 간 갈등, 적자생존의 데뷔 경쟁, 오디션 프로그램의 과열, 순위 조작 및 음원 사재기, 우울증 등으로 비관하여 목숨을 끊는 일 등 연예계 사건 사고에 대한 관심이 글로벌 팬들에게도 알려진 상황이다. 종합적으로 보면 세계가 주목하고 있는 신한류는 무한히 긍정적인 내용이 아니었으며, 오히려 끊임없는 자아 성찰, 어쩌면 자학으로도 보이는 자기발전, 나아가 사회적 규칙에 관해 질문을 던지고 도전하는 방식에 주목한 결과라고도 볼 수 있다. 신한류는 한국이 일방적으로 발신하는 형태가 아니었다. 이는 다양한 정체성과 배경을 가진 현지별 특색에 맞게 응답한 결과이며, 제3의 형태로 발전될 수 있는 무한한 상상의 공간을 열어두었기 때문이라고 할 수 있다. 그것이 신한류가 다른 나라의 문화 콘텐츠에 비견해 독보적인 성장 가능성을 가진 이유가 아닐까.

3장

위기를 기회로

미국과 중국 사이

이제는 동북아에서 벗어나
대유라시아와 해륙국가로 뻗어나가야

　지금까지 반복적으로 문제를 제기했듯이, 미래를 포함한 현재의 국제질서는 자유주의가 근본적으로 흔들리고 있다. 그러면서 국제 협력을 견인해 온 글로벌 거버넌스가 약화하고 배타적 민족주의와 지정학적 진영 대결 구조가 부활하고 있다. 무엇보다 국제질서에 초강대국 간 세력 변동의 격랑으로 말미암아 불안정성이 점차 커지고 있어 지금보다는 훨씬 능동적인 대처가 필요하다. 거대한 해양세력과 대륙세력의 충돌지점에서, 생존과 국익을 위해 평화를 지키는 것이 대한민국의 시대정신이자 국가전략의 핵심이 되어야 한다. 지난 2018년 한껏 기대를 품게 했던 한반도 평화 프로세스는 하노이 북·미회담 결렬 후 교착상태로 빠져들어 어려움에 처했다. 하지만 대한민국의 국력, 국격, 국위 상승을 세계가 인정한다면 국운 상승의 기회이자 국제사회에 대한 책임 상승의 계기가 될 수 있으므로 이에 대비해 새로운 종합적 외교혁명을 설계해야 한다. 차기 정부 역시 남북관계의 특수성이나 북한의 비핵화 문제 등에서 비롯되는 한반도 중심축을 반드시 설정해야겠지만, 전략적 핵심공간은 국격의 신장과 글로벌 전략환경 및 통상질서의 변화에 맞추어 외교 지평을 보다 '큰 공간'으로 확장해 가는 대전환이 필요하다.

먼저 우리 외교를 집어삼키다시피 해왔던 북한 문제와 한미동맹은 한 발 떨어져 바라볼 필요가 있다. 더 나아가 한·중·일 3국 관계 또는 동북아 차원에서만 편협하게 사고하는 지역협력의 담론은 유용하지도 않고, 전략적으로 바람직하지도 않다. 이제는 분단 한반도나 동북아 국가를 넘어 대유라시아 또는 해륙국가로 우뚝 서야 할 시점이 왔다. 즉 한반도와 동북아를 넘어 광역의 공간을 대상으로 국격에 맞는 '큰 외교'를 전개하는 대전환이 필요하다. 중국의 '일대일로' 구상, 미·일의 인도·태평양 전략, 러시아의 동방정책 또는 대유라시아 구상 등이 격돌하는 중첩 지역을 핵심공간으로 설정하고, 여기에서 대전환 시기의 평화와 번영을 구가할 수 있는 협력, 공생, 연대의 지대를 구축해야 한다. 큰 외교가 전개될 전략적 핵심

공간은 사실상 문재인 정부가 이미 추진했던 신남방 및 신북방을 포괄하는 지역이지만, 과거처럼 분리 단절된 이원적 공간 배치가 아니라 신남방과 신북방을 상호 연결하면서 대외정책의 자산과 에너지가 균형 있게 투입되는 통합의 공간을 의미한다. 또한 책의 말미에 다시 소개하겠지만, 큰 외교의 확장된 공간은 현재 21세기 대유라시아 혹은 메가 아시아로 불리고 있는데, 향후 경제, 기술, 안보의 통합전략 집결지가 될 가능성이 크다.

외교란 기본적으로 국가의 생존과 번영이라는 국가이익을 목표로 삼고, 이를 실현하기 위해 평화적 방법으로 외국과의 관계를 유지하고 발전시켜나가는 총체적인 활동을 의미한다. 이러한 측면에서 우리 대한민국의 외교는 최우선적인 국가이익, 즉 남북한의 평화공존을 통한 한반도의 정치 군사적 안정을 유지하고, 자유시장 경제원리에 기초한 지속적인 성장과 국민의 삶의 질 향상을 위한 활동에 집중해 왔다. 문제는 외교가 일차적으로 '국가이익' 실현에 집중된다는 본질을 배제할 수는 없지만, 배타적인 일국적 국가이익(혹은 이기심)을 충족하기 위한 '본능적' 활동에만 기대서는 소기의 성과를 달성할 수 없는 시대가 왔다.

대한민국, 지구공동체로 함께 책임져야

첫째, 외교란 상대(국)가 있는 법인데, 과거와 달리 이미 G7을 비롯한 선진국들이 대한민국에 거는 기대수준이 격상되었고, 지구공동체 선도국의 일원으로서 대한민국이 지금보다 더 적극적으로 기여하고 중요한 역할을 해주기를 계속 요구하고 있다. 사실 한국은 지금껏 세계 외교무대에서 일정 부분 오명을 입었다. 국제회의의 성격과 무관하게 거의 예외 없이 한반도나 북한 문제를 의제로 올리려 하고, 협력을 구하려는 이기적인 행보를 한다는 평가를 받았다. 국제회의에서는 탄소 감축을 포함한 환경외교를 적극적으로 하면서, 실제로는 개발도상국에 화력발전소를 수출하는 행태도 비판의 대상이었다. 경제외교도 마찬가지로 한국의 경제적 이익만을 따지는 중상주의적 태도만 보인다는 비판을 받았다. 하지만 이제는 변해야 할 때다. 대한민국이 개발도상국의 위치에 있을 때는 배타적인 국가이익 추구의 성격이 있더라도 총체적인 국가이익 실현을 위한 외교활동이 어느 정도는 용인될 여지가 있었다. 그러나 현재 한국의 국위, 국력, 국격이라면 이런 외교 활동은 편협한 국가 이기주의로 보일 수 있다. 이미 기후변화나 코로나19 팬데믹 등 글로벌 아젠다에서 향후 지구적 문제 해결을 위한 역할을 강화하고 공동으로 대처해야 할 필요성이 점차 커졌다. 따라서 편협한 국가이익만을 추구하는 외교 행태로는 선도국가나 모범국가로 도약할 수 없다.

과거처럼 생존에 대한 지나친 강박과 편협한 단기적 국가이익 실현에서 벗어나 중장기적 관점에서 빈곤과 불평등, 기후변화, 글로벌 팬데믹 등 지구공동체가 직면한 공동의 위협에 대응하고 문제 해결 방안을 제시하는 자리까지 나가야 한다. 정책 전환을 통해 글로벌 문제 해결을 위한 우리나라의 기여도를 끌어올리고, 남과 북, 선진국과 개도국 사이에서 각국이 처한 상황과 이해관계의 차이에서 비롯되는 갈등 관계를 풀어나가는 '정직한 중재자honest broker' 또는 연결고리가 되는 브리지bridge나 링커linker로서의 역량 발휘가 중요하다. 링커는 과거 축구경기에서 많이 사용하던 용어로, 지금은 리베로나 미드필더가 하는 역할과 비슷한데 수비와 공격의 연결 역할을 하는 플레이어를 지칭했다.

문재인 정부에서 이른바 'K-현상K-phenomena, 한류, K-방역, K-경제 등'을 전면에 내걸고 글로벌 이슈에서 역할 증대 등을 도모했지만, 상대국의 질적 지표나 혁신 지표에 대해서는 무관심하거나 소홀히 대했던 점이 없지 않다. 따라서 차기 정부에서는 ODAOfficial Development Assistance(공적개발원조)와 관련해서도 과거처럼 단순하게 원조 집행 규모를 산정하는 것이 아니라 클레이튼 크리스텐슨Clayton M.Christensen 등이 말하는 '시장 창조 혁신' 개념에 기초하여 개발과 번영이 축적될 수 있는 내부 메커니즘을 만들어가는 데 얼마나 실질적으로 공헌했는지를 평가해야 한다.[1] 글로벌 이슈 해결에 있어서도 일방적인 한국형 K-모델 홍보보다는 현지화에서 창조적 변용이 얼마나 실현되었는가를 평가하는 정책으로 전환할 필요가 있다.

대북정책의 기본 방향도 마찬가지다. 달라진 국력에 기반해 우리 주도로 한반도 평화 프로세스 본연의 목표인 평화 구축에 충실하고 대북정책의 외연을 확대하는 것이 큰 외교라고 할 수 있다. 먼저 대북정책의 궁극적 목표는 비핵화라기보다 평화 정착임을 분명히 할 필요가 있다. 비핵화가 평화 프로세스에서 중요하고 필수적인 과제이지만, 전부가 될 수는 없다. 평화를 이루는 일부의 과정이어야 하며, 그래야 우리가 주도해 남북관계 개선과 함께 비핵화를 동시에 추진할 수 있다. 과거 비핵화 없는 종전선언은 의미 없다는 등의 선비핵화론에 제동을 걸 수 있다. 비핵화가 장기과제임을 고려해 볼 때, 비핵화만을 선결 조건으로 고집하면 장기간 평화 구축을 위해 우리가 할 수 있는 것은 제재와 압박에 동참하는 것 외에는 거의 없다. 다음으로 대북정책의 외연을 보다 확대할 필요가 있다. 물론 일부 중국과의 협력은 있었지만, 그동안 대부분을 미국과의 협력을 토대로 대북정책을 추진해 온 결과, 우리 주도로 끌고 가지 못하고 이들 국가의 영향력에 휘둘리는 경향이 많았다. 따라서 일본과 러시아는 물론이고, 유럽 등 미·중 사이에 낀 국가들과 다자주의 연대 협력을 강화함으로써 우리의 전략적 지렛대를 확보할 필요가 있다.

편 가르기에서 벗어나
함께 협력하는 질서를 주도해야

대한민국의 외교혁명의 두 번째 덕목은 유연한 외교다. 외교가 유연하다는 것은 기존에 가진 전략을 상황의 변동에 따라 바꾸거나 포기하고, 더 나은 전략적 선택이 가능해야 한다는 것이다. 더불어 꼭 하나의 전략을 고집할 것이 아니라 정책적 선택을 다양하게 확보한 후, 필요하다면 복수의 정책을 선택할 수도, 필요에 따라 통합적으로 선택할 수도 있다는 말이다. 구시대 외교, 특히 과거 냉전체제에서는 이념에 의한 경직된 외교가 필요했고, 또 가능했다. 하지만 탈냉전 이후 한반도 분단과 냉전 구조의 타파를 위해서는 유연한 외교가 절실하게 필요해졌다. 특히 최근 부상하고 있는 미·중 전략경쟁과 동북아의 대립 질서에서 대한민국의 생존과 번영을 위해 한국외교의 유연성을 더욱 진지하게 고민하고 실천해야 할 때가 왔다. 유연성은 경직성과 반대되는 개념이다. 외교 영역에서 경직성은 국가가 특정 이념이나 독트린에 입각해 하나의 노선만을 유지하겠다는 것이다.

이런 외교 노선은 원칙의 함정에 빠져 운신의 폭을 좁혀버리고, 국제무대에서 편 가르기나 진영 프레임에 스스로 가두게 된다. 또한 창의적인 외교를 통한 현실 개선보다는 현상 유지에만 골몰할 위험도 내포한다. 특히 외교 무대에서 아군과 적대적 국가의 이분법으로 사고하게 만듦으로써 국가의 이익을 축소해 버린다. 예를 들면 미·중 전략경쟁에서 동맹 절대주의의 경직성에 빠질 경우, 한·미관계만을 중시하면서 한·중관계를 어렵게 만들 수 있다. 사드 배치 문제로 인한 중국의 제재와 중국의 동북공정 등으로 대중 국민감정이 매우 악화했다. 일본보다 더 부정적 인식을 지니고 있고, 청년세대의 반중 정서는 심각한 수준이다. 분단 한반도에서 안보가 가장 중요하고, 혈맹인 미국과의 관계를 고려하면 당연히 미국을 선택해야 한다는 인식이 강해지는 것은 자연스러운 현상이다. 미·중관계의 대립각을 좁혀가면서 격돌로 흐름에 따라 한국사회 일각에서는 한국의 외교적 선택을 재촉하는 목소리가 커졌다. 이제는 중국을 버리고 미국에 올인하고, 일본과는 손을 잡아야 한다는 주장들이 나온다.

그러나 국익을 생각할 때 이런 배타적 선택의 방식은 전혀 유연하지 못한 외교다. 한국전쟁과 이어진 냉전체제가 장기화하면서 우리에게 새겨진 공포의 잔영이 트라우마로 남아 여전히 힘을 발휘하고 있는 것은 이해할 만하다. 그러나 우리의 외교는 이제 냉전의 기억과 관성에 벗어나 배타적 선택 프레임을 탈피하고, 미·중이 우리와 협력을 선택하게 만드는 외교력을 발휘해야 한다. 어떤 면에서는 한국이 배타적 선택을 서두르면 신냉전 구도를 오히려 앞당겨 버릴 수 있다. 한국이 그럴 수 있는 충분한 힘과 중요성을 지니고 있다는 점에서 역설적으로 우리가 스스로 우리 운명을 어렵게 만들 수 있다는 말이다. 정치적으로나 경제적으로 미국과 중국 모두 한국이 매우 필요하고 앞으로 더욱 그럴 것이다. 이 상황에서 미·중 양자의 압박을 받는 것이 아니라 우리의 협력이 필요한 외교자산으로 만드는 유연한 외교를 해야 하고, 이것이 바로 국익 우선의 실용 외교인 것이다.

한·일관계도 마찬가지다. 반일감정에 연연하기보다는 한·일관계 개선과 함께 미래지향적 외교를 모색하는 유연함을 발휘해야 한다. 역사문제, 영토주권, 국민의 생명과 안전에 대한 문제에는 단호히 대처하되 경제·사회·외교적 교류와 협력은 적극적으로 추진하는 것이 마땅하다. 이런 의미에서 냉전적 진영화로 가기보다는 동북아 국가들의 이해가 수렴되고, 함께 참여하는 공정하고 포용적인 동아시아 질서를 주도하는 것이 모두에게 이익이 된다.

문재인 정부가 추진해 온 신북방·신남방 정책의 확대, 추진을 통해 우리 외교의 지리적·지정학적 한계를 넘어 유라시아 대륙과 인도·태평양을 포괄하는 외교혁명의 지도 및 신경제지도 역시 더욱 발전시켜야 할 것이다. 김기정 국가안보전략연구원장은 유연성의 확대가 한국외교의 유일한 목표는 아니라면서, 상황에 따라 전략적 입장과 태도를 명확하게 표명하면서 생존을 확보해 가는 일도 필요하다고 주장한다. 유연한 외교의 진정한 의미는 어느 하나의 원리에 전략 사고와 행동 범위를 미리 묶어둘 필요가 없다는 데 있다는 것이다.[2]

균형은 과연 꿈인 걸까, 미국과 중국 사이에서

유연한 외교를 말할 때는 함께 등장할 수 있는 것이 바로 균형외교일 것이다. 한국의 대미 및 대중전략을 규정짓는 가장 중요한 단어는 '균형'이었다. 미국은 군사·안보적으로 가장 중요한 동맹국이며, 중국은 우리가 30% 가까이 무역을 의존하고 있는 전략적 동반자 관계라는 점에서 균형은 늘 화두가 되어왔다. 소위 '죽고 사는' 안보문제는 미국에, '먹고 사는' 경제는 중국에 의존하는 모양새로 대한민국의 생존과 번영에 결정적인 역할을 하고 있다. 미국과 중국 양국이 관계가 좋거나, 아니면 적어도 동북아의 안보환경이 안정되는 경우에는 문제가 크지 않지만, 이 2가지 요건이 충족되지 않을 경우엔 우리 운신의 폭이 좁아질 수밖에 없었다. 지난 2005년 노무현 대통령이 '동북아 균형자론'을 발표하면서 '균형'이라는 화두는 엄청난 파장을 몰고 왔다.

'동북아 균형자론'의 의도는 한국이 균형자 역할을 맡음으로써 분쟁을 막고 동북아에서 협력의 질서를 만드는 주창자가 되어야 한다는 것으로 요약할 수 있다. 이는 참여정부가 동북아 질서의 최종 지향점으로 밝혀온 다자안보 공동체 구상으로 연결된다. 하지만 당시 네오콘이 장악하고 있던 미국의 부시 행정부의 눈에는 안 그래도 노무현 대통령의 자주적 사고에 대한 의심을 강하게 지니고 있었기에 '동북아 균형자론'은 서울이 워싱턴과 베이징 사이에서 저울질하고, 더 나아가 중국에 붙으려는 시도로 간주해 버렸다. 그렇지 않아도 아프가니스탄과 이라크에서 전쟁을 치르던 미국으로서는 한국이 미국을 돕기는커녕 자주적으로 동북아의 세력균형의 구심점이 되겠다고 하는 구상을 어이없다고 여겼다. 결국 당황한 노무현 정부는 미국과 중국이 아니라 중국과 일본 사이의 균형이라는 말로 에둘러 해명했고, 이후 '동북아 균형자론'은 소리 소문도 없이 사라졌다. 하지만 현재 미국과 중국의 갈등이 심화하는 상황에서 다시 제기할 수 있는 구상이기도 하다. 그러나 변함없는 국내정치의 이념논쟁으로 말미암아 원래 의도했던 긍정적 의미가 오염될 가능성은 여전히 남아있다.

보수 정부인 박근혜 정부에서도 이와 유사하게 균형전략을 표명했다. 영어 표현을 'balance'에서 'alignment'로 바꿔서 조금 순화된(?) 균형 개념을 도입한 바 있다. 진보 정권 10년과 이명박 정부의 중도적 노선을 천명했는데, '신뢰 프로세스'라는 이름으로 대중에게 다가가고 이명박 정부의 대북 강경책을 순화하려 했다. 물론 이것이 진정한 국정 철학이나 실천 아젠다가 아니었기에 집권 후 실제 외교는 전혀 다른 방향으로 흘러갔다. 남북관계는 다시 긴장과 대결 구도로 흘렀고, 중국과는 망루 외교와 사드 배치 이슈 등으로 인해 실패로 귀결되었다. 이렇게 균형의 전략은 우리 외교에서 탈냉전 이후 보수 정부와 진보 정부가 공통으로 쥐고 있는 키워드 중 하나임은 분명하다. 미·중 전략경쟁의 심화로 인해 최근 다시 '전략적 균형외교론' 등이 부상하고 있으나 외교혁명 전략으로서 적절성 여부는 따져봐야 할 것이다. 균형과 함께 '전략적'이라는 개념도 박근혜 정부와 문재인 정부 공통으로 미·중 사이의 '모호성'과 동일시되면서 비판의 대상이 되어왔다. 미·중 전략경쟁 상황에서 현재의 프레임에 빨려 들어갈 것이고, 국익을 위해 실용주의로 간다는 원래 의도는 실현하지 못할 위험성이 없지 않다.

한국 정부의 전략은 모호하지 않으며, 더불어 그런 인식적 관성에 묶여있을 필요도 없다. 문재인 정부는 '한미관계를 근간으로 하되, 한중관계를 손상하지 않는다'라는 분명한 입장을 견지했다. 이는 한미동맹이 매우 중요하지만, 미국이 중국과의 관계를 손상할 수 있는 요구를 할 때는 받아들일 수 없다는 지극히 분명한 노선이다. 구체적 예를 들자면, 한국은 한·미·일이 동맹체제로 가는 것은 반대하지만, 북핵 문제나 재난 구호 등의 이슈별로 얼마든지 협력할 수 있다. 쿼드QUAD나 파이브아이즈FIVE EYES 문제도 마찬가지다. 대중 봉쇄 동맹의 수단으로 발전할 가능성이 있다는 점에서 정식 가입은 어렵지만, 사안별로 협력 관계를 유지하는 노선이고, 현재도 그렇게 하고 있다. 이렇게 미·중 사이의 균형은 양적 균형이거나, 비례적 균형을 말하는 것이 아니다. 오히려 미·중 전략경쟁이 한국 외교에 구조적 변수로 작용한다는 점에서, 타개책은 양자 사이의 배타적 선택이 아니라 한국외교의 다변화가 해법이 되어야 한

쿼드QUAD와 파이브 아이즈FIVE EYES

쿼드는 미국, 인도, 일본, 호주 등 4개국이 참여하고 있는 안보협의체다. 트럼프 정부 당시 스티브 비건 미 국무부 부장관은 2020년 8월 31일 쿼드를 공식적인 국제기구로 선언하고, 한국, 베트남, 뉴질랜드를 더하여 '쿼드 플러스'로 확대할 뜻을 표명했다. 원래 쿼드는 2004년 아시아를 강타했던 쓰나미 피해복구를 위해 4개국이 인도적 협력을 목적으로 출범한 '쓰나미 코어 그룹'을 기원으로 한다. 이후 2007년 8월 일본 아베 총리의 인도 방문 중 의회 연설에서 4개국 안보 대화체를 제안했으며, 이후 아베의 사퇴로 수면 아래 있다가 2012년 12월 집권 2기에 와서 재강조했다. 그리고 2017년 트럼프 행정부가 대중견제를 위해 인도·태평양 전략과 쿼드의 중요성을 강조했으며, 바이든 정부가 트럼프 정부의 외교 실패를 비판하면서도 중국을 견제하기 위해 두 전략을 계승했다. 아직 정식 국제기구는 아니며 협의체지만, 2021년 3월에는 비대면이나마 최초의 정상회담을 가졌으며, 같은 해 9월 미국 워싱턴에서 대면 정상회담이 열렸다.

파이브 아이즈Five Eyes는 직역하면 '5개의 눈'인데, 이름처럼 미국, 영국, 캐나다, 호주, 뉴질랜드의 5개 국가로 이뤄진 정보동맹체다. 원래 제2차 세계대전 이후 소련 및 동구권과의 냉전대결을 벌이면서 이들의 통신을 감청하고 정보를 수집하는 일이 필수가 되면서, 영미권 5개국이 기밀정보를 서로 공유하기 위해서 1956년 결성되었다. 그런데 최근 미중 대결이 심화하면서 파이브 아이즈를 더욱 확대하자는 논의가 있었으며, 2021년 9월 2일 미국 하원 군사위원회가 한국, 일본, 인도, 독일 등을 파이브 아이즈에 포함하는 방안을 검토하라는 조항을 포함했다.

다는 것이다. 중국에 대한 우리의 태도 역시 조정이 필요하다. 중국이 사드 배치에 반발하며 제재에 나선 결정적인 이유는, 사드 배치 자체라기보다 한국이 이에 대해 마지막 순간까지 부인하다가 전격적으로 배치했다는 점이 문제였음을 교훈으로 삼을 필요가 있다. 따라서 우리가 할 수 있는 것과 할 수 없는 것을 중국에 선제적으로, 그리고 반복적으로 제기해야 한다. 특히 민주주의나 인권문제, 남중국해 항해의 자유 등의 문제에 있어 중국의 입장을 지지할 수도, 양보할 수도 없는 레드라인이 있음을 비공개 회담 등에서라도 꾸준히 알려야 한다.

한편, 집권층의 이념이 지나치게 반영된 대북정책은 남남갈등을 촉발할 여지를 안고 있고, 때로는 대외관계의 폭을 제약해 왔다. 따라서 이를 해소하기 위해 탈이념적인 실용주의에 기반한 유연한 대북정책을 추진할 필요가 있다. 비핵화가 장기과제임을 고려할 때 차기 정부가 임기 내에 획기적인 성과를 거두기 위해 비핵화에 올인하기보다는, 사실상의 핵보유국인 북한과 평화적 공존을 우선하는 남북관계 개선과 함께 비핵화 협상을 추진하는 유연한 정책추진이 필요하다.

미·중 하나 선택할 것 아니라 강력한 국제협력 네트워크로

미·중 전략경쟁 격화에 따라 미국과 중국 사이에서 양자택일의 압력을 받는데도 불구하고 대부분 국가 및 지역이 향후 어느 한쪽 편을 드는 매우 단순한 외교 전략을 추구할 가능성은 매우 낮다. 물론 최근 국제사회 기류가 중국에 부정적인 경향이 커지고 있는 것은 사실이다. 미국이 주도하는 국제연대라는 한계는 있지만, G7이나 민주주의 정상회의 등에서 대중국 비판에 많은 국가가 동참하고 있다. 중국 측 입장을 옹호하는 국가들은 소수에 불과하다. 홍콩 민주화 운동에 대한 탄압이나 신장 위구르에서의 인권침해 사례 등으로 반중 여론이 비등해졌다. 그러나 미국이 차후에 중국과의 갈등이 격화되어 실제로 반중 제재에 나설 경우, 과연 여기 참여할 것인가는 다른 차원의 문제다. 구체적으로 국익이 달린 문제에서는 오히려 중국과 미국 사이에서 어느 하나와 배타적 관계를 맺기보다는 다원적 외교 전략을 구사해 자신들의 외교적 옵션과 선택지를 넓히고자 할 것이다. 아세안이나 EU는 물론이고 인도, 중앙아시아 지역 또한 중국과 미국 두 강대국에 대해 헤징,[3] 균형, 그리고 편승 전략을 동시에 구사하는 다면적인 외교를 추구하고 있다.

미·중 간 경쟁과 갈등이 장기적이고 구조적인 경향을 띠고 있다는 점에서 앞서 제기한 단기적 대응을 넘어서 중장기적으로 기존 강대국에 편중된 외교 패턴을 극복하고, 한국외교의 다변화를 실현해야 한다. 즉 미·중 사이 갈등 구도에 노출된 국가나 지역과 함께 양 강대국의 압박과 선택에 휘둘리지 않고, 공동의 평화와 번영을 추구하는 국제적 규범과 원칙을 공유함으로써 갈등과 충돌을 완화하는 평화협력지대 구축을 시도할 수 있다. 이를 위해 외교의 공간 측면에서 미·중 간 지정학적 갈등이 첨예하게 드러나는 한반도 및 동북아의 공간적 결박에서 벗어나, 복합적·다층적 공간인 메가 아시아로의 확장이 요구된다. 특히 신남방정책이나 메가 아시아 이니셔티브initiative(주도권)에 입각해 미·중 간 지정학적 거대게임의 주요 이해당사자인 아세안, 인도, 중앙아시아, 몽골, EU 등과 협력을 다져 강력한 국제적 협력 네트워크를 구축해야 한다. 이를 통해 미국의 대중제재 및 고립화, 중국의 대미 제재 회피전략에 따라 공급망을 다변화해 역내 조달, 생산, 판매의 공급망 변화에 대응해야 한다.

다음으로 우리 주도로 아시아 평화번영을 위한 협력 프로세스를 추진할 필요가 있다. 한국이 산업발전 과정에서 달성한 모범적 성과와 포스트 코로나 시대의 방역과 경제 위기 극복 과정에서 보인 능력으로 신북방정책과 신남방정책의 유기적이고 통합적인 추진을 통해 아세안+1, 한국·몽골, 한국·인도, 한국·중앙아시아, 한국·EU 협력 기제를 적극적으로 활용해야 할 것이다. 한국 주도의 아시아 평화번영회의 개최와 공동선언이 그 출발점이 될 수 있다. 특히 한반도 평화 프로세스의 진전이 미·중 간 신냉전의 그림자를 걷어버릴 수 있는 유력한 방안이라는 점에서, 남북대화와 협력을 위한 보다 과감하고 전향적 조치와 함께 아시아 차원의 평화 프로세스로 확장함으로써 이에 대한 광범위한 국제사회의 지지를 넓혀 나가도록 노력해야 할 것이다.

한국은 모범적 산업화와 역동의 민주화 과정, 그리고 K-컬처를 통한 아시아 각국의 공감자와 조력자인 동시에 분쟁의 조정자로서 적극적 협력 프로세스를 추진할 수 있다. 미얀마 사태에서 보여준 한국의 지지는 민주화를 원하는 미얀마인들에게 큰 힘이 되었다. 이런 공감대와 정당성을 기초로 해결을 위한 보다 적극적인 조정과 중재 역할을 하는 것이 필요하다. 이는 단순히 미얀마의 문제를 해결하는 데만 그치지 않고, 한국의 리더십을 제고함으로써 한반도 평화 프로세스와 연동하여 지역갈등 및 분쟁의 평화적 해결을 촉진하는 동력으로 삼을 수 있다. 이를 바탕으로 공존공영의 공간을 창출하는 기반이 될 수 있다. 코로나19로 인한 보건 위기가 확대됨에 따라 글로벌 도전과제에 대한 국제적 정책을 공조하고 협력 기반을 강화할 필요성이 그 어느 때보다도 높아졌다. 그러나 미·중 대결과 진영화는 안 그래도 확산하고 있는 국가 이기주의와 상승작용을 일으켜 소외된 지역과 국가에 대한 원조가 급감하고 있다. 공공의료와 방역 등 보건 시스템이 취약하여 대응 역량 및 재원이 부족한 개도국에 대한 지원 필요성이 증대되고 있는 상황에서, 한국이 열린 외교를 통한 다자협력을 주도해 달라진 국위의 책임을 담당할 수 있다.

포스트 코로나 시대, 국가이기주의보다는 지속 가능한 공동발전을

전 세계적으로 자국 중심주의가 확산함에 따라 투자 및 무역 기회가 위축되고, 보호무역 기조는 강화하고, 공평한 백신 공급이나 개발격차 완화를 위한 글로벌 협력은 갈수록 어려워지고 있다. 따라서 지역적, 국제적 다자협력 기반을 강화하기 위한 한국의 글로벌 협력외교의 본격 시동이 요구되며, 글로벌 선도국가에서 실질적인 선진국으로 진입하기 위해서는 국제적 협력 기반을 확충하고 국제적 파트너십을 확대할 필요가 있다. 코로나19 이후 감염병 대응을 지원하고 개도국 및 취약국의 경제 및 사회적 복원에 공헌할 수 있는 지원체제를 구축하는 한편, 글로벌 협력과 연대에 기반한 국제적 리더십과 파트너십을 강화해 자국 우선주의와 '닫힌' 진영논리를 넘어 다자간 협력을 선도하며, 공정하고 평화로운 '열린' 국제질서를 위해 노력해야 한다. 이를 위해 단순히 구호와 담론만 던질 것이 아니라 통상, 기술, 안보 차원에서 선진국으로서의 위상과 역할을 제고하도록 정책의 일관성을 확보해야 한다.

이제는 국제개발 협력과 다자 협력에 대한 전 세계적 수요가 증가하고 있는 시기다. 이에 따라 국제개발 협력을 확대하여 선제적이고 체계적으로 대응하고, 공적개발원조^{ODA} 규모 확대에 발맞춰 국제개발 협력의 효율성을 끌어올려야 한다. 포스트 코로나 시대의 대외 환경변화에 효과적으로 대응하기 위한 전략적 ODA 추진체제를 정비하고, 개도국의 경제사회 회복력 강화를 위해 협력의 기반을 확대함으로써 글로벌 협력을 선도해야 한다. 최근 5년간 ODA 규모는 연평균 7.3%가 증가하여 2021년 ODA 확정액 규모가 3조 7101억 원에 달하지만 원조기관이 분절화의 폐해가 심각해져 효율성이 떨어졌다.[6] 국무조정실 산하에 국제개발 협력위원회가 사업을 연계하고 조정하고는 있지만, 예산권과 인사권이 없기에 정책조정 능력의 취약성을 드러냈다. 즉 효율적인 ODA 추진을 위한 컨트롤타워가 없어 비효율적으로 예산이 집행되고 전략적인 원조사업 추진력은 제대로 작동할 수 없었다. 따라서 체계적이고 통합적인 ODA 추진의 기반을 마련하기 위해 원조전담기관을 설립하고 원조예산을 효과적으로 집행하는 일이 시급하다. 또한 ODA 규모를 양적으로 확대하기 위해 정책 의지와 재정여건을 고려해 지속적으로 원조 규모를 확대해야 한다. 국제사회의 책임과 역할을 제대로 수행하기 위해 2021년 국민소득^{GNI} 대비 0.15% 수준에서 '원조 배가^{ODA doubling}'를 추진하여, 경제 규모 대비 6조 원 규모로 확대해야 한다.

UN은 2015년 9월 지속가능발전목표Sustainable Development Goals(SDG)를 채택하고, 5P 전략People, Planet, Prosperity, Peace, Partnership의 실현을 위한 국제적 협력과 정책 공조 강화의 필요성을 천명했다. 2030년을 목표로 한 UN 주도의 '2030 지속 가능한 발전 의제'가 채택됨에 따라, 한국 또한 2018년에 국내 상황과 여건에 부합하는 국가 지속가능발전목표K-SDG를 국무회의를 통해 수립했다. K-SDG는 UN-SDG를 따르되 우리나라 상황에 맞는 세부목표를 재구성하는 방향으로 작성되었다. 그러나 사회적 공론화 과정을 거쳐 분야별로 주요 목표 및 세부목표별로 대표지표를 선정하거나 지표를 수정하고 보완할 필요성이 제기되었다. 이해관계자 간의 협의와 조정이 원활하게 이루어지지 않아 분야별로 세부목표, 지표체제의 내용과 수준이 서로 달라, SDG의 세부목표와 지표에 당초 설정한 통합적 특성이 충분히 반영되지 못한 실정이다.

국익이나 외교에는 여야가 없어야

마지막으로 열린 외교를 얘기하면서 결코 빠뜨릴 수 없는 것이 있는데, 바로 외교에 대한 국내적 지지다. 보통 이를 두고 초당적 노선이라고 말한다. 양당제가 정착한 미국에서는 이를 아예 양당 통합정신이라는 의미로 '초당파적 통합bipartisanship'이라는 말로 표현한다. 외교는 초당적 영역이라는 원칙에 대해 반대하는 사람들은 거의 없을 것이다. 그런데 불행하게도 오늘날 외교는 과거에 비해 국내정치, 특히 국내여론의 영향을 엄청나게 받는다. 미국에서 외교정책의 격언처럼, 금언처럼 회자하는 말이 "(국내)정치는 국경에서 멈춰야 한다Politics stops at water's edge"다. 아무리 국내에서 파도가 높이 일어도 해안가에 닿으면 멈춘다는 뜻의 비유인데, 이런 초당적 외교 금언은 미국에서조차 무색해진 지 오래다.

과거에는 국제정치가 국내정치를 움직였지만, 오늘날은 대부분 국가의 국내정치가 국제정치(대외정책)를 움직인다. 청중 비용[5]이 나날이 커짐에 따라 국익을 위한 중장기적 외교가 어렵게 되고, 정권 차원에서의 포퓰리즘이 득세한다. 우리는 정권의 이익과 국가의 미래가 충돌할 때, 정치인들이 전자를 위해 후자를 희생하려는 유혹에 빠지기 쉬운 시대에 살고 있다. 권위주의 국가들이 민주주의 국가들보다 청중 비용에 덜 민감하다. 일인이나 소수가 의사결정을 하고, 이들에게 권력은 국민으로부터 나오지 않기 때문이다. 대한민국은 민주주의 국가이므로 정부는 국민의 어떤 목소리에라도 귀를 기울여야 한다. 민주적 정당성을 지닌 책임 있는 정부라면 프레임에 의한 청중 비용이 발생한다고 하더라도 국익을 위해 기꺼이 감수하는 것이 옳다. 물론 오만하지 않게, 국익과 국민을 위해 올바른 결정임을 설명하고, 이해를 구하는 노력을 다해야 한다.

한국 정치에서도 국익이나 외교에 여야가 없다는 말은 자주 하지만 실제로는 반대다. 국내에서의 이념 분열이 북한과 미국은 물론이고 거의 전 영역에서 갈등과 분열을 초래하고 있다. 당파적 이익을 우선하면 배타적인 진영논리가 실용적인 국익을 위한 외교 수행에 걸림돌로 작동하기 쉽다. 따라서 외교 전략에 대해서 열린 토론과 의견수렴이 절대적으로 필요하다. 이것이 열린 외교의 비결이며, 한국의 민주화로 인해 가능해진 열매 중 하나다. 외교 전략에 대한 초당적인 협력이 없다면 제대로 힘을 받지 못하고 도그마에 빠질 위험이 크다. 이는 곧 정권이 교체될 때마다 전혀 다른 노선을 채택하게 되면서 일관성이 없어지고, 이로 인한 손실 비용도 커진다. 초당적 열린 외교를 위해 선도적으로 외교 전략의 원칙을 담은 문서를 여야 공동으로 제정하거나, 적어도 외교 독트린을 큰 틀에서 논의하고 합의점을 찾는 노력이 필요하다.

미국의 대외정책도 세계를 어렵게 하기는 마찬가지

앞서 1장에서 이미 지적한 것처럼 미국과 유럽은 부상하는 민족주의와 권위주의의 도전에도 여전히 서구적 가치와 규칙에 기초한 자유주의 국제질서의 대세론을 강력하게 주장하지만, 핵심축인 자본주의와 민주주의는 큰 위기를 맞이하고 있다. 시장 확대와 자유무역을 통해 인류는 유사 이래 최고의 번영을 누려왔지만, 번영의 과실은 전혀 고르게 분배되지 않고 내부적으로 강요된 희생과 불평등을 일으켰으며, 결과적으로 자본주의를 지탱하는 핵심중산층의 붕괴를 초래했다. 시장의 문제와 함께 민주주의도 차츰 정당성을 잃어갔다. 인류가 함께 가꿔온 민주주의가 근본적 위기를 맞고 있다. 전체주의적 사회주의 체제의 붕괴와 아랍의 봄으로 언뜻 외연을 확장하는 듯 보였지만, 민주주의를 지탱해 온 중심부가 휘청거리고 있다. 트럼프 정부 시기 민주주의의 산실이자 상징인 의회를 점거당하는 사태는 전에 없던 충격적인 일이었다.

세계 전반에 걸쳐 절차적 민주주의는 갖추었을지 모르지만, 집권 후 권위주의와 선동적 참주정치로 민주주의가 훼손되는 현실이다. 자유 선거로 당선된 지도자들이 포퓰리즘을 동원한 권위주의 행태를 보임으로써 민주적 통치의 정당성을 훼손하는 일이 만연되어 있다. 또한 경제난이나 코로나 상황을 구실로 한 국가 기능 확대와 사회 통제 강화 역시 권위주의의 부상과 민주주의 후퇴를 합리화하고 있다. 미국 워싱턴에 본부를 둔 비영리 국제 인권단체 '프리덤 하우스'에 따르면, 2006년 이후 매년 민주주의가 후퇴한 국가 수가 향상된 국가 수보다 많았다. 특히 2020년에 그 격차는 45개국으로 지난 15년 기간 중 최대였다.[6] (그림 3-1 참고) 또한 글로벌 리서치 기관 스태티스타가 집계한 바에 따르면, 선거제 또는 자유민주주의에 속한

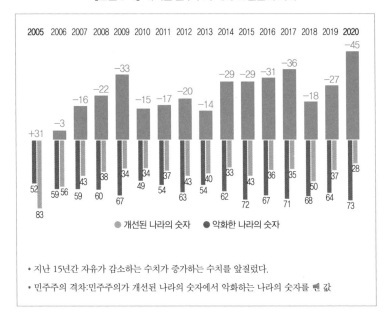

[그림 3-1] 커지는 민주주의 격차:15년간의 쇠퇴

● 개선된 나라의 숫자   ● 악화한 나라의 숫자

• 지난 15년간 자유가 감소하는 수치가 증가하는 수치를 앞질렀다.
• 민주주의 격차:민주주의가 개선된 나라의 숫자에서 악화하는 나라의 숫자를 뺀 값

출처:프리덤 하우스(Freedom in the World 2021)

국가들이 전 세계에서 차지하는 비율은 2000년 54%에서 2019년 32%로 급감했다. 이 기간 낙폭은 집계를 시작한 1900년 이래 가장 큰 것이라고 한다.

2020년 미국 대선은 민주주의의 본산인 미국이 처한 위기를 적나라하게 보여주었다. 재선 가도에 불리함을 느낀 당시 트럼프 대통령은 분열정책과 선거 탄압^{voter suppression}에 가까운 행보를 했다. 또한 선거에 패배한 이후에는 결과에 승복하지 않았다. 2020 대선

은 물론이고, 2016년 대선에서 클린턴 후보에 총투표수로 거의 3백만 표로 뒤진 것이나 2018년 11월 중간선거 결과에서 하원을 민주당에 내준 것도 우편으로 이뤄진 불법 투표 때문이라고 주장했다. 모든 것을 떠나서 선거를 복잡하고 어렵게 하는 일은 민주주의에 대한 심각한 도전이며, 결과에 승복하지 않는 것은 민주주의에 대한 포기다. 이에 대해 애머스트대학교의 저명한 법학자 로렌스 더글러스Lawrence R.Douglas는 "미국의 헌법이 '평화적 권력 이양'을 보장하는 것이 아니라, 이를 전제로 하기 때문"이라고 말했다. 미국 사회에서 이전에는 상상도 하지 못했던 선거 불복은 민주주의의 날개 없는 추락을 가져올 것이지만, 동시에 미국의 문제만으로 끝나지 않는다. 선거를 포함한 절차적 민주화는 뿌리를 내리는 듯 보였지만, 이제 실질적인 민주주의는 후퇴하고 노골적으로 민주주의를 무시하는 권위주의와 독재자의 세계적인 확산이 더욱 본격화될 것이다.

바이든 정부의 출범으로 미국이 다시 가치의 문제를 대외정책에 적극적으로 도입하기 시작했다. 전간기戰間期[7] 우드로 윌슨 대통령을 기점으로, 1979년대 중반 카터 행정부의 도덕 외교와 클린턴 정부의 탈냉전 외교를 계승한 민주당 전통의 연장선이다. 또한 트럼프라는, 미국 역사에 전례 없던 몰가치 정권에 대한 반발이 더해져서 미국의 가치외교는 어느 때보다 강력해 보인다. 트럼프는 철저하게 비즈니스적인 사고로 대외정책을 펼쳤고, 민주주의나 인권 등의 가치를 오히려 장애물로 생각했으며, 독재자들과도 개인적 관계를 원했다. 반면에 바이든의 '미국이 돌아왔다!'의 가장 확실한 복귀지점은 미국식 가치American values라고 할 수 있다.

그러나 바이든의 대외정책은 겉으로는 트럼프와는 차이점을 보이지만 본질은 미국의 이익을 위한 현실주의적 사고가 중심이다. 트럼프 외에 가치외교를 부활시킨 또 다른 중요한 이유는 대중전략으로서의 유용성을 가치외교에서 발견했기 때문이다. 바이든은 취임 직후 나온 〈국가안보전략NSS〉에서 세계를 양분하고 민주주의와 비민주정권의 대결을 강조했다. 이는 세계를 두 개의 대립적 질서로 양분해 진영화로 빠질 위험성이 크다. 이념과 도덕의 차원을 더함으로써 외교의 역할을 줄어들도록 만들고, 타협적 해결이 가능하지 않은 상황을 만드는 것이다. 미국의 대외정책에 있어 타협, 유연함, 그리고 차분함의 여지를 감소시킨다. 그리고 중국은 가치를 공세의 수단으로 사용하지만, 정작 미국은 중국과의 대립구조에서 미국의 전략에 도움이 되는 필리핀·인도·베트남·사우디 등 비민주정권의 가치문제를 외면한다. 아프가니스탄 철수 이후 현지의 인권유린에 대해서도 침묵하는 이중적 자세를 보인다.

문제는 미국 내의 극심한 분열상황에도 불구하고 대외정책, 특히 대중 정책은 상당한 '양당 합의bipartisanship'를 이루고 있다는 것이다. 하지만 이런 상황 역시 미국의 장기적 이익 차원에서도, 보다 바람직한 국제질서 형성에도 도움이 되지 않는다. 중국을 견제하는 것은 미국의 이익을 위해 매우 중요하지만, 그러는 동안 인류가 총체적으로 당면한 위기와 도전에 대해서 제대로 된 대처를 할 수 없게 된다. 기후변화, 방역, 테러리즘, 핵무기 확산 등의 과제는 중국이나 러시아의 도움 없이는 결코 성공할 수 없다. 공세적이고 적대적 정책을 펼치면서 다른 한편으로 협력을 구해야 하는데, 이들 국가가 순순히 동의하지는 않을 것이다. 중국은 미국의 압박이 심화할 경우, 기후변화에 역행하는 석탄발전소를 증설할 수 있고, 핵확산 방지에 역행하는 북한이나 이란을 도울 수 있다. 마찬가지로 사이버 안보 분야에서 공격적으로 행동할 수 있고, 세계무역기구WTO나 세계보건기구WHO의 거버넌스를 약하게 만듦으로써 미국과 세계의 대처를 어렵게 할 수 있다.

국제사회에 한국이
대안모델이 될 수 있는 이유

이에 반해 촛불혁명을 통해 주권자 중심의 민주주의를 이룩한 한국은 민주주의의 모범사례로서 아시아 민주주의의 근본적 토대 구축에 공헌할 수 있다. 미국이 내세우는 민주주의는 대중 견제 수단이라는 의심을 받지만, 한국이 선도하는 민주주의는 훨씬 더 큰 정당성을 지닐 여지가 크다. 실례로 미얀마 사태에 대해 서방은 변변한 대응을 하지 못했다. 한국은 아시아 국가 중 유일하게 미얀마의 군사쿠데타 정부를 공개적으로 비판했다. 더 나아가 미얀마와의 국방 교류를 중단하고 무기 수출을 금지했으며, 전략 품목의 수출 제한과 공적 개발원조를 재고하는 등 사실상의 단독 제재를 했다. 또한 상황이 호전될 때까지 한국에 체류하고 있는 3만 명에 달하는 미얀마인들의 체류기한 연장 제공을 천명했다. 미얀마인들은 감사를 표하며, 민주화 운동의 모델로 광주민주화운동을 거론했다. 미얀마의 사례처럼 명백하게 반민주적 쿠데타를 자행한 국가들에 대해서는 단호한 조치를 해야 할 필요가 있다. 하지만 타국의 민주주의 후퇴에 대해 직접적으로 대응하는 것은 현재 중국이 크게 반발하듯이 주권 침해 문제를 일으킬 수 있고, 외세가 무력으로 개입해 이뤄낸 민주화는 기존의 문제들을 되풀이할 수 있기에 민주주의의 공고화를 위한 장기적이고도 근본적인 토대 변화를 모색해야 한다.

다른 한편으로 최근 한국의 모델이 특히 주목받고 있는 것은 주지할 만한 사실이다. 코로나19 팬데믹에 대한 국가별 대처를 평가하자면, 국가가 무력해진 서구와 시민사회가 약한 권위주의 중국 사이에서 한국은 민주주의의 책임성과 투명성을 가진 공적 국가의 대안이 될 수 있는 충분한 자격이 된다. 신자유주의의 세계화를 지나면서, 민주주의의 근원지라 할 수 있는 서구국가들은 시장을 간섭하고 왜곡하는 존재로 낙인이 찍혀 급격하게 무력화되어 버렸다.

서구세계는 국가의 무능을 그대로 드러내고, 중국을 필두로 한 권위주의 국가는 오히려 성공하는 듯한 역설을 보인다. 팬데믹으로 더욱 힘을 키운 나쁜 국가가 힘을 남용해 민주주의를 훼손할 위험과 '악화가 양화를 구축'할 가능성이 더 크다. 국가는 시장의 왜곡과 실패에 대해 유일하게 공적 영역으로 기능할 수 있는데도 주변으로 밀려난 것이다.

빈부격차의 문제나 방역이나 보건에 있어 공적 국가의 역할이 절실하게 필요할 때, 서구는 이미 약해지고 무력해진 국가의 실태를 목격할 수밖에 없었다. 마스크 하나 제대로 공급하지 못하는 정부를 보면서 스스로 자신들이 선진국이냐고 자문하는 블랙코미디 같은 일이 벌어지기도 했다. 반대로 자본주의라는 경제 체제는 받아들이지만, 정치적으로 공산당이 독점하는 권위주의 체제를 이끌어가는 중국의 모습을 볼 수 있었다. 또한 정치적 민주화를 위해 자유 선거라는 민주적 절차를 거치지만, 권력을 획득한 이후에는 권위주의적 행태를 보이는 러시아 같은 국가의 모습도 목격했다. 이들 국가는 마치 과거 권위주의 시절의 한국이나 대만, 필리핀처럼 일사불란한 국가자본주의를 통해 시장에 개입한다. 당연히 국가는 강하지만, 시민사회는 왜소해졌다. 역설적인 것은 이들 국가군이 공적인 국가가 사라지거나 주변화된 서구국가들에 반해 방역 등에서 비교우위를 보였다는 사실이다.

이들 사이에서 한국은 강한 국가와 강한 시민사회를 모두 가진 대안 모델이 될 수 있다. 식민지, 전쟁, 분단, 독재로 점철된 나쁜 국가의 전통을 가졌으나, 광주민주화운동부터 6월 민주항쟁, 그리고 촛불로 이어지면서 성장해 왔던 시민사회는 국가가 선을 넘을 때마다 견제했다. 그 결과 강력한 국가는 남아있되 시민을 보호할 공적 국가의 장점은 유지할 수 있었고, 이는 코로나 방역에서 여지없이 능력을 발휘했다. 나쁜 국가가 재등장할 가능성은 여전하지만, 공적인 국가는 탈세계화, 탈탄소, 탈핵, 탈산업화, 탈진실 등의 혼란스러운 대전환기 질서에서 큰 역할을 담당할 수 있다. 국가와 시민사회의 공조가 가능할 경우 기후위기 같은 신안보 문제나 신자유주의의 불평등 해소 문제에 대해 위의 두 국가의 극단적인 형태에서 벗어난 모델과 대안을 제시할 수 있다. 특히 극단적인 신자유주의적 개발이나 국가자본주의의 왜곡된 형태가 아니라 총체적 사회 발전과 개도국 시민들을 위한 평화경제, 복지경제, 사회적 경제 등의 새로운 대안을 제시할 수 있을 것이다. 또한 4차 산업혁명과 기후위기 시대를 맞아 과학기술, 사회, 경제 및 정치 분야에서 정의로운 전환을 목표로 진행하는 과정에서, 노동자나 사회경제적 약자들의 권리와 의사결정과정 참여를 보장해 줄 수 있는 구체적인 정책 수립이 가능할 수도 있다.

그 일환으로 기존의 ODA공적개발원조를 비롯한 국제개발 협력과정에서 한국의 괄목할 만한 성과들을 잘 활용해서 일부 우리 기업과 교민들의 반인권적, 반사회적 행태를 개선하기 위해 한국과 해당

국가 시민사회 간의 긴밀한 협력 속에서 인권 실현을 위한 토대를 구축해야 한다. 미국의 '외국인 불법행위법안'과 유엔의 '기업 인권 법안' 등의 국내적용 사례를 본받아 한국기업의 노동, 인권, 환경, 젠더 관련 현지 법 위반 등에 대해서도 재고해야 한다. 양국 시민사회의 참여하에 한국기업들이나 현지 교민들의 불법적이고 반인권적인 사업영역들을 조사하고 선제적으로 대응하는 것도 필요하다. 기업의 사회적 책임Corporate Social Responsibility(CSR) 등 외부에서 부과된 틀 안에서의 논의를 넘어, 협력 당사국의 실질적인 국민 복리를 위해 시민사회 간 연대와 협력 추진을 정부 차원에서 적극적으로 지원함으로써, 풀뿌리부터 한국에 대한 신뢰를 공고화해야 한다.

코로나 방역, 기후 위기 등 글로벌 이슈에는 글로벌 시민으로서의 공감과 연대 필요해

미국·일본·중국 등이 정치적 이유와 경제적 이익에만 골몰했던 것에 대한 반감이 있는 상황에서, 한국은 같은 전철을 밟지 말아야 한다. 동아시아, 북한 등의 개발로 발생할 수 있는 부정적인 시장주의 정책을 극복할 수 있는 생태환경, 공유경제, 사람 중심 등의 다양한 가치를 담은 정책을 모색할 필요가 있다. 무엇보다 이러한 고전적인 사회 이슈를 해결하는 것을 넘어 부패와 불법, 범죄적 영역의 적발과 처벌 등에 대한 전방위적이고 적극적인 협력을 통해 새로운 평화외교 개념을 확장해야 할 것이다. 산업화와 민주화를 동시에 이룬 유일한 국가라는 기존 담론을 넘어 여러 부문에서 은폐해 왔던 국가와 기업들에 의한 각종 아류 제국주의적 행태들, 이윤 중심적이고 반인권적 행태들을 다시 생각해 볼 필요가 있다. 이후에는 스스로 개선하며 대안을 제시하고 모범을 보이는 외교로의 전환을 시도해야 한다.

제도적, 절차적, 정치적 민주주의를 넘어 실질적 민주주의의 실현은 사회권을 보장함으로써 경제적 영역에서의 빈곤과 불평등을 해소해 사회복지를 통한 분배의 효과로 이어질 수 있다. 세계 전역에서 신자유주의와 토건 개발주의를 극복하고 대전환의 시기를 맞아 지구적 환경 위기, 에너지 전환 등에 공동대처할 수 있는 국제적인 책임 주체로 적극적으로 나서야 한다. ODA 사업 등 국제개발 협력 레짐regime[8]과는 별도로 아시아 전체에서 복지가 실천될 때 진정한 평화가 달성되고 지속 가능할 것이기 때문이다. 민주주의의 확대를 통해 평화 동맹과 복지 동맹을 접합하고, 시민참여형·환경친화형 복지국가 건설을 통해 평화, 복지경제의 주체를 형성하고 지속가능한 친환경적인 국가를 건설하는 모델을 한반도는 물론 아시아 전체로 확산시킬 필요가 있다.

이를 실현하기 위해서는 시민사회가 주도하는 혼합 조직 형태로 인간 살림살이 경제와 지역공동체의 회복과 동시에, 시장과 사회가 유기적으로 결합하는 사회경제적 시장을 활성화하고 상호주의적 공동체로 이뤄낸 복지체제가 필요하다. 사회서비스 공동생산을 통해 시민 민주주의를 성장시키고, 정부-시장-시민사회의 새로운 거버넌스 형성을 아시아 국가들로 확산하여 평화의 지속가능성을 담보하는 전략을 생각해 볼 수 있다. 이것이 바로 한국의 가치외교가 되어야 한다. 평화복지 담론을 심화해 아시아 국가들의 민주주의를 확장시키고, 분권화를 중심으로 지역공동체의 자치 역량 강화, 사회적 경제를 통한 지역 경제 활성화와 일자리 창출, 내발적 발전과 다양한 사회서비스 공급 등에 주된 관심을 두어야 할 것이다. 이를 위해서는 풀뿌리 시민사회의 역량 강화를 위한 교육, 지역공동체 운동, 생산-소비 연계 활동 등 아래로부터 사회를 재편하는 활동이 필요하며, 여기에 근본적으로 공헌하는 협력외교의 차원에서 접근할 것을 제안한다. 특히 다양한 인권 기반 사회복지시설 서비스 시설들은 물론 아동복지, 장애인복지, 노인복지, 정신보건, 가족복지, 지역복지 시설, 재가복지봉사센터 건설 등에 먼저 투자해 공유가치를 창출함으로써 대전환 시대에 맞는 새로운 해외토목건설 협력을 지원해야 한다.

시간이 갈수록 정부 중심의 전통외교에서 벗어나 공공외교의 중요성이 증가하고 있지만 여전히 우리는 국익 중심의 수직적 관계를 벗어나지 못하는 상태다. 공공외교는 정부 간 공식 외교의 하부 영역으로 여겨지는 것이 현실이고, 국민외교는 온라인 중심의 정부

외교정책 홍보 차원에서만 그치고 있다. 현재 공공외교의 이름으로 문화 공공외교, 지식 공공외교, 정책 공공외교를 추진하고 있다. 문화 공공외교는 한류를 활용한 국위 선양에 초점을 두고 있기에 자본의 영향에서 벗어나기 어렵고, 장기지속성을 담보할 수 없다. 지식 공공외교는 대상국 엘리트들의 친한파 육성에 중점을 두고 있으나, 미국 등 주요 국가의 유명 대학에 편중되어 있으며, 대통령이나 고위급 인사 교류 직전에 행해지는 일회성 세미나 행사의 성격을 벗어나지 못한다.

공공외교는 무엇보다 민주주의를 비롯한 글로컬 가치를 공유하고 촉진하며 전 세계적으로 직면한 과제에 함께 대처한다는 명확한 비전이 필요하다. 상대국 국민의 마음을 우리 국익에 부합하도록 유도하는 일차원적 수준에서 벗어나, 코로나 방역, 기후변화, 민주주의 후퇴, 인권, 난민, 빈곤 등 다양한 글로벌 이슈에 대해 글로벌 시민으로서의 공감과 연대 속에서 공공외교의 장을 확대할 필요가 있다. 이는 포괄적 평화를 실현하는 데도 유용한 방안이다. 국민외교는 필자가 문재인 정부의 출범에 맞춰 처음 창안한 개념이다. 공공외교가 국가가 상대방 국민을 대상으로 하는 외교라면, 국민외교는 한발 더 나아가 우리 국민이 다른 국민을 대상으로 외교를 할 수 있다는 생각이 담겨 있다. 한국 국민 개개인이 때로는 국격과 국위를 높이는 데 큰 역할을 할 수 있다고 봤기 때문이다. 따라서 우리 국민에게 정부의 외교를 단순하게 설명하는 차원을 넘어 국민을 위한 외교, 국민에 의한, 국민과 함께 하는 외교로서 적극적 의미를 담을 수 있어야 한다. 주요 통상협약과 조약에 대한 투명한 정보 공개는 물론이고 충분한 여론 수렴과 국회에 대한 견제 기능을 강화해 소수 대기업만을 위한 외교가 아니라 다수 국민의 이익을 위한 국민외교의 기틀 마련이 필요할 것이다. 확장된 공공외교에 대한 국민의 지지와 참여를 이끌기 위해서는 세계 시민성 함양을 위한 다양한 연령층에 세계시민 교육을 강화하고, 가치 중심적 교육과 문제 해결형 교육을 함께 추진할 필요가 있다.

외교를 통한 평화는 항상 옳다!

한반도의 운명은 우리 스스로 개척한다!

그간 집권했던 진보 정부에서 '평화외교'는 흔들리지 않는 대원칙이자 목표였다. 김대중 정부의 햇볕정책은 물론이고, 노무현 정부의 평화번영정책에 이어 문재인 정부는 한반도 평화 프로세스를 국정과제의 핵심으로 삼았다. 문재인 정부는 과거 보수 정부들이 추구한 '북한붕괴론'에 기댄 일방적인 '흡수통일' 담론이 남북 간의 긴장과 갈등을 초래했다는 점을 비판하며, 최대강령은 통일이지만 결과로서의 통일보다는 '과정으로서의 통일'을 표방했다. 따라서 '최소강령'으로 '평화 만들기peace making'를 천명한 것은 평화외교 담론 형성에 있어 중대한 전기를 마련한 것으로 평가할 수 있다. 특히 외부세력에 일방적으로 의지하여 평화를 구걸하는 것이 아니라, 한반도의 운명은 우리 스스로가 개척한다는 이른바 '한반도 운전자론'으로 평화 만들기에 대한 강한 의지를 대내외에 천명하고, 북핵 문제 해결의 중재자 역할을 강화한 것은 긍정적으로 평가할 수 있다.

한반도 평화 프로세스의 핵심은 한국전쟁에 대한 정전협정을 항구적인 평화조약으로 대체함으로써 한반도의 지속적인 평화와 경제적 공동번영으로 대표되는 평화체제의 구축이었다. 그러나 대통령 취임과 함께 맞이한 2017년의 상황은 녹록하지 않았다. 북한의 핵무기 고도화, 김정은 위원장과 트럼프 대통령이 서로 경쟁적으로 교환하는 말 폭탄, 이어지는 군사적 긴장의 수위는 시간이 갈수록 높아졌다. 2017년 북한에 대한 미국의 위협은 '화염과 분노'였으며, 2017년 9월 당시 트럼프 대통령은 유엔에 모인 세계 각국 정상들 앞에서 북한을 완전히 파괴할 것이라고 협박했다. 미국의 몇몇 고위관리들도 외교적 해법을 우선하더라도 모든 선택지가 테이블 위에 남아 있음을 강조하기도 했다. 당시 북한에 대해서는 유엔 안전보장이사회가 부과했던 역사상 모든 제재 중 가장 강력한 제재가 발동되었다.

물론 이에 대해 김정은 위원장과 북한의 반응도 다르지 않았다. 미사일을 발사하고, 핵실험을 강행했으며, 직접적인 전쟁 위협을 마다하지 않는다는 반응을 쏟아냈다. 김 위원장은 2017년 11월 29

일 화성-15형 대륙간탄도미사일^{ICBM} 시험비행 성공 이후 2018년 신년사를 통해 대미 핵 억지력 보유를 선언했으며, 북한의 관영매체들도 이를 반복적으로 강조했다.[9] 김 위원장은 말 그대로 사무실 책상에 '핵 단추'를 설치했다고 덧붙였는데, 트럼프 대통령의 경제 제재와 파괴 위협 그리고 동해 인근의 지속적인 무력시위를 두고 북한체제 붕괴 전략으로 해석했다. 김 위원장이 자신의 업적을 과장했을 수도 있지만, 허세로 간주할 수는 없었다. 북한 사람들 외에는 합법적으로 인정하지 않지만, 북한은 사실상^{de facto} 핵무기 보유국이다.

억지를 통한 평화
VS. 평화를 통한 억지

원칙적으로는 억지와 평화가 서로 모순적인 성격을 지닌다. 두 단어의 라틴어 기원을 살펴보면 '억지'는 '겁줘서 쫓아낸다'라는 의미고, 평화는 '화합'을 의미하므로 본질상 다른 가치다. 억지와 평화 사이의 이러한 부조화는 평화에 관해 어느 정도 제한적인 정의를 부여한다. 즉 억지를 통한 평화는 두 당사자 사이의 직접적이고 공개적인 군사 충돌이 없는 정도의 제한적인 평화로 받아들여진다. 이는 남북한과 같이 전쟁상태에 있는 경우에 잘 적용된다.[10] 억지력은 당사자가 상대방에 대한 공격을 통해 얻어지는 기대 이익보다 더 큰 보복을 촉발할 것이라는 합리적 계산에 따라 공격을 자제하는 과정이다. 비록 핵무기 시대에는 그 개념이 더욱 중요해졌지만, 비단 핵무기의 영역에만 국한된 것은 아니다. 억지에 의한 평화는 재래식 무기 수준에서도 존재한다. 적이 목표를 달성하는 데 많은 장애물이 있다는 점을 적이 인식하도록 함으로써 효과를 볼 수 있다. 억지력은 부작용에도 불구하고 평화에 공헌하는 방법 중 하나라는 점은 분명하다. 억지력이 없었다면 한국이 자유민주주의를 증진하는 동시에 엄청난 사회경제적 발전을 이루는 일이 가능했을까. 막대한 비용에도 불구하고, 억지력은 평화를 구축하려는 외교적 노력의 실패에 대비한 보험 같은 것이었다.

그러나 이러한 논리 구조는 뒤집힐 수도 있는데, 예를 들면 추가적인 군사적 충돌은 한국의 발전을 한 번에 되돌릴 수 있다는 점이다. 체제 경쟁에서 압도적 승리를 거두었으며, 군사력 증강과 세계 최강 미국과의 동맹을 통한 억지력을 확보했음에도 여전히 불안한 평화를 제공하는 한계에 이른다. 억지력은 최소한의 생존 가능성을 제공할 수 있지만, 모든 사람이 완전히 안전하다고 느낄 만큼의 평화를 가져다주진 않는다는 것이다. 안보를 위해 억지력에만 의존하는 것은 마치 한쪽 다리로 서 있는 것처럼 불안정하다. 세계 어느 지역보다 군사력과 전략무기가 최고도로 밀집해 있는 한반도가 평화에 가장 취약하다는 점이 좋은 예다. 역설적으로 한반도가 영구적인 평화 메커니즘이 가장 시급한 곳이다.

북한이 핵폭탄을 개발한 동기 역시 '억지에 의한 평화' 관점에서 설명할 수 있다. 탈냉전 이후의 북한의 외교 및 경제적 고립은 한반도에 존재하던 냉전적 힘의 균형이라는 억지의 메커니즘을 흔들어 버렸다. 게다가 원래부터 북한과 중국의 동맹은 한국과 미국의 동맹만큼 강력하지 않았다. 남북한의 재래식 무기의 능력 간 불균형이 커지자 북한은 안보위협에 대처하는 데 부족함을 느끼게 되었고, 억지력 차이를 극복하기 위해 핵무기를 개발했다. 북한의 핵이 우리에게 위협이라면, 압도적인 한·미 연합전력과 확장 억제, 미국의 핵무기 능력에 전전긍긍하는 것은 오히려 북한이다. 인질로서의 굴욕적 평화를 용인했다면 문재인 정부는 국방비를 연 8%씩 증가할 필요도, 첨단 전력을 획득할 필요도, 한·미 동맹과 확장억제 전략에 연연할 필요도 없었을 것이다. 두려움의 크기로 따지자면 북한이 우리보다 결코 작을 리 없다. 상대의 두려움을 인정하지 않고 나의 두려움만을 강요하는 동안 자제와 타협은 가능하지 않다.[11]

북한이 핵무기를 보유하고 있다고 하더라도, 이를 이용해 대남 선제타격에 나서는 것은 스스로 생존을 포기하는 자살행위일 것이다. 한국에 엄청난 피해를 줄 수는 있겠지만, 한미동맹의 보복공격에 존재 자체가 사라질 수도 있다는 것을 북한 지도부도 인지하고 있을 것이다. '페리 프로세스'의 주역이었던 미국의 윌리엄 페리 전 국방장관도 여러 차례 북한의 핵무기가 방어용이라고 규정했다. 북한에 의한 선제(핵)공격의 가능성이 매우 적다는 점은 분명해 보인다. 그러나 동시에 북한의 핵무기와 탄도미사일 완성은 남북 상호 억지력의 증대로 이어져 남북이 안보 딜레마에 봉착하게 된 것을 의미한다. 그런데 문제는 북한의 핵무기 발전에 대응하기 위해 한미동맹은 북의 공격 의지를 좌절시키는 데 초점을 맞췄던 기존의 억지력에 더해, 북한을 선제적으로 파괴할 수 있는 군비 태세로 전환하기 시작했다는 점이다. 끊임없는 수정과 조율을 통한 동맹 전투계획의 변화는 긴장을 고조시키고, 전쟁 위험을 급격히 증가시켰으며, 남북 모두 막대한 국방예산을 지출했다.

이런 맥락에서 억지력을 통한 평화유지는 그야말로 최소한의 안전보장은 될 수 있지만, 지속 가능한 평화 메커니즘으로서는 상당한 한계점을 갖는다. 평화학자들은 한반도 평화 달성을 위한 세 가지 단계를 제시한다. 첫째는 '평화 지키기peace keeping' 단계로 군사적 억제와 동맹 강화를 통해 북한의 공격을 억제하는 것이다. 둘째는 '평화 만들기peace making'로 경제·사회·정치적인 교류와 협력을 통해 신뢰를 구축한 다음 향후 군비통제 및 군비축소까지 이어지는 단계다. '평화 만들기' 단계는 '평화 지키기' 단계보다는 훨씬 더 적극적이지만, 공공연한 적대행위를 끝내고 불안정한 평화에 대해 관리를 하는 것을 강조한다. 그리고 마지막 '평화 세우기peace building'는 전쟁의 원인을 영구적으로 제거함으로써 평화를 완성하는 단계를 말한다. 이는 소극적 평화를 넘어 적극적인 평화를 의미하는데, 불가

[그림 3-2] 한반도 평화 달성을 위한 3단계

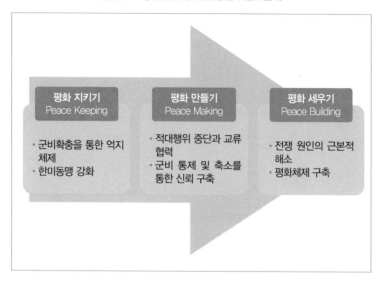

침조약, 평화협정 또는 평화조약을 통해 제도적·정치적·군사적 신뢰 조치를 만들고 실질적으로 평화를 공고히 구축하는 단계다.

한반도 평화는 여전히 불안하다

문재인 정부의 남북대화 재개로 한반도 리스크는 이전 정부와 비교할 수 없을 정도로 완화되었으며, 북한의 미사일 발사 등 군사적 위협과 도발도 한계 범위를 넘어서지 않는 제한적인 수준에 머물렀다는 점은 사실이다. 이에 따라 금융시장 불안 등 국내 경제

162

에 미치는 안보 리스크의 부정적 영향은 최소화되었다. 하지만 여러 긍정적 성과에도 불구하고 문재인 정부의 한반도 평화 프로세스는 결정적으로 불안정성 문제를 해소하지 못했으며, '평화의 제도화'로 나가는 데 있어 비가역적 성과를 보여주지 못하는 한계를 보였던 것도 사실이다. 하노이 북·미 정상회담의 결렬 이후 긴 교착상황에서 북한이 보인 남북공동연락사무소 폭파 같은 도발적인 행보에서 보듯 남북관계는 여전히 위태로우며, 상대방의 선의에만 의존한 평화 만들기는 상황이 변하면 언제든 중단될 수 있을 뿐 아니라 돌발 변수에 따라 긴장과 대립을 촉진하며 퇴행적 사태로 급진전할 수 있다는 엄혹한 현실에 놓여 있다.

문재인 정부는 과정을 중시하는 통일과 평화체제 구축의 중요성은 인식하고 있었지만, 그것을 실현하는 경로를 북·미관계와 남북관계 개선으로만 좁혀 사고하며 '한반도 운전자론'을 전략적으로 운용해 나갈 수 있는 외교의 다변화 가능성을 축소해 버렸다. 특히 북한 비핵화와 한반도 평화체제 구축에서 북·미관계의 개선 가능성에 대한 과도한 기대심리, 그리고 북·미관계만 잘 풀리면 만사형통이라는 사고방식으로 말미암아 미국 및 북한의 선의와 태도 변화에 일방적으로 의존했다. 그 결과 한국이 주도하는 중재 역할을 제약하는, 결과적으로 '한반도 운전자론'에 배치되는 역설적 상황을 초래했다. 한반도 비핵화 문제는 북·미관계의 향방에 의해 결정될 수밖에 없다는 태생적 한계를 갖고 있기에 미국과 북한이 대화에 나서도록 촉구하고, 핵 폐기와 체제 인정을 상호 교환할 수 있게 중재 역할을 강화하는 것이 중요하다. 그러나 외교 역량이 과도하게 미국과 북한에 투사되었던 반면, 상대적으로 한반도 주변국과의 외교 관계는 소홀히 하면서 모든 것을 북한에만 맞춘다는 논란을 불러왔다. 북·미회담이 교착상태에 빠지거나 결렬되었을 때 이를 돌파할 전략적 지렛대를 확보하지 못해 외교 지평에서 우회 통로를 스스로 차단했다.

문재인 정부의 한반도 평화 프로세스가 가지는 또 하나의 한계는 북한 비핵화에 대한 요구와 함께 대한민국의 군비 증강이 가속하면서 대북 평화 정책의 핵심 논리를 스스로 훼손했다는 사실에 있다. 지난 70년 동안 한국은 분단구조를 기본 틀로 인식하는 동시에 북한으로부터의 위협을 막고 안전보장을 확보하기 위해 군사력을 증강했으며, 미국과의 동맹을 통한 효과적인 억지력 확보를 최우선으로 해왔다. 억지력을 바탕으로 평화를 유지하기 위한 일관되고 지속 가능한 메커니즘을 추구해 왔다. 정전체제에서의 억지력은 북한이 남한을 선제 타격할 경우 파괴적인 보복이 있을 것이라는 확실한 위협을 전제로 한다. 1953년 이후 한반도에서 다시 전쟁이 발생하지 않았던 것은 바로 억지력에 의한 '평화 지키기' 전략이 분명 효과적이었다는 중요한 증거다. 문재인 정부 역시 이러한 억지력을 통한 '평화 지키기'에 기초했다. 즉 평화와 번영을 위해 강력한 안보가 필수라는 점을 부인하지 않고, 한미동맹과 함께 강력한 군사대비 태세를 유지할 것이라고 공언해 왔다. 실제로 문재인 대통령 역시 일관되게 군사력 증강을 최우선 과제로 강조했다. 문재인 정부는 국방예산을 국내총생산 대비 2.4%에서 2.9%로 늘리기로 계획했으며, 2018년 북한의 핵미사일 위협 고조에 대응해 국방비를 전년 대비 7% 증액했다. 2019년 국방예산은 2018년 대비 8.2% 증액한 416억 달러로 책정하여 지난 2008년에 8.8% 증액된 이후 가장 큰 폭의 증가세를 보였다. 2020년 국방예산도 전년 대비 7.4% 증가해, 한국의 국방비는 사상 처음 50조 원을 넘기게 되었다.[12]

문재인 정부의 억지력 강화는 군사비 증가, 신형 무기체계 도입, 전시작전통제권 환수 등으로 집중되었는데, 이 중 동맹과 억지력 강화의 측면에서 미국으로부터 무기 도입에 적극적이었다. 2019년 4월 백악관에서 가진 트럼프 대통령과의 정상회담에서 약 수십억 달러의 미국 무기를 구매할 계획이라고 밝혔던 것을 시작으로 2025년까지 한국의 무기구매 금액이 무려 88억 달러에 이를 것으로 예상한다.[13] 또한 위성 기반의 '킬체인' 선제타격 시스템, 레이더 기반 요격미사일 방어체계, 북한의 핵 타격에 대응하기 위한 미사일 기반 보복체계 등 3축 방어계획 개발을 매우 적극적으로 강조했다. 이는 진보 정부들은 남북관계 개선에만 골몰함으로써 국방력을 약하게 만든다는 보수세력이 덧씌운 프레임이 사실이 아님을 증명하려는 것이기도 하다. 비단 문재인 정부만이 아니라 김대중 정부와 노무현 정부는 보수 정부들과 비교해 오히려 국방력 강화에 더욱 힘을 쏟았고, 국방비 지출도 대폭 증액했다. 역설적으로 이런 점들로 인해 전통적인 진보 지지층으로부터 평화구상에 역행하는 것이라고 비난받기도 했다.

이미 한국의 군사력은 2021년 세계 6위 수준으로 올라섰고, 국방비는 목표로 했던 GDP 대비 2.9%에서 0.1% 포인트 낮은 2.8% 수준까지 증대되었으며, 전문가들은 이러한 추세로 간다면 2022년이나 2023년이면 한국의 국방비 규모는 북한 GDP의 2배가 되고 일본 국방비를 추월하는 상황에 이를 것으로 전망한다. 결국 군사적 억지military deterrence를 통한 평화유지라는 안보 중심주의에서 탈피하지 못하면서 '평화 만들기'의 전제조건인 상호 신뢰의 토대가 무너지는 모순적 상황을 초래할 수 있다. 단기적으로 '자주·자강'을 통해 '평화'를 담보한다는 정치 논리를 설파하는 데는 성공했을지 모르지만, 최종적으로는 진보 정부의 정체성을 훼손하고 남북 신뢰의 기반을 무너뜨리는 결과를 초래했다고 할 수 있다. 차기 정부에서는 군사적 억지를 통한 안보 제일주의의 강박에서 벗어나, 북한과 주변국의 위협에도 효과적으로 대응할 수 있는 적절한 억제능력을 갖추면서도 북한에 비핵화를 요구할 논리적 구조를 훼손하지 않는 '평화' 담론의 일관성을 견지하는 것이 필요하다.

평화를 위해서라면
전쟁도 불사한다고? 틀렸다![14]

평화와 번영은 어떤 국가를 막론하고 변치 않는 국가이익의 핵심요소이고 둘 사이에는 밀접한 관련이 있지만, 평화가 더 앞선 가치이자 선결 조건이라고 할 수 있다. 번영은 평화를 견고하게 다질수 있는 물리적 토대를 제공하지만, 평화를 상실한다면 그동안 일군 번영의 성과를 한순간에 물거품으로 만들 수 있는 총체적 재난으로 귀결될 것이다. 평화가 자제와 타협이라면, 오만과 독선은 평화의 가장 큰 걸림돌이다. 상대의 평화 없이는 나의 평화도 없음을 외면하는 이분법적 생각이 염려스러운 것은 이 때문이다. 평화를 원한다면 평화를 준비해야 한다. 전쟁만 준비해서는 진정한 평화를 얻을 수 없기 때문이다.

"권력은 총구에서 나온다." 이 말은 마오쩌둥이 1927년 혁명이 난관에 부딪히고 내분이 생기자, 혁명에 성공하기 위해 무력투쟁을 강화해야 한다는 뜻으로 사용했다. 외교보다는 군사력 증강을 통한 안보 강화를 부르짖는 사람들에 의해 자주 애용되고 있으며, 정말 평화를 원한다면 막강한 군사력을 확보해야 한다는 뜻으로도 응용되는 말이다. 안보의식과 전쟁 준비 없이 평화만 말한다고 해서 평화가 저절로 오지는 않으니 이상주의를 버리고 현실적인 인식을 지녀야 한다는 것이다. 이와 함께 인용할 수 있는 말로 "평화를 원하면 전쟁을 준비하라^{Si vis pacem para bellum}"는 표현이 있다. 4세기 로마제국의 군사전략가였던 플라비우스 베게티우스 레나투스^{Flavius Vegetius Renatus}가 남긴 격언이다. 로마가 당시 세계 패권을 휘두르면서 수백 년간 평화를 이루었다는 소위 팍스 로마나, 즉 로마의 강성함으로 평화를 이뤘다는 것이다. 로마의 평화는 강력한 군사력으로부터 가능했다는 말인 동시에, 강력한 로마가 존재함으로써 주위 국가들도 함부로 도전하지 않아 국제정세도 안정된다는 주장이다.

틀린 말은 아니다. 놀라운 경제발전과 세계화에도 불구하고 오늘날 지구상 모든 국가가 강한 군사력을 가지고자 엄청난 노력을 기울이고 있으며, 시대가 변했다고는 하지만 국익은 물론이고 외교력조차도 힘으로 결정되는 경우가 많다. 그러나 여기에는 함정이 있다. 광기에 물든 권력자들이 겉으로 평화를 내세우면서도 실제로는 적대감을 부추기고 외부의 위협을 과장하는 등 자신의 권력욕을 채우려는 시도가 역사에도 무수히 존재했으며, 지금도 마찬가지다. 총구에서 나오는 권력은 독재일 경우가 많다. 박정희나 전두환의 군사독재가 총구에서 나왔고, 북한을 지배하는 김일성-김정일-김정은으로 이어지는 세습 권력 역시 총구에서 나온 정권이다. 대한민국 헌법 제1조 1항과 2항에서 분명하게 선언하듯이 대한민국은 민주공화국이며, 대한민국의 주권은 국민에게 있고 모든 권력은 국민으로부터 나온다. 따라서 총구에서 나온 권력은 불의한 권력이다.

전쟁 없는 세상을 바라는 사람들이나 평화를 외치며 거리를 행진하는 사람들을 향해 세상 물정 모르는 바보들이라고 공격한다. 폭력 없는 세상을 꿈꾸는 것이 과연 철부지의 개꿈일까? 우리는 전쟁을 인정하고 군비 확장을 부르짖는 사람들을 매우 현실적이며 심지어 지혜롭다고 생각하기 쉬운 문화에서 살고 있다. 심지어 폭력은 자연의 법칙이고, 전쟁은 인간의 법칙이라는 주장까지 한다. 그러나 그렇지 않다. 평화보다 전쟁이 당연하다고 가르치는 것은 분명 잘못된 것이다. 남북이 분단되고, 북한의 핵 위협에 철저히 대비해야 한다는 것과 전쟁을 당연시하는 것은 전혀 다른 문제다. 전쟁을 대비하고, 때로 방위훈련을 할 수 있고, 해야 할 때도 있지만, 이는 '슬픈 현실'이지 '당연한 현실'은 아니다.

신학자이자 탁월한 국제정치학자였던 라인홀드 니버는 "희망이 얼간이라면 공포는 거짓말쟁이다"라고 했다. 그는 필요성에 공감하기만 한다면 세계 평화는 저절로 이루어진다는 희망을 심어주는 것은 어리석은 일이지만, 그렇다고 인류가 지금까지 이룩한 평화는 진전이 없고 세계는 전쟁과 대결의 공포 속에서 꼼짝할 수밖에 없다는 주장은 거짓말이라고 단언한다. 강자가 지배하는 부당한 상황을 무력하게 받아들이는 것은 패배주의다. 전쟁의 공포를 조장하는 목적은 기득권을 유지하는 데 있을 경우가 많다. 한국의 독재(보수) 정권들이 북한의 위협을 과장해 전쟁 공포를 부추긴 소위 '북풍'의 위력은 권력유지의 핵심적인 기반이었다.

아르노 그륀^{Arno Gruen}도 《평화는 총구에서 나오지 않는다》라는 책에서 사람들은 불안한 사회에서 자신을 보호하기 위해 그 질서를 진리처럼 여기며, 거짓된 요새에 자신을 가두게 된다고 말한다. 1923년 독일 베를린에서 유대인으로 태어나 제2차 세계대전 시기에 나치를 피해 미국으로 건너가 심리학을 전공하고 아동병원에서 정신과 의사로 일하던 작가는, 폭력과 전쟁에 대한 사람들의 맹목적인 복종을 비판하면서 새로운 평화를 꿈꾸라고 말한다. 2002년 한일 월드컵의 우리 응원구호처럼, 평화의 꿈은 이루어진다. 전쟁의 원인은 많지만, 평화의 이유는 오직 하나다. 폭력에 대한 공포와 두려움 없이 평온하게 살고 싶다는 갈망이다. 대표적 평화학자 디터 젱하스는 오랫동안 현실정치의 신념으로 작동하는 "평화를 원하면 전쟁을 준비하라"는 말을 강하게 부정하는 대신 "평화를 원하면 평화를 준비하라^{Si vis pacem, para pacem}"고 권한다.

2022년 현재 시점을 기준으로, 한국전쟁은 발발한 지가 72년이나 지났지만 여전히 끝나지 않은 비극으로 남아 있다. 사실상 세계에서 가장 오래도록 전쟁상태를 이어가고 있지만, 우리는 아직도 출구를 찾지 못하고 헤매고 있다. 2018년, 기적처럼 다가왔던 평화는 2019년 하노이 회담 결렬 이후 긴 교착의 터널로 이어졌다. 전쟁의 부재는 곧 평화라는 말이 가지는 한계를 이미 익숙하게 알고 있다. 구조적 원인을 제거하는 '적극적 평화'의 실현이 없다면 진정한 의미에서의 지속 가능한 평화는 불가능하다. 정전체제와 군사적 억제로 지켜지는 '소극적 평화'는 언제든지 사라질 수 있다. 외교 현인 키신저는 그의 저서 《회복된 세계》에서 통찰력 있는 관찰을 전했다. "전쟁의 논리는 힘이며, 힘은 태생적으로 제한이 없다. 평화의 논리는 비율이며, 비율은 한계가 있음을 의미한다. 전쟁의 성공은 곧 승리지만, 평화의 성공은 안정이다. 승리의 조건은 전적인 몰두지만, 안정의 조건은 자제다."[15] 평화는 제한과 자제를 기본으로 가능하지만, 오히려 평화에 대한 전쟁의 긍정적 기여까지 말하기 시작하면 희망은 없다. "부당한 평화도 아무리 정당한 전쟁보다 낫다!"는, 평화사상의 선구자이자 철학자 에라스뮈스의 유명한 경구도 다시 한 번 귀 기울일 만하다. 그는 필요하다면 평화를 사라고 말했다. 이는 굴종의 평화라도 구걸하라는 뜻이 아니라 평화를 위해 지불해야 하는 비용은 전쟁의 비용에 비하면 너무나 적다는 것을 의미한다.

동북아에
새로운 안보 질서를

미·중 전략경쟁의 포화 속에서
한국이 찾을 수 있는 대안은?

반복하지만 대한민국은 미·중 전략경쟁이 심해지면서 선택을 강요받는 압박에 직면하고 있다. 한국은 생존과 번영을 위해 미·중 갈등에 휘말리지 않고 희생을 최소화하는 중장기 전략을 마련해야 한다. 이는 결코 쉬운 과제가 아니며, 단기간의 집중적인 노력으로 가능한 것도 아니다. 두 나라의 알력과 갈등이 장기간 지속할 가능성이 크다는 점에서 노력은 꾸준히 이어져야 할 것이다. 동북아의 역사를 돌아보면 신흥 강대국이 부상할 때마다 패권전쟁이 발생했고,

강대국 간 지정학적 경쟁의 사이에 낀 한국은 고통받았다. 지금도 동북아에서 이러한 만성적 양자 갈등은 진영화로 이어질 공산이 크고, 북한의 핵무장과 이에 따른 북·미관계 악화는 동북아의 평화와 번영을 근본적으로 위협할 것이다. 한국의 국익도 손상을 입을 것은 불을 보듯 선명하다. 사실 한국은 역내에서 가장 적극적으로 지역협력과 다자 안보 대화의 필요성을 제기해 왔다. 한국 역대 정부의 지역협력에 대한 구상과 주장들은 부분적인 성과를 거두기도 했다. 대표적으로 2008년 처음으로 아세안+3[16]과는 분리된 한·중·일 3국 정상회의를 개최했고, 2011년 서울에 한·중·일 3국 협력사무국Trilateral Cooperation Secretariat(TCS)을 유치했으며, 2014년부터 연례적으로 동북아 평화협력포럼을 개최하고 있다. 문재인 정부는 미·중 전략경쟁이 치열해지면서 양측으로부터 선택의 압박이 더욱 강해지는 것에 대한 대응전략의 하나로 지역 평화협력을 한층 더 강조했다.

동북아는 무역과 글로벌 가치사슬로 상징되는 경제적 상호의존, 주기적으로 발생하는 자연재해와 감염병 등으로 협력을 강화하고, 공동의 이해관계를 조정해야 할 필요성이 매우 높은 지역이다. 그러나 시간이 갈수록 오히려 협력적 질서보다는 주요국 사이의 전략경쟁과 지정학의 부활, 북한 핵 문제를 비롯한 안보 이슈의 장기화를 비롯해 배타적 민족주의의 대두와 상호 혐오를 선동하는 정치의 확산으로 양자 관계는 불안정해지는데, 이를 극복할 다자 플랫폼은 전무하다는 한계에 부딪히고 있다. 특히 전통적 안보에 관련한 경성 이슈[17]에 대한 공동의 논의나 공감대 형성이 더욱더 어려워지고 있으며, 이러한 경성 이슈에서 배태된 반감은 다른 영역에서의 협력까지 어렵게 만드는 상황이 반복되고 있어 몹시 우려스럽다. 다자협력에 대한 필요성이 제기되면서 이를 모색하려는 노력이 커지는 것은 사실이다. 그러나 바이든 정부의 대중 정책은 진영을 뛰어넘는 다자협력보다는 자기 진영 내의 다자협력에 치중한다.

역내 주요국의 군사력 강화는 각국의 안보 딜레마에 불을 댕겼고, 군비경쟁을 오히려 심화시키는 악순환으로 이어지고 있다. 한국과 일본의 안보 우려는 북한의 핵 개발에 빌미를 제공해 상당한 규모의 군비 투자를 낳았고, 미국과 중국의 전략경쟁이 군사영역으로 확산함에 따라 군비통제 체제가 실종되는 현상이 이어지고 있다. 시간이 갈수록 동북아 국가들이 지역협력과 평화공존을 모색하는 국가전략보다 군비경쟁과 갈등의 노선을 선택함으로써 주민들은 안전과 번영, 교류와 협력 등의 여러 분야에서 막대한 기회비용을 치르고 있는 셈이다. 스톡홀름 국제평화연구소Stockholm International Peace Research Institute(SIPRI)의 2019년 통계에 따르면 세계 군비지출 상위 10개국 중 7개국이 아시아에 속한 국가들이고, 미국(1위, 7320억 달러), 중국(2위, 2610억 달러), 인도(3위, 711억 달러), 러시아(4위, 651억 달러), 일본(9위, 476억 달러), 한국(10위, 439억 달러) 등이다.

출처: 산업통상자원부

역내 안보경쟁이 배타적 경제수역^{EEZ}이나 방공식별구역^{ADIZ}을 둘러싼 여러 회색지대의 긴장을 만들면서 불필요한 갈등요인이 심해진다는 점도 주목해야 한다. 이러한 흐름은 경제 분야에서의 협력요인이 늘어난 것과는 상반된다. 2019년 11월 역내 국가들은 세계 최대의 자유무역협정인 역내포괄적 경제동반자협정^{RCEP 18} 타결에 원칙적으로 합의함으로써 중요한 진전을 이룬 바 있다. 그러나 평화·안보 협력 논의는 역내에 이렇다 할 다자 플랫폼이 존재하지 않고, 아직 초보 수준에 머물러 있는 것이 현실이다. 그에 따라 군사 분야의 돌발 이슈 역시 안정적인 논의나 상호 이해 없이 양자갈등으로 비화하는 일이 반복되고 있다. 오히려 경제가 무기화되고, 기술전쟁으로 확산할 개연성이 커졌다.

동북아는 제2차 세계대전 이후 한국전쟁을 제외하면 현재까지 불을 뿜는 열전도, 적극적 평화도 없는 상태가 지속되고 있다. 핵억제, 공포의 균형을 포함한 세력균형 등으로 인한 소위 '안보를 통한 평화' 또는 '억지를 통한 평화'로 낮은 수준이며, 세력 경쟁과 군비경쟁이 상시화된 상태다. 그런데 이런 안보갈등 구조는 언제라도 지역분쟁이나 미·중 대리전쟁의 위험성을 내포하고 있다. 따라서 불안정한 세력균형과 개별국가의 선의와 절제에 의존하기보다는 안정적이고 지속 가능한 역내 위기관리와 평화체제의 필요성이 제기된다. 이런 현실을 생각할 때 동북아 역내의 주요국이 평화·안보 이슈를 함께 논의하는 새로운 다자 테이블이 필요하다는 사실은 아무리 강조해도 지나침이 없을 것이다. 역내에는 물론 양자 동맹 네트워크를 비롯한 기존의 안보구조가 있으며, 이에 투영된 각국의 정치적 공약도 매우 높은 수준이다. 그러나 냉전이 한창이던 시기에도 동서 진영 사이에 평화·안보 관련 다자 논의체제가 구성돼 일정 역할을 했던 역사를 되돌아볼 때, 동북아 역내의 다자 협의 체제 구축이 현재의 안보구조 때문에 불가능하다고 말할 수는 없다. 오히려 현재의 미·중 갈등 체제가 부과하는 과도한 불안정성과 지정학의 부활을 억제하기 위해서라도 다자협의체는 필요하다.

동북아 주요국들의 평화·안보를 논의하는 다자 틀을 구축할 필요성에 대한 논의는 알다시피 오랜 연원을 갖고 있다. 2005년 6자 회담을 통해 채택된 2·13 합의는 총 5개 실무그룹의 설치에 합의

한 바 있으며, 그 가운데 하나가 동북아의 평화·안보 체제를 논의하는 실무그룹이었다. 당시 합의는 30일 이내에 관련 논의 개시를 명시하고 있으나, 북한 핵 문제가 교착에 빠지면서 필요성에 공감하는 차원에서 그치고 말았다. 그러나 북한의 비핵화 과정에 대한 다자 논의를 기반으로 동북아 전역의 새로운 평화와 안전보장을 위한 다자 틀 구축을 위한 프로세스를 새롭게 재추진할 필요성은 충분하다. 냉전기 유럽의 CSCE(유럽안보협력회의. 현 OSCE, 유럽안보협력기구) 모델을 참조해 북한 문제와 재래식 군비통제 등에 관한 역내 협의체를 정책적 선택지로 제시하는 것도 방법이다.

현재 역내에 제대로 제도화하지 못하고 있는 평화·안보 관련 다자협의체를 함께 구축해 나가는 작업은 단기적으로는 북핵 문제의 해결 모색에 중점을 두지만, 중장기적으로는 역내의 안보 갈등을 최소화하고 각국의 미래 평화·안보 비전에 대한 공감대를 높여가는 데 필수적이라는 인식이 공통으로 깔려 있다. 그러나 현실적으로 주변 국가들의 첨예한 입장 차를 고려하면, 포괄적인 모델을 조속히 현실화할 가능성이 적은 것도 부인하기 어렵다. 따라서 최소한의 필요성을 공감하는 국가들끼리라도 출발하는 것이 합리적이라 할 수 있다. 이는 사실 2019년 중국에서 열린 한·중·일 3국 정상회담의 합의사항 중 하나로 채택되었다. 3국의 전문 연구기관 사이의 논의로 시작했다는 점에서 아직은 갈 길이 멀고, 이마저도 코로나19 팬데믹으로 주춤한 상태지만, 역내 평화·안보 협의의 마중물 역할을 함으로써 장기적인 플랫폼 구축 필요성을 끌어올릴 수 있을 것이다.

국제질서도 하이브리드 시대, 동맹과 다자질서가 공존하는 '멀티플렉스'

협력적 안보를 위한 다자체제는 국제 레짐과 관련성이 높다. 국제 레짐은 학자마다 조금씩 다른 의미로 사용하지만, 국제기구나 국제법처럼 법률적이고 제도적이라기보다는 국가 사이 상호의존 관계에서 발생하는 행동 양식이나 사고방식이 발전해서 국가의 행동에 영향을 주는 거버넌스 체제, 또는 국제관계의 특정 쟁점 영역에서 관련 행위자들의 행위를 규율하는 각종 규범의 총체 등으로 정의할 수 있다. 가장 보편적으로 받아들여지는 게 스티븐 크래스너의 정의다.[19] "국제관계의 특정 영역에서 행위자의 기대하는 바가 수렴되는 명시적이거나 묵시적인 원칙, 규범, 규칙 그리고 정책 결정절차의 총체"를 뜻하는데 즉 국제협력에 기반해 아무리 강대국이라도 다른 나라와의 상호관계에서 자신의 국제적 지위를 인정받아야 유지할 수 있으며, 아무리 약소국이라도 국제질서 속에서 일정 정도의 역할을 할 수 있다. 상호의존을 보다 안정적인 질서로 만들어 낼 경우, 충돌이나 갈등보다 협력이나 공동의 번영을 추구할 수 있다. 다시 말해 서로의 행동을 예측하고 제어함으로써 불확실성을 감소시킬 수 있다.

국제 레짐은 강대국의 군사·경제적 힘의 우위에 근거하여 강압적으로 강요되는 것이 아니라 규범을 준수함으로써 나타나는 장기적인 비용감소 효과와 도덕적 이익 때문에 어느 정도 자발적으로 지켜지고 있으며, 이러한 자발성은 새로운 국제질서 건설의 가능성을 높여 주는 중요한 요인이 될 수 있다. 문재인 정부의 동북아 플러스 책임공동체 구상도 이런 의도로 국제 레짐을 이론적 기초로 제시되었다. 국내정치에서 책임이란 이를테면 안보나 치매에 대해 국가 차원의 최종 단계인 법적 수준에서 시작하지만, 국제정치에서 책임이란 낮은 단계인 진정성이나 공존의 수준에서 시작해 이후 점진적인 발전을 이루면서 의무의 수준으로 발전하는 것을 목표로 했다. 애초에 신남방정책과 신북방정책 모두 동북아 플러스 책임공동체 구상을 위한 핵심 정책으로 기안되었다.

부단히 변화하는 환경과 다양한 배경을 지닌 동북아 및 아시아 지역에서 과연 어떤 안보 질서가 적당하고 달성할 수 있는지에 대해 근본적인 질문을 던질 시점이 다가오고 있다. 이 질문에 대한 대답은 동맹질서와 다자질서가 공존하는 하이브리드 형태가 가장 가능성이 크고, 효과를 발휘할 수 있다고 판단한다. 현재 역내의 안보 환경은 미국이 주도하는 양자 동맹과 아세안 같은 다자질서가 혼재하고 있는, 아미타브 아차리야Amitav Acharya가 말하는 소위 '멀티플렉스' 형태가 현실적으로 효용성을 발휘할 수 있다. 아차리야는 과거의 단독 상영관 시스템과는 달리 동시에 여러 영화를 상영하는 극장처럼 앞으로의 국제정치는 패권체제나 양극체제 등으로 구별되는 것이 아니라 여러 체제가 혼재하며 공존하는 형태로 갈 것으로 예측했다.[20] 이 체제는 패권이나 강대국만의 세계가 아니라 지역 강국, 중견국, 초정부적 기구들이 이전보다 더 확대된 역할을 할 것이라고 강조하며, 특히 지역주의의 발전을 통해 미국이 주도하는 패권체제의 영향력에서 점진적으로 벗어날 수 있다는 점을 피력했다. 미국의 우세가 지속하거나, 미·중 전략경쟁이 심화하는 상황에도 동맹질서와 다자질서가 공존하기 위한 모색은 여전히 중요한 선택지다. 물론 긴밀한 경제적 상호의존과 제도 구축을 통해 긴장을 떨어뜨리고 위기를 방지할 수 있다는 절실한 공동의 이익이 존재하는지에 따라 하이브리드 안보 아키텍처의 성공 여부가 달려 있다. 다시 말해 현재 미·중 전략경쟁을 포함해 강대국의 안보 딜레마와 치열한 군비경쟁 상황에서 다자체제는 선택하기 어려울 수밖에 없다. 그럼에도 불구하고 효율적인 다자체제는 보완적인 대안이지만, 플랜 B 기능을 할 수 있다.

비핵지대화를 위한 노력

다음으로 우리가 반드시 고려해야 할 문제는 바로 동북아 비핵지대화다. 우리는 한반도의 비핵화에 집중해 왔지만, 비핵화가 한반도로 국한될 필요는 없다. 반대로 서로 유기적으로 연결할 수 있고, 확대할 수도 있다. 그중 동북아 비핵지대화의 실현 가능성을 모색해 볼 필요가 있다. 핵무기는 치명적 위력을 지니고 있기에 개별 국가 수준을 넘어 최소한 지역 범위로 논의되어야 한다는 점에서 한반도의 비핵화를 동북아지역 전체의 비핵화와 연계해야 한다. 국제사회에서 통용되는 비핵지대화는 특정 지역 내에서 국가 간 조약에 의해 핵무기를 포괄적으로 금지하는 것으로, 관련국들의 안전보장까지 확보하는 비핵화 방안이다. 우리는 지금까지 핵무기를 보유한 강대국의 횡포에 잠재적으로 가장 큰 피해자가 될 수밖에 없는데도 핵확산 문제에 너무 둔감한 모습을 보여왔다. 한민족이 일본에 이어 세계에서 두 번째로 핵무기 피해가 컸다는 사실조차 잊고 있다. 히로시마와 나가사키에 미국이 핵폭탄을 투하하고 일본이 항복하자 해방의 기쁨에만 몰입해 수만 명에 달하는 조선인 원폭 사상자들에게는 관심을 두지 않았다.

비핵지대란 특정 지역 내에서 핵무기 및 기타 핵 위협이 없는 상태를 실현하기 위한 국제조약이다. 우선 체결국들은 해당 지대 내의 국가들과 이른바 P-5 핵보유국(안보리 상임이사국 5개국이 핵보유국과 일치)이 먼저 해당 지역 내 핵무기 부재, 즉 핵무기 개발, 제조, 실험, 보유, 배치, 접수, 반입 등을 금지하는 것을 약속한다. 둘째, 핵보유국들은 소극적 안전보장, 바로 해당 지역에 대한 핵무기의 사용 및 사용 위협을 금지한다. 셋째, 조약 체결국들은 조약을 준수할 기구를 설치해서 이행준수를 감독하고 관련된 분쟁을 해결한다. 2020년 기준 전 세계적으로 비핵지대가 6곳이며 116개국이 속해 있다. 그림 3-4에서 보듯이 지구 면적의 절반 이상이 비핵지대다. 유엔 문서에도 비핵지대란 무엇인지 가이드라인이 나와 있다. 동북

[그림 3-4] 세계 비핵지대 현황 (2020년)

출처: UN 군축사무소(Office of Disarmament)

아에서 제시되는 비핵지대는 북한의 핵 포기를 전제로, 남북한과 일본이 지대 내의 당사국들이 되고, 미국·중국·러시아는 지대 밖의 당사국들이 되어 조약을 체결하자는 이른바 '3+3 안'이다.

한반도에서의 핵무기 문제는 크게 3가지 차원에서 제기된다. 첫째, 냉전 시대는 물론이고 탈냉전 시대, 특히 부시 행정부 출범 이후 강화되고 있는 미국의 핵무기 패권주의 및 일방주의가 한반도에서도 관철되고 있다는 점이다. 미국은 여전히 북한에 대해 핵 선제공격 옵션을 거두지 않고 있다. 북한을 향한 것이라고 하지만, 남측도 핵 공격의 엄청난 피해에 완전히 자유로울 수는 없을 것이다. 반핵이라는 보편적 가치를 반북과 동일시하는 극우·보수세력은 미국이 핵무기를 사용할 수 있다는 가능성에 대해서는 전혀 문제를 제기하지 않는데, 이는 안보 불감증을 넘어 역사적·국제적 아이러니에 가까운 일이다. 미국식 핵무기주의nuclearism는 어떤 저항도 없이 한반도에 침투해 있을 뿐 아니라 더 적극적으로, 이른바 '핵우산'은 미국의 안보공약과 한미동맹의 굳건함을 상징하는 긍정적 이미지가 굳어 있다.

물론 여기에 북한의 핵무장 실현은 위협을 증폭하고 있다. 북한은 체제 경쟁에서 뒤떨어진 후 자신들의 생존을 지키는 절대무기를 개발한 셈이다. 더욱이 이는 핵확산 문제와 결부되면서 핵무기 경쟁으로 이어질 수 있다. 주변 4강 중 미국·중국·러시아가 핵 강국이고, 일본 역시 언제든지 핵무기를 만들 수 있는 능력이 있다. 한국 역시 박정희 정부 당시 닉슨 독트린이 발표되고 주한미군이 철수할 가능성 앞에서 핵무기 개발을 시도한 적이 있으며, 현재도 보수 강경파를 중심으로 북한의 핵무장에 대응하기 위해 핵무기 개발을 주장하고 있는 현실이다. 미·중 전략경쟁이 심화하면 미국은 한국과 일본의 핵무기 개발이나 핵무기 이전이라는 유혹을 받게 될 것이다. 이렇게 현재도 앞으로도 한반도와 동북아는 비핵화와 비확산의 제도화를 향해 노력하고 있지만 다른 한편으로는 핵무기 개발을 향한 욕망이 끊임없이 충돌하는 지역이다.

둘째, 경제 분야 중 자원과 경제의 대외의존도가 대단히 높은 남한이 핵무장을 추진한다는 것은 자살행위와 다르지 않다. 안보 차원에서도 주변 강대국을 상대로 핵 군비경쟁을 벌인다는 것 역시 심각한 안보 딜레마를 불러올 뿐이다. 따라서 현재 북한 핵 문제에만 매몰된 근시안에서 벗어나 지역 비핵화의 제도적 기틀을 닦기 위해 노력해야 한다. 비핵지대화는 30년 넘게 쏟아부은 노력에도 해결하지 못한 한반도 비핵화를 제도화할 수 있는 새로운 접근법일 수 있다. 남북은 1991년 남북기본합의서에서 핵무기를 개발, 생산, 접수하지 않겠다고 합의했다. 물론 북한이 핵무기를 개발함으로써 사실상 기본합의서를 위반했지만, 2018년 판문점에서는 남북 정상이 "완전한 비핵화를 통해 핵무기 없는 한반도를 만들자"고 합의했다. 일본도 1967년에 핵무기를 소유, 생산, 도입하지 않겠다는 원칙을 선언했다. 현재 존재하고 있는 동남아, 몽골, 남태평양 비핵지대와 연결하는 동북아 6개국 가운데, 공식적으로는 남북한과 일본이 비핵국가다. 따라서 이들 3개국이 핵을 보유하지 않겠다는 비핵지대화 조약을 체결하고, 미국·중국·러시아 등 핵보유국이 비핵국가에 대해 핵무기 사용 및 사용 위협을 하지 않겠다는 보장을 받아내는 방식으로 동북아 비핵지대화를 향한 의미 있는 첫발을 디딜 수 있도록 노력해야 한다는 것이다.

셋째, 비핵지대를 구축하면 핵전쟁이라는 최악의 시나리오를 막을 수 있고, 다른 한편으로는 역내 안보 메커니즘의 목표가 분명하게 설정된다. 즉 안보 딜레마와 군비경쟁을 기본으로 하는 안보 메커니즘의 한계를 극복하고 서로 적대적인 국가 간 공동안보의 기본 목표를 구축할 수 있다는 것이다. 또한 비핵지대를 설정하면 평화체제나 군비통제의 문제를 동시에 진행할 수 있다. 비핵지대란 지대 내에 핵무기가 존재해선 안 된다는 것을 기본으로 하기에 남북한 역시 핵무기를 갖지 않으며, 보유하고 있는 핵무기는 폐기해야한다. 다른 국가가 한반도에 핵무기를 배치해도 안 되므로 핵보유국들이 남북한에 안전 보장을 하는 셈이다. 핵보유국들은 남북한을 상대로 핵무기의 실제 사용은 물론, 위협도 하지 않으며, 핵무기와 그 투발 수단을 한반도에 배치하지 않겠다는 것을 국제법적으로 약속하게 만들 수 있다. 한반도 비핵지대 조약에는 남북이 우라늄 농축과 재처리시설을 갖지 않는 것도 포함해야 한다. 이는 1992년 남북이 체결한 한반도 비핵화 공동선언에 담긴 내용이다. 남북한의 비핵화 의지를 국제사회에 강력히 보여줄 수 있다.

미국은 자신의 핵무기 정책에 영향을 줄 수 있다는 점과 한미동맹에 변화가 생길 수 있다는 우려 등으로 동북아는 물론이고 한반도 비핵지대 구상에도 쉽게 동의하지 않을 것이다. 그러나 이를 단칼에 일축할 수도 없는 것이 미국이 그간 비핵지대를 지지한다고 줄곧 천명해 왔기 때문이다. 1995년 유엔안보리에서 결의안을 채택할 때 비핵지대를 지지한다는 내용이 들어가 있다. 비핵지대는 이미 국제 규범화됐기에 미국이 부정할 수는 없다. 정욱식은《한반도의 길, 왜 비핵지대인가?》에서 한반도 비핵지대 창설은 가장 완벽에 가까운 북핵 문제 해결 방안이라고 강조한다. 왜냐하면 한반도 비핵지대 조약 체결은 북한의 핵 개발 재개를 봉쇄하는 데 탁월한 효과가 있기 때문이다. 비핵지대 조약이 체결되면 북한은 국제원자력기구IAEA뿐만 아니라 남북한 핵 검증 체제 구성에 따라 한국의 검증도 받아야 한다. 이렇게 되면 비밀리에 핵 개발을 재개하는 것은 불가능해진다. 또 북한의 핵 포기 약속에 국제법적 구속력도 부여할 수 있게 된다.[21]

안보-기술-경제는
떼놓을 수 없다

강화되는 보호무역 질서,
한국의 선택은?

냉전체제가 붕괴한 1991년 이후 지난 30년은 세계화의 역사라고
도 할 수 있다. 최근 민족주의의 거센 부활과 각자도생의 국제질서
가 표면화하고 있지만, 세계화 물결이 사라지거나 뒤바뀐 것은 아
니다. 특히 자유주의 국제질서의 근간이 된 시장의 공간적 확대와
시장 논리의 심화는 여전하다. 통상은 세계 무역기구를 중심으로
지역통합체들이 증가하면서 시장의 확대로 나타났다. 이러한 체제
가 오랫동안 유지될 수 있었던 것은 3가지로 요약된다. 첫째 냉전

체제가 해체된 뒤 미국 주도의 일극질서가 구축되었고, 둘째 서구가 주도하는 시장과 자유무역 논리에 일부 국가들은 반강제로 편입되었으며, 마지막으로 다른 일부는 자국의 경제적 이익을 위해 자발적으로 편승함으로써 산업화 및 근대화를 경쟁적으로 완성해가는 과정이 진행되었기 때문이다. 이는 또한 자유주의 국제질서의 가치나 정당성이 크게 훼손되지 않는 범위 내에서, 그리고 다자간 통상규칙이나 규범이 관철된다는 전제하에 국가 간 기술격차를 좁히려는 경쟁과 무역확대 전략이 제한적으로 가능했다.

그러나 향후 글로벌 공간 구조는 과거와 다른 성격의 구조로 빠르게 재편될 것으로 전망된다. 미·중의 G2 체제가 엎치락뒤치락하면서도 세계는 다극질서도 대두할 것으로 보인다. 이와 함께 국제적인 통상질서도 급격한 변화를 경험하고 있는데, 경쟁적 세계질서로의 변화가 가속하고, 한·미 FTA나 한국·칠레 FTA처럼 양자의 자유무역협정에서 여러 국가가 함께 만드는 메가 자유무역협정들 위주로 재편될 것이다. 이미 그런 현상은 본격화되었다. 예를 들면 미국은 트럼프 이후 과거의 북미자유무역협정NAFTA을 깨고 미국·멕시코·캐나다 자유무역협정USMCA을 새로 출범시켰다. 바이든 정부 역시 인도·태평양 전략을 계승하는 동시에, 트럼프가 탈퇴한 환태평양경제동반자협정TPP 이후 나머지 국가들이 유지해 온 포괄적·점진적 환태평양경제동반자협정CPTPP에 가입할 계획을 갖고 있다.

[그림 3-5] 다극질서의 시대multipolar world order

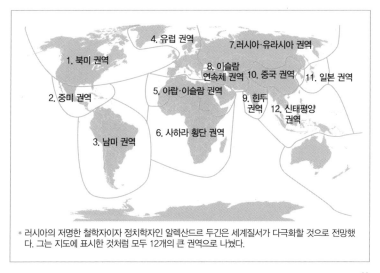

* 러시아의 저명한 철학자이자 정치학자인 알렉산드르 두긴은 세계질서가 다극화할 것으로 전망했
다. 그는 지도에 표시한 것처럼 모두 12개의 큰 권역으로 나눴다.

출처:알렉산드르 두긴[22]

중국 역시 미국 주도의 다자무역 질서에 대항하기 위해 아시아·
태평양 지역 16개 나라가 참여한 역내포괄적 경제동반자협정RCEP
을 추진해 왔으며, 인도가 빠지기는 했지만 2019년 11월 4일 15개
국에 의해 타결했다. 그 외에도 인도·태평양 전략에 맞서는 일대
일로 역시 더욱 적극적으로 협상을 추진하고 있다. 이런 움직임에
러시아도 나름 적극적인데, 유라시아경제연합EAEU의 FTA 체결로
통상 파트너십을 구축했다. 유라시아경제연합은 러시아의 주도로
2015년 1월 공식 출범했으며, 구소련 연방 시절 국가 중에 5개국, 러
시아, 카자흐스탄, 벨라루스, 키르키즈스탄, 아르메니아 등이 회원

국이다. 인구는 1억 8천만 명(전 세계 인구의 2.5% 차지)으로 대외무역 규모는 전체 세계무역 규모의 3.7%를 차지하고 있어 크다고 할 수 없지만, 석유가 14.6%로 세계 1위, 가스는 18.4%로 2위, 그리고 전력은 5.1% 점유율로 세계 4위를 차지할 만큼 자원 부국들끼리의 연대로 잠재력이 큰 지역경제연합이다. 이렇게 다자무역질서가 떠오르고 있는 것은 경제적 목표 외에도 정치안보 요인과 외교 전략적 이익을 깔고 있기에 향후 열강들의 지정학적 파워게임의 마당이 될 수 있다. 이 상황에서 아시아·태평양은 메가무역 협정들이 중첩되는 공간이라 지경학 및 지정학적 관심과 위상이 올라간다는 긍정적인 측면도 있다. 그러나 반대로 생각하면 누구도 선점하지 못하고, 제도적인 정비도 부족한 상태에서 통합이 이뤄지기보다는 중심

[그림 3-6] 세계의 주요 경제 블록[23]

축을 선점하려는 세력 경쟁, 특히 미·중의 치열한 갈등으로 인한 불안정성이 커질 우려가 있다.

사실 세계는 이미 수백 개의 양자 및 지역협정이 확산한 상태로서로 다른 원산지 규정과 통관 절차, 표준 등을 확인하는 데 많은 시간과 비용이 든다. 따라서 자유무역협정의 체결로 애초에 기대했던 거래비용 절감의 효과가 반감되는 이른바 '스파게티 볼 효과 Spaghetti Bowl Effect'가 생길 수 있다. 그럼에도 각 나라는 여전히 FTA 체결 숫자를 늘리는 것을 최고의 성과지표로 삼으려 하고, 미·중 갈등이 심화되는 가운데 일종의 대응책으로 지역경제 통합에 가입하려 한다. 그러나 문제는 전략적인 관점을 가지고 주도적인 역할을 감당하며 가입하기보다는 양국의 동향에 따라 리스크를 회피하려고 소극적인 태도로 일관하고 있다. 이제는 경제통상 이슈가 국가의 경제적 이익 실현이라는 고립된 이슈가 아니라 국가 간 패권을 다투는 주요 수단이 되었으며, 경제 패권이 곧 외교 및 군사패권과 직결되는 상황으로 전개되고 있다. 이는 패권 국가들의 문제만이 아니다. 다른 국가들도 단순한 경제적 이익의 차원을 넘어 양 패권 사이에서 희생되지 않기 위해 이른바 '헤징 전략'의 차원에서 접근하고 있다.

트럼프의 집권으로 미국의 자국 우선주의America First는 무역적자 해소 및 시장보호를 위해 겉으로는 공정무역이라고 내세웠지만, 사실상의 보호무역 기조가 부상한 것이다. 그 결과 글로벌 차원의 무역과 투자 위축 현상이 확산하면서 통상전쟁이 전개되고 있는데, 이는 단순히 통상의 변화를 넘어, 배후를 지키고 있는 권력이 주도해 무역질서를 바꾸려는 시도를 의미한다. 문제는 이러한 추세가 강화된다면, 협력으로 최고의 효과를 끌어낼 수 있는 포지티브섬 게임의 경제원리보다 제로섬 게임의 배타적 권력에 의해 세계가 파편화로 이어질 수 있으며, 이는 결코 우리에게 이로울 수 없다. 한국이 자유무역질서에 기초하여 통상입국으로서의 입지를 다져왔다는 경험적 사실을 고려한다면, 앞으로 국제통상질서가 미·중 갈등 속에서 어떤 식으로든 자유보다 규범의 지배를 받을 수 있다. 그러므로 한국의 통상전략도 변화해야만 살아남을 수 있다. 우리 역시 규범을 기초한 통상전략을 치밀하게 세워야 하고, 이제는 글로벌 통상 규범과 표준을 단순히 추종하는 '규칙의 추종자rule follower'를 넘어서 나름의 공정과 연대에 기초한 '규칙의 제정자rule maker'로서의 주도적인 역할을 모색해야 한다. 특히 미·중 전략경쟁이 양자택일을 강요하는 상황으로 끌고 갈 수 있다는 점에서 개도국과 선진국의 경험을 모두 보유한 한국이 글로벌 규범과 표준을 설정하는 데 앞장선다면 정당성을 확보할 수 있을 것이다. 나아가 우리와 입장이 비슷한 국가들과의 연대를 통해 영향력을 보장할 수 있다. 미국이나 중국이 주창하는 통상질서는 엄청난 압박을 받아 마지못해 따라가는 것이지만, 한국이 주요국가들과의 협력을 통해 강조하는 통상질서는 미·중 갈등을 완충하는 동시에 자유무역을 유지할 수 있는 실제적인 힘을 발휘할 수도 있을 것이다. 특히 한국은 통상입국으로서의 입지를 다져왔던 독특한 경험을 개발도상국들과 나눌 수 있다는 측면에서 중요한 외교자산이 될 수 있다.

4차 산업혁명, 입으로만 외칠 게 아니라 분야별 혁신 시작해야

사람들이 최근 몇 년간 가장 많이 사용한 단어 중 하나가 '4차 산업혁명'이 아닐까 한다. 이 용어는 2016년 1월 다보스포럼으로도 불리며 전 세계적으로 주목받는 세계경제포럼^{WEF}의 의장 클라우스 슈밥^{Klaus Schwab}이 언급하면서 세계적 논쟁의 화두가 되었다.[24] 슈밥은 그의 저서 《클라우스 슈밥의 제4차 산업혁명》에서 3차 산업혁명을 기반으로 한 디지털과 바이오산업, 물리학 등 3개 분야의 융합된 기술들을 경제체제와 사회구조를 급속하게 변화시키는 기술혁명으로 정의했다. 다보스포럼이 그동안 저성장, 불평등, 경제발전의 지속가능성 등 현존하는 경제적 문제점을 주로 다뤄온 것에 비하면 미래 기술혁명을 다뤘다는 것 자체가 이례적이었다. 사실 4차 산업혁명이라는 용어 자체가 최초로 사용된 것은 독일이 2010년 발표한 '하이테크 전략 2020'의 10대 프로젝트 중 하나인 '인더스트리

Industry 4.0' 계획부터다.

산업혁명의 시작은 18세기 중반에 영국에서 일어난 기술 혁신으로 촉발된 증기기관의 발명과 기계화였다. 이후 유럽과 미국을 거쳐 전 세계로 확산했는데 20세기 후반에 가서야 아시아, 아프리카, 라틴아메리카로 퍼졌다. 2차 산업혁명은 19세기부터 20세기 사이의 기간으로 전기와 석유 및 철강 등의 분야에서 기술 혁신이 일어나 생산조립 라인 방식의 대량생산이 가능해졌다. 3차 산업혁명은 20세기 후반부터 시작되는 것으로 컴퓨터와 인터넷을 기반으로 한 지식정보의 혁명이었다. 이른바 IT 혁명이라고도 한다. 4차 산업혁명은 3차 산업혁명의 주역인 컴퓨터를 기반으로 인공지능, 사물인터넷, 빅데이터, 첨단 정보통신기술의 급속한 발전으로 경제를 넘

[그림 3-7] 산업혁명의 흐름

1차 산업혁명	2차 산업혁명	3차 산업혁명	4차 산업혁명
18세기	19~20세기 초	20세기 후반	2015년 이후
증기기관 기반 기계화 혁명	전기에너지 기반 대량생산 혁명	컴퓨터와 인터넷 기반 지식정보 혁명	IoT/CPS/인공지능 기반 만물초지능 혁명
증기기관 활용, 영국 섬유공업 거대산업화	공장에 전력 보급, 컨베이어 벨트 사용 대량생산 보급	인터넷과 스마트 혁명으로 미국 주도 글로벌 IT 기업 부상	사람, 사물, 공간을 초연결·초지능화 산업구조사회 시스템 혁신

출처: 과학기술정보통신부

어 사회 전반에 융합 발전이 일어나는 것을 지칭한다. 여러 기술이 융합하며 현실과 가상의 경계마저도 희미해져 가는데, 이는 기존의 생산과 소비가 완전히 다른 차원으로 전환하는 것을 의미한다. 슈밥은 우리가 지금까지 살아왔고 일하고 있던 방식을 근본적으로 바꿀 기술혁명의 직전에 와 있다면서, 변화의 규모와 범위, 복잡성 등은 이전에 인류가 경험했던 것과는 전혀 다를 것이라고 지적했다.

4차 산업혁명은 이제 주요국가들의 핵심 전략이 되었다. 새로운 시대에서 우위를 차지하기 위한 선제적 단계에서부터 낙오하지 않기 위한 대응까지 각축장이 되고 있다. 김태유와 김연배는 '감속하는 농업사회'에서 '가속하는 산업사회'로의 대변혁이 일어나고 있다고 규정했다.[25] 가속하는 산업사회에서 더 빨리 가속하는 지식기반사회로의 대변혁이 3, 4차 산업혁명으로 시작되었고, 향후 4차 산업혁명이 2차 대*분기를 일으켜 생겨날 생산량이나 소득 격차는 1차와는 비교가 안 될 정도로 커질 것으로 예상했다. 따라서 '4차 산업혁명'을 '일으키기' 위해 오래전부터 글로벌 단위에서 다수 국가는 각자 '더 빠르게 속도를 내는 신인류의 사회적 유전자'를 장착하겠다는 국가전략을 추진하고 있다. 예를 들어 미국의 '디지털 전환digital transformation', 독일의 '인더스트리 4.0', 일본의 '소사이어티 5.0', 중국의 '중국 제조 2025made in China 2025' 등 명칭은 달라도 현대 산업사회를 미래 지식기반사회로 바꿀 대혁신을 추구하고 있다는

[그림 3-8] 1차 대분기와 2차 대분기 격차 비교[26]

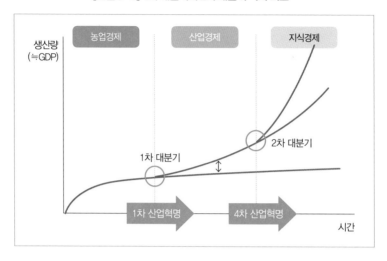

측면에서는 같은 방향성을 확인할 수 있다. 4차 산업혁명을 선취하려는 국가 간 패권 쟁탈전은 더욱 치열해지고 있다.

문제는 한국의 정치인들이 겉으로는 4차 산업혁명을 자주 외치지만, 이것이 초래할 2차 대분기의 파장을 제대로 인식하지 못하고 있으며, 일부는 4차 산업혁명을 그냥 미시적 단위에서 진행되는 단순한 기술 개량 정도로 여긴다는 것이다. 더욱이 혁명적 전환이라는 대세를 단지 혁신의 개별 과제의 하나로 접근하거나, 과거에 하던 방식으로 선진국 첨단기술 분야를 향한 기술 추격 정도로 해석하는 사고방식의 한계를 드러내기도 한다. 물론 문재인 정부는 이전 정부와 다르게 상대적으로 4차 산업혁명의 중요성을 깊이 인식했다. 박근혜 정부 시기에는 구체적 내용이 부족하고 모호한 이른바 '창조경제'를 추진하는 과정에서 초래된 정책적 혼란을 끊어내고 대통령 직속 4차산업혁명위원회를 출범시키는 등 '거대한 전환 great transformation'을 위해 노력한 것은 평가할 만하다. 그러나 사실상 4차 산업혁명의 성공을 위한 체계적이고 종합적인 대국가전략을 확실하게 수립했다고 보기는 어렵다. 실제로는 비전 및 전략, 실행과제 등도 다분히 현재의 디지털 산업혁신 기반 중심의 경쟁력 강화라는 수준에 멈춰 있는 것으로 판단된다. 과거처럼 연구개발R&D에 정부 예산을 증액하는 데서 그칠 게 아니다. 산업기술 개발을 촉진하는 사회는 물론 산업생태계를 포괄적으로 구축해야 하고, 자원을 동원하고 집중할 동력을 끌어내야 한다. 그 후에 성과를 공유하고 확산하는 선순환 구조를 확립해야 하는데, 이면의 정책 성과는 아직 미흡하다.

앞에서 소개한 김태유와 김연배의 주장대로 만일 4차 산업혁명이 자연적으로 발생하는 것이 아니라 누군가 일으키는 것이라면 반드시 정부의 혁신, 사회의 혁신, 대외적 혁신이 동반되어야 한다. 그런데 아직은 한국이 혁신의 과제, 예를 들면 광범위한 규제 완화, 우수 인재 확보, 미·중을 포함해 열강 사이의 중재자 역할을 강화하는 등의 성과를 제대로 내지 못하고 있다. 4차 산업혁명이 미래 한국의 운명을 좌우할 2차 대분기와 맞물리는 중차대한 국가적 과제라고 한다면, 어떻게 대내외적 우호적 환경과 조건을 만들어갈 것인지 깊이 고민하고 결단하는 것은 4차 산업혁명의 성패를 좌우할 핵심적인 요소다. 따라서 향후 대외정책을 수립할 때는 4차 산업혁명과 관련된 이슈와 쟁점을 적극적으로, 조직적으로 반영하며 결단하는 행보가 필수다.

기술 분야에서도 엎치락뒤치락 미·중, 한국의 선택은 쉽지 않다

미·중 전략경쟁은 시간이 갈수록 점입가경이다. 아직 미국과 소련의 냉전을 재현하는 미·중 간 신냉전이 도래했다고는 보지 않지만, 다양한 이슈에서 전면화되고 있는 양상은 분명하다. 중국은 미국과의 '신형대국관계'를 표방하며 국제질서의 재편을 요구하고 나서고, '중국 제조 2025'를 추진하며 첨단기술 경쟁력을 단기간 내에 선취하겠다는 의지를 불태우고 있다. 이러한 중국의 추격에 맞서 미국은 동맹국들과 연합하여 핵심 기술의 공급망에서 중국을 배제하는 봉쇄·포위 전략을 실행하는 중이다. 미·중 기술패권 경쟁은 단순 산업기술을 놓고 추격·추월하는 문제가 아니라 4차 산업혁명과 연관된 핵심 기술을 누가 선점하느냐의 문제며, 5G, 인공지능, 빅데이터, 로봇, 슈퍼컴퓨터 등 핵심 첨단기술은 민·군 겸용으로 활용할 수 있다는 점에서 안보와도 직결된 문제다. 특히 5G, 이동통신 등 첨단산업은 플랫폼 및 네트워크 효과를 누릴 가능성이 크다. 승자독식이 심한 분야이자 기술적 우위를 먼저 점유한 국가가 도전자의 시장 진입을 배제하고 독식하면서 네트워크 의존성을 무기화하고 대외 압박 수단으로 활용할 수도 있다. 중국은 최근 자국의 첨단산업에 대해 미국이 규제에 나서자, 4차 산업혁명 선점 욕구를 드러냈다. 3차 산업까지는 미국이 만든 원천기술과 플랫폼 위에서 성장해 왔다는 점을 명확히 알고 있다. 주도권을 쥐지 못하는 이상 미국 견제가 어렵기에 4차 산업 선점 야욕을 대놓고 드러내고 있는 상황이다. 마찬가지로 미국이 최근 첨단기술 분야에서 중국을 견제하고 기술이전에 철벽을 치고 있는 것도 중국이 4차 산업혁명을 선

[그림 3-9] 5대 첨단부문 미·중 향후 잠재력 비교

부문 \ 분야	총평	정부지원	시장 점유율	질적 지표 (특허, 논문 등)	양적 지표 (설비, 인력 등)	부문별 총합	역전 가능성
5G	중국 우세	미 1, 중 2	미 2, 중 3	미 1, 중 3	미 1, 중 3	미 5, 중 11	낮음
신재생 에너지	중국 우세	미 2, 중 3	미 2, 중 3	미 2, 중 2	미 1, 중 3	미 7, 중 11	높음
AI	중국 약 우세	미 2, 중 3	미 3, 중 2	미 3, 중 2	미 2, 중 3	미 10, 중 10	높음
항공·우주	미국 우세	미 1, 중 2	미 3, 중 1	미 3, 중 2	미 3, 중 1	미 10, 중 6	중간
반도체	미국 우세	미 3, 중 3	미 3, 중 1	미 3, 중 1	미 3, 중 2	미 12, 중 7	낮음

출처:국제금융센터

• 부문·분야별 잠재력을 1(낮음), 2(중간), 3(높음)으로 구분했다.

점할 경우 더 이상 미국이 중국을 견제하고 압박할 수단이 없어질 것일 뿐 아니라, 패권경쟁에서 추월당할 수 있다는 두려움이 작동하는 것이다.

관련 업계 전문가들은 미·중 기술패권 경쟁이 단기간 내에 어느 일방의 승리로 귀결될 가능성은 매우 낮고 엎치락뒤치락 치열하게 장기전의 양상으로 전개될 것이라고 전망한다. 표에서 나타난 것처럼 현재 5대 첨단산업 분야(5G, 신재생에너지, AI, 항공·우주, 반도체) 중에서 중국은 3개 분야(5G, 신재생에너지, AI)에서 미국에 대비해 우위가 예상되는 반면, 항공·우주와 반도체 분야에서는 중국이 기술력에서 열세를 보이는 것으로 평가된다. 한편 향후 첨단산업 패권경쟁이 더 격화할 경우, 미국의 국력이 집중되면서 중국의 경쟁력 우위가 역전될 가능성도 조심스럽게 전망되고 있다. 특히 그림 3-10과 같이 반도체 분야에서 중국의 열세가 계속된다면, 그리고 미국이 주도하는 대중국 반도체 공급망 배제 동맹의 가속화가 중국에 실질적인 위협으로 작동한다면, 향후 일부 첨단산업에서 보이는 중국의 일방적 우위를 유지할 수 있을지 의문이다.

문제는 우리다. 이처럼 미·중 기술패권 경쟁이 장기화하는 동시에 외교 및 군사안보에서의 갈등이 격화될 전망 속에서 양국과 긴밀한 관계를 맺고 있는 한국이 과연 어떤 전략적 선택으로 생존과

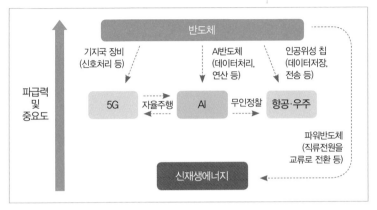

[그림 3-10] 5대 첨단산업별 중요도 및 상호 연관도

출처:국제금융센터

도약을 모색해야 하는지가 관건이다. 반도체만 하더라도 미국이 중국에 공급을 중단할 것을 강력하게 요구한다면, 한국은 어떻게 대처해야 할까. 반도체 설계를 주도하는 국가가 미국이고, 장비 시장을 독과점하고 있는 국가들이 미국, 일본, 네덜란드 등인데 대중국 제재를 거부할 수 있는 상황이 아니다. 우리 입장에서는 중국이 세계 반도체의 60%를 소비하는 최대 시장이라는 점을 외면할 수 없다. 2020년 한국의 대중국 반도체 수출 비중은 26%로, 대미 수출비중이 15%임을 감안하면 2배 가까이 된다. 4차 산업혁명과 미·중 기술패권 경쟁 시대에 우리는 한미동맹, 정치안보 및 경제와 기술적 이익까지 고려해야 하지만, 다른 한편으로는 중국의 대규모 수요를 기반으로 한 경제적 이익에 더해 한반도 평화 프로세스의 조

력자로서 안보 이익을 동시에 실현할 수 있는 복합적인 대외전략을 펼쳐야 한다.

　과거 정부의 미·중 사이의 전략적 균형이나 모호성 유지 전략과 비교하면 문재인 정부는 진전된 전략을 유지하고 있다. 바로 한미 관계를 근간으로 하되, 한중관계를 손상하지 않는다는 기본 노선이다. 이것은 모호한 균형과는 확연히 다르다. 예를 들면 미국의 협력을 기본적으로 추구하지만 미국이 한중관계를 손상하는 정책을 요구한다면, 특히 중국을 배제하거나 대중국 제재에 참여하는 정책이라면 받아들일 수 없다는 것이다. 그렇지만 한계도 분명 존재한다. 미·중 전략경쟁이 구조적이라는 측면에서 미국의 대중 공세가 본격화할 경우 한국이 어디까지 이런 정책을 유지할 수 있을까 하는 문제가 있고, 4차 산업혁명과 미·중 기술패권 경쟁 문제는 경제를 넘어 안보와 직결된 문제라는 점에서 향후 행보가 쉽지 않은 것은 분명하다. 실제로 이 정책은 에너지 원자재 수급과 환율 변동 같은 요인들을 대외경제안보 차원에서 관리 대응해 왔던 전통적인 시각에 머물러 있었다. 또 첨단기술을 선취하려는 국가 간 경쟁을 통상의 문제, 지정학적 이해관계와 연계할 뿐 종합적인 대응책을 모색하는 노력은 부족했던 것으로 평가할 수 있다.

　단적인 예로 경제(통상)-기술-안보 관련 부처의 수장들이 함께 각 분야가 연계·통합된 글로벌 현안 이슈를 점검하고 대응방안을 논의하는 제1차 대외경제안보 전략회의를 2021년 10월에 이르러서야 가동하기 시작했다는 것이 이를 간접적으로 증명한다.[27] 결론적으로 최근 글로벌 기술경쟁이 심화하면서 첨단기술의 확보·보호가 대외경제안보의 핵심 이슈로 부상하고 있는 상황에서 차기 정부는 다음과 같은 대응방안을 구체적으로 마련해야 할 것이다. 경제-기술-안보를 상호 분리된 영역이 아니라 연계되고 통합된 구조로 바라보고, 앞으로의 핵심 기술을 확보하고, 기술 및 인력 유출 방지를 위해 기술안전망을 구축하는 문제, 그리고 주요국들과의 전략적 협력 관계를 강화하는 데 힘써야 한다.

4장

국제관계
업그레이드하기

북한,
'한걸음' 떨어져서 보기

서로 총구 겨눈 북미,
쉽게 총을 내려놓지 못하는 까닭은?

문재인 정부의 가장 대표적인 정책은 한반도 평화 프로세스 추진을 통해 남북관계와 북한 핵 문제의 병행 진전을 일관되게 모색했다는 점이다. 2017년 한반도에서의 긴장 고조와 무력충돌의 위기를 극복하고 2018년에 대전환을 이뤄 역사적 기회를 맞았다. 평창 동계올림픽과 남북의 극적 화해, 4월 27일 11년 만의 남북정상회담, 그리고 6월 12일 싱가포르에서 북·미 최초의 정상회담이 극적으로 성사되었다. 그러나 70년을 이어온 냉전 관성은 그리 쉽게 무너지지 않았다. 남북관계 개선과 북핵 문제 해결의 흐름으로 평화에 대한 엄청난 기대를 심어주었던 2018년의 한반도 평화 프로세스가 2019년으로 넘어오면서 큰 벽에 부딪혔다. 오랜 교착상황을 타개하고 성사된 하노이 2차 북·미 정상회담은 싱가포르 회담의 합의를 진전시키기는커녕 새로운 교환조건에 대해 제대로 된 협상도 못 하고 결렬되어 버렸다. 70년간의 북·미 적대관계를 신뢰관계로 전환함으로써 북한은 비핵화를, 미국은 북한 체제보장을 교환하는 것이었지만, 결과적으로 불신을 더 키우는 계기가 되었다.

당시 자신의 전직 변호사 코헨 청문회와 뮬러 특검 등으로 사면초가였던 트럼프 대통령은 '영변 핵시설 폐기'와 '제재 일부 완화'를 교환하는 합의 정도로는 비판을 면할 수 없다는 판단에서 북한에 전면비핵화를 수용할 것을 다시 압박했다. 소위 '벼랑 끝 전략 Brinkmanship tactic'은 북한의 전유물이었는데, 하노이에서 이 전략을 사용한 것은 트럼프였다. 트럼프는 김정은이 양보하면 좋고, 아니라면 노딜, 즉 협상 무산이 향후 미국 내의 정치공세에 더 효과적이라고 계산했을 것이다. 하지만 김정은에게는 '선先 비핵화 후後 배신'이라는 리비아의 악몽을 떠오르게 했을 것이다. 하노이에서 협상이 무산된 것은 두고두고 아쉽다. 협상이 진행되다가 서로의 요구사항이 맞지 않아 결렬된 것이 아니라 그렇다 할 협상조차 없이 기회를 허무하게 날린 것이다. 무엇보다 북한이 이미 양보하기로 했던 영변은 일단 받아두는 전략으로 가는 것이 협상의 기본 아니었을까? 그런 다음 미국이 북한에 더 요구했어야 했다. 배신이 곧 죽음이라고 믿는, 상대적으로 약한 상대인 북한에 대해 강자인 미국의 역지사지 없이는 문제 해결이 요원할 수밖에 없다는 사실을 재확인한 자리였다.

사실 지금까지 남·북·미의 비핵화 관련 협상은 강경책부터 온건책까지 거의 모든 옵션을 소진했다고 해도 과언이 아니다. 트럼프 이후 협상 과정의 가장 큰 차이점은 내용보다는 방법에 있는데, 최초로 국가수반 사이에 진행되었다는 점이었다. 이는 북한의 체제 성격과 가장 잘 맞아들어가는 것은 물론이고, 과거 실무협상의 지루한 줄다리기의 실패에서 벗어날 수 있다는 기대를 하게 만들었다. 북한은 그간 자신들이 핵을 개발한 이유는 미국의 대북 적대시 정책에 대비한 것이며, 이를 멈춰야만 핵을 포기할 수 있다고 주장해 왔다. 70년 북·미 불신을 하루아침에 풀 수 없지만, 미국 대통령과의 담판은 이를 가능하게 할지도 모른다고 생각했다. 이런 맥락에서 싱가포르에서 두 정상의 역사적인 만남과 북·미가 '새로운 관계'로 간다는 합의문 1항은 아주 큰 의미가 있었다.

국제정치에서 현실주의 이론은 국가 관계에서 신뢰의 부재를 핵심 전제로 한다. 신뢰가 없기에 국가는 평화가 좋은 줄 알지만, 군비제한이나 군비축소보다 군비경쟁에 나서며 안보 딜레마로 간다는 것이다. 이는 영화에서 자주 사용되는 장면이기도 하다. 두 사람이 서로 총을 겨눈 채로 대치하는 상황이 군비경쟁과 닮아있다. 영화의 다음 장면은 보통 서로 죽는 파국을 막기 위해 총을 동시에 내려놓기로 하자고 한다. 하지만 영화의 끝은 보통 한 쪽이 뒷주머니 같은 곳에 숨겨놓은 총을 꺼낸다든지 등의 배신행위로 다른 쪽은 죽음을 맞이하는 경우가 많다. 이것은 북·미가 대화를 통해 평화적 비핵화에 이를 수 없는 구조와 유사하다. 영화의 장면처럼 서로 대치하고 있는 상황에서 미국은 북한이 핵(총)을 먼저 내려놔야 신뢰가 생긴다고 말하고, 북한은 미국을 향해 핵(총)을 내려놓을 수 있을 만한 신뢰를 먼저 보여달라는 것이다. 이는 결코 작은 차이가 아

[그림 4-1] 북·미 불신의 딜레마

북한 입장	미국 입장
선신뢰 후포기	선포기 후신뢰
미국이 적대시 정책을 포기하고 신뢰를 회복해야 핵무기를 포기할 수 있다	북한이 핵을 포기해야 신뢰가 생겨 평화체제로 갈 수 있다

니며, 자칫 놓치기 쉬운 핵심은 강대국과 약소국의 관점과 입장이 매우 다르다는 것이다.

강대국은 약소국에 속는다고 해도 죽음에까지 이르지는 않지만, 약소국은 강대국에 속으면 곧 죽음이라는 절박성에 있어 큰 차이가 난다. 특히 리비아의 독재자 카다피는 미국과의 협상 후에 핵 개발을 포기했고, 더 이상 미국이 위협이 되지 않았을 때 내란이 일어났다. 결국 미국이 그를 제거했던 전례를 목격한 북한은, 미국이 선한 국가이니 약속을 믿으라는 말이나, 비핵화 이후의 장밋빛 미래를 아무리 강조해도 수용하기 어려운 것이다. 일단 협상장에 나와서 뭐든지 얘기하자는 미국의 '태도적 열림'이 아니라 비핵화에 나설 만한 구체적인 양보 조건을 제시해야만 북한이 협상테이블에 앉을 것이고, 무너져가는 판은 되살아날 수 있다.

북한 붕괴론은 신화
체제가 무너질 정도는 아니다

한편 북한은 하노이에서의 실패와 좌절 이후 북·미 대치와 대북 제재 장기화 가능성을 현실로 수용하고 내부 전열을 재정비하는 한편, 경제와 핵 무력 건설을 나란히하는 노선을 부활, 강화할 것임을 시사했다. 2020년 신년사를 대체한 당 중앙위 제7기 제5차 전원회

의의 결정문에서 김정은 위원장은 "조·미간의 교착상태는 불가피
하게 장기성을 띠게 되어있다"라면서, 미국을 향해서는 '새로운 길'
을 언급하고 "곧 머지않아 새로운 전략무기를 목격하게 될 것"임을
강조했다. 또한 경제적으로는 식량 증산, 금속·화학 공업 분야의 집
중 투자를 통해 중간재를 국산화하는 등 자력갱생을 강화하는 데
힘쓰고 있다.

그리고 2020년 이후 북한의 대남 정책은 적대적으로 돌아서면서
우리 정부의 인도적 지원조차 거부해 왔다. 그럼에도 남북관계의
완전한 파행보다는 관리를 선택했다. 가장 극적인 장면은 4·27 판
문점 선언 및 9·19 평양공동선언 등 남북 합의사항을 남한이 이행
하지 않은 것을 이유로 2020년 6월 16일 남북공동연락사무소를 폭
파해 버린 것이다. 그러나 사건 직후 김정은 위원장은 총참모부가
제기한 '대남군사행동계획'의 보류를 직접 명하고, 추가 핵실험과
ICBM 발사시험을 중단하는 등 더 이상 사태를 악화시키지 않았다.
북한은 대내적으로는 경제제재와 기상이변 및 코로나19 등의 삼중
고로 경제난이 악화하고, 북한 무역의 90% 이상을 차지하는 중국
과의 무역조차 코로나 방역을 이유로 중단시켰다. 그로 인해 주요
생필품의 가격, 환율 등 경제지표의 변동성이 더 커지고 있음에도
중국과의 민간무역 재개는 물론 남한의 코로나 방역을 포함한 인
도적 지원도 거부하고 있다. 늘 그래왔듯이 일각에서는 북한의 어
려움을 북한붕괴론과 연결하고 있지만, 분명한 것은 북한이 방역을

위해 스스로 봉쇄한다는 점을 고려하면 결코 북한의 체제 붕괴 위기로 볼 수는 없다.

국민과의 소통을 통한 실천적인 대북정책을 펼칠 필요가 있다. 국민과의 소통이 충분하지 않은 상태에서 남북관계 개선을 위한 대북정책을 추진하는 것은 시니컬한 반응에 직면하고, 남남갈등을 심화시키면서 추진력을 얻지 못하고 있다. 문재인 정부의 대북정책과 관련된 국민과의 소통은 주로 대통령의 연설이나 구체적인 실천으로 이루어져 왔지만, 체계적이고 심도 있는 국민과의 소통은 소홀히 다룬 측면이 없지 않다. 2020년에 발표한 서울대 통일평화연구원의 조사에 따르면 국민 10명 중 9명은 북한이 핵을 포기하지 않을 것이라 보고 있으며, 북한이 위기에 처할 때마다 북한붕괴론이 등장해 왔다. 그 논리의 결론으로 국민 다수가 남북관계 개선이나 비핵화의 외교 노력을 무의미하다고 보고, 더 나아가 제재를 더욱 강화하면서 유사시 계획 마련에 집중해야 한다고 생각하는 것이다.

미국과 한국에 보수적 색채를 띤 전문가들은 북한에 대한 뿌리 깊은 불신으로, 북한의 핵 보유는 안보용이 아니라 한반도 적화통일과 동북아지역 내 강국 부상 등을 목표로 하고 있기에 북한의 핵 포기는 불가능하다고 주장한다. 그러나 이는 매우 조급한 이념적 결론이며, 실제로는 근거가 매우 약하다. 먼저 남한 적화통일 및 지역 내 강국 부상이라는 추론은 우리 국력을 과소평가하는 데 따른 것이다. 2020년 남한의 GDP는 북한의 56배, 군사비는 북한의 국민

소득 전체를 능가한다. 그뿐만 아니라 세계 1위의 패권국을 동맹으로 보유하고 있는데, 북한이 핵무기를 보유하고 있다는 사실 하나만으로 남한을 적화할 수 있다고 결론 내리는 것은 지나친 비약이 아닐 수 없다. 오히려 오바마 시절 미국판 대북 포용정책인 '페리 프로세스'를 이끈 전 국방장관 윌리엄 페리가 2017년 미국의 보수 매체인 폭스뉴스와의 인터뷰에서 북한의 핵무기는 방어용이라고 규정한 것이 훨씬 타당한 결론이다. 김정은 위원장은 단 한 번도 핵무기의 조건 없는 포기를 언급한 적은 없다. 조건부 핵 포기였다. 그 조건이 미국이 대북 적대시 정책을 포기하는 것이라고 표현하지만, 더 단도직입적으로 표현하자면 핵을 가지고 있는 것보다 핵을 포기하는 것이 자신의 생존과 번영에 더 유리하다는 계산이 섰을 때 포기한다는 것이다. 따라서 핵 포기는 우리의 노력과 북·미 간 협상의 진전 여부에 달려 있다고 봐야 할 것이다.

앞에서도 지적한 것처럼 본격적인 대북제재에다 코로나19 팬데믹으로 북한 경제가 어려워진 것은 사실이지만, 체제가 붕괴할 정도는 아니다. 이미 북한은 한국전쟁 이후 미국의 장기간 제재 속에 자립경제가 내면화되어 대외의존도가 20% 내외에 불과하다. 필자가 2018년 3월 핀란드의 헬싱키에서 북한의 외무성 고위관리와 만나 대화하며 재확인할 수 있었던 것은, 북한이 1990년대 중반 식량난과 자연재해, 외교적 고립 등으로 수백만 명이 사망할 만큼 체제 위기를 겪었던 소위 '고난의 행군' 시절과 비교하면 현재의 어려움은 훨씬 덜하다는 사실이었다. 또한 김정은 집권 후 핵 개발과 동시에 대북제재에 대응하기 위한 다양한 국산화 등을 추진함으로써, '삼중고'로 가장 어려웠던 2020년에도 북한의 경제성장률은 -4.5%로 세계 경제성장률 -4.4% 수준으로 묶어둘 수 있었다. 일부 수입 품목의 시장가격은 폭등했지만, 국내산 생필품의 가격은 안정적으로 나타나고 있다.

따라서 북한의 실상에 대한 이념적이고 주관적인 분석을 피하고, 깊이 있는 객관적 분석을 토대로 국민과의 활발한 소통을 통해 평화구축의 대국민 인식 전환을 모색한다면, 대북정책 추진력과 실천력은 높아질 수 있다. 먼저, 남북한의 현실을 직시함으로써 적화통일을 우려하거나 강대국에 의존하는 인식에서 벗어날 수 있도록 국민들의 자신감을 높이도록 해야 할 것이다. 최근 특히 젊은 층의 대북 인식이나 통일에 대한 생각은 과거와 크게 다르다. 같은 민족이니 당연히 도와줘야 한다거나 통일은 역사적 소명이라는 주장은 받아들이지 않는다. 평화적 공존이 국민의 삶에 어떻게 이익이 되고, 북한과의 긴장 해소가 가져다줄 수 있는 실제적 이점은 무엇인지를 가지고 국민과 소통해야 한다. 또 학술적 영역 외에 영화, 드라마, 가요 등 문화예술을 적극적으로 활용하는 것도 필요하다. 남북한 청년의 러브스토리를 담은 드라마 〈사랑의 불시착〉이 한국은 물론 이웃 일본을 넘어 세계적으로 히트친 것을 주목할 필요가 있다. 이념이 달라도 사람 사는 곳은 다 비슷하다는 교훈을 넘어, 두 연인의 사랑을 이어가기 위해 드는 비용이 곧 남북한 전체의 분단비용이라는 것을 생각해 보는 것도 흥미롭다. 분단만 아니라면 어렵지 않게 만날 수 있는 리정혁(현빈 분)과 윤세리(손예진 분)가 1년에 단 2주간의 만남을 위해 멀리 스위스까지 날아가려면 막대한 비용이 필요하다. 사랑을 이어가기 위해 기꺼이 들이는 비용이지만, 다른 한편으로는 평화에 의해 줄일 수 있는 비용일 수 있다. 반대로 남북이 긴장 상황으로 갈 경우, 두 연인은 물론이고 한국 경제는 추가 비용이 크게 발생할 것이다.

궁극적 목표는 비핵화가 아니라 평화 정착

과거 우리의 주도적인 대북포용정책이 대북강경정책과 비교해 한반도 평화 정착에 공헌했다는 것은 객관적 지표로도 확인할 수 있다. 미국 연방준비제도이사회Federal Reserve Board(FRB)가 1985년부터 2020년까지 세계 주요언론 기사들을 종합하여 평가한 지정학적 리스크 인덱스Geopolitical Risk Index(GPR)를 관찰하면, 과거 정부 정책과 한반도 리스크 사이의 관계가 명확하게 드러난다. 한반도 리스크는 우리 주도의 대북 포용정책으로 남북관계 개선을 추진했던 김대중, 노무현, 문재인 정부 시기에 낮아졌다. 반면에 한미동맹을 중시하

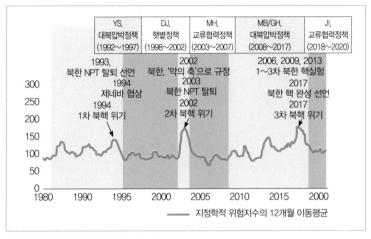

[그림 4-2] 한국의 연간 수출 추이

(단위:억 달러)

YS, 대북압박정책 (1992~1997)	DJ, 햇볕정책 (1998~2002)	MH, 교류협력정책 (2003~2007)	MB/GH, 대북압박정책 (2008~2017)	JI, 교류협력정책 (2018~2020)

1993,
북한 NPT 탈퇴 선언
1994
제네바 협상
1994
1차 북핵 위기

2002
북한, '악의 축'으로 규정
2003
북한 NPT 탈퇴
2002
2차 북핵 위기

2006, 2009, 2013
1~3차 북한 핵실험
2017
북한 핵 완성 선언
2017
3차 북핵 위기

―― 지정학적 위험지수의 12개월 이동평균

자료:FRB

고 대북압박 정책을 추진했던 이명박, 박근혜 정부 시기에서는 대체로 한반도의 지정학 리스크가 높아졌다.

2018년에는 적어도 한반도 평화 프로세스의 급진전으로 상당한 정당성을 부여받았다. 단순히 전쟁이 없는 상태만을 말하는 '부정적 평화negative peace'와 구조적 변화를 통해 온전하고 지속 가능한 평화의 상태를 의미하는 '긍정적 평화positive peace'의 개념을 구분했던 노르웨이의 저명한 평화학자 요한 갈퉁을 떠올리게 된다.[1] 부정적 평화가 지닌 부정적인 뉘앙스로 인해 소극적 평화와 적극적 평화로 구분하기도 한다. 그의 구분을 조금 응용하면, '평화를 통한 안보'가 '안보를 통한 평화'보다 낫다는 말로 바꿀 수도 있다. 폭력이 없는 단순한 상태, 예를 들면 휴전상태는 전쟁 공격이 중단되었기 때문에 부정적인 평화가 뒤따를 것이다. 긍정적 평화는 관계의 복원, 국민의 요구에 부응하는 사회 시스템의 창출, 갈등의 건설적 해결과 같은 새로운 역학관계를 발생시킨다. 평화는 갈등의 완전한 부재가 아니라 모든 형태의 폭력 부재, 모든 당사자의 정당한 요구와 이익을 존중하며 건설적인 방법으로 분쟁을 해결하거나 관리하는 것을 의미한다. 부정적 평화의 예를 들면, 서해상 남북 해군 교전 방지, 북한의 핵 도발을 억제하기 위해 취해지는 엄격한 제재, 또는 한국의 군사적 대비 태세와 미국과의 동맹 강화 등이 있다. 긍정적 평화의 예를 들면 협상을 통한 비핵화나 남북협력 강화를 통한 긴장 완화가 있다. 문재인 대통령도 이런 갈퉁의 평화 개념을 소개하면서 여러 차례 한반도 평화를 언급한 적이 있었다. 특히 2019년 6월 노르웨이 방문 연설에서 갈퉁을 직접 거론하며 "남북한 주민들이 분단으로 인해 겪는 구조적 폭력을 평화적으로 해결하는 것이 중요합니다. 저는 이것을 '국민을 위한 평화Peace for people'로 부르고 싶습니다"라고 했다. 이는 곧 비핵화라는 군사적 억지는 부정적 평화를 넘어 긍정적 평화, "비핵화를 통한 평화보다 평화를 통한 비핵화가 더 낫다"는 말로 치환할 수 있다.[2]

향후 대북정책의 기본 방향은 달라진 국력·국격·국위에 기초하여 우리 주도로 한반도 평화 프로세스 본래의 목표인 평화 구축에 충실하고 대북정책의 외연을 확대하는 '큰' 외교를 해야 한다. 비핵화를 포함해 북한 문제는 매우 복잡하고 해결이 쉽지 않은 것임을 우리는 지난 수십 년간 아프게 경험해 왔다. 5년 단임제인 한국에서 한두 정부의 임기 안에 해결할 수 있는 것이 아니라는 점에서, 오히려 한 발 떨어져서 북한 문제를 바라볼 것을 제안한다. 북한 문제가 덜 중요하다거나 등한시하라는 말이 결코 아니다. 집권층의 이념이 반영되는 대북정책은 남남갈등을 촉발하며, 때로는 대외관계의 폭을 제약한다는 것을 지금껏 경험했다. 여기서 우리가 배울 것은 북한 문제 해결에 국가의 자산을 과잉투입하는 것은 가성비가 떨어지며 현명하지 못하다는 교훈이다. 이를 해소하기 위해 탈이념적이며 실용주의적이고 유연한 대북정책을 추진할 필요가 있다.

무엇보다 대북정책의 궁극적 목표는 비핵화라기보다 평화 정착임을 분명히 할 필요가 있다. 또한 비핵화가 평화 프로세스에서 중요한 과제지만, 모든 것을 삼켜버리는 전제조건이 되어서는 안 되며 중요한 과정의 한 부분이어야 한다. 그래야 한국이 주도적으로 남북관계 개선과 비핵화를 동시에 추진할 수 있으며, "비핵화 없는 종전선언은 의미 없다"라는 등의 선*비핵화론의 반복적 등장을 제어할 수 있다. 사실상 비핵화가 장기과제임을 고려할 때, 선제적인 비핵화를 인질로 내세우면 장기간 우리가 평화 구축을 위해 할 수 있는 것은 대북제재에 동참 외에는 거의 없다는 점을 인식해야 한다. 마지막으로 대북정책의 외연을 보다 확대할 필요가 있다. 그동안 미국과 북한과의 협력 모색만 지나치게 추구했다면, 이후에는 중국, 러시아, 일본은 물론이고, 유럽과의 다자주의 연대협력을 강화함으로써 우리의 전략적 지렛대를 확보할 필요가 있다.

미국,
'실용의 눈'으로 보기[3]

한국과 미국 사이의 어떤 것

우리에게 미국은 일본의 35년 식민통치를 벗어나는 데 결정적 역할을 했으며, 전쟁과 빈곤의 나락으로부터 구해주고 지켜주는 보호자로 인식된다. 한국전쟁 이후 국가건설 과정에서도 초기에는 미국의 원조와 후한 조건의 차관 제공으로, 후에는 미국식 시장 자본주의를 이식받아 경제발전을 이룩하는 등 정치 및 군사는 물론이고 경제, 사회, 문화 모든 분야에서 미국의 긍정적 존재감은 부인하기 어려운 범위를 형성해 왔다. 물론 미국이 한반도 평화의 수호자라는 인식체계에 대한 비판적 문제 제기도 없지 않다. 일본의 전쟁범

죄에 대해 눈감았으며 아시아에서의 영향력을 유지하기 위해 일본의 부흥을 돕고 한반도를 희생양으로 삼았던 과거 등 분단의 책임에서 자유롭지 못하다. 또한 경제발전과 민주화를 이루는 데 미국의 공헌을 무시할 수는 없다고 해도 독재정권들을 옹호해 왔으며, 과거에는 소련, 현재는 중국과의 패권 경쟁을 위해 한반도 진영대결의 지정학을 최대한 활용했다는 비판적 인식이다.

어떤 국가 관계도 한쪽 측면으로만 인식될 수는 없지만, 문제는 한국사회의 인식체계에 존재하는 미국은 긍정과 부정적 인식이 서로 영향을 끼침으로써 객관적이고 균형적으로 발전되기보다는 편향된 이미지만 맹목으로 추종함으로써 국내의 이념 분열을 강화했다는 데 있다. 특히 전자에 충실한 세력들은 친미와 동맹 절대주의로 흘렀고, 이를 비판하는 사람들에게 친북·반미·반평화 프레임을 덧씌웠다. 분단구조가 고착되면서 친미주의는 평화세력으로 정당성을 부여받았고, 한국사회에서 기득권 유지의 핵심이었을 뿐만 아니라 대다수 국민에게도 신성불가침의 신화로 자리잡았다. 약 70년간의 한미동맹을 돌아보면 미국에 대한 평화수호자의 신화를 지닌 사람들이 권력을 독점하다시피 해왔고 인식의 편향성을 강화했다. 한미동맹에 대한 충성도는 한국외교의 핵심 판단 기준이었다. 자주냐 동맹이냐 강요하는 이분법적 이념 분열이 횡행했고, 실천적 측면에서 균형을 모색하거나 유연화를 위한 노력은 거의 없었다. 보수 정권들은 안보를 중시하기 때문에 동맹을 신봉하고, 진보 진영은 자주를 추구하는 집단으로 양분되었다. 이러한 이념적 분열은 한미관계의 실용적 접근을 철저히 방해했다. 동맹의 경직성은 시간이 갈수록 심화하여 동맹의 초기 조건들이나 대외환경이 엄청난 변화를 겪었음에도 여전히 초기의 비대칭적이고 종속적 형태를 오랫동안 이어왔다.

이런 가운데 김대중, 노무현 정부 10년은 동맹의 객관화, 유연화 및 자율성을 전례 없이 모색한 기간이었다. 그러나 결코 반동맹 노선을 추구한 것은 아니었으며, '탈냉전 도래'라는 국제환경의 변화에 따른 적응과 조정이었지만, 기존 이념 프레임이 강력히 작동함으로써 반미·반동맹·반평화 노선으로 규정되었다. 한미동맹이 가진 특수성에도 불구하고 대내외적 조건이 변화함에 따라 조정을 겪는 것은 자연스러운 일이었다. 또한 동맹 초기에 탈냉전이 도래하고, 남북관계의 개선에 따라 자율성을 제고하려는 노력으로 이어진 것은 바람직한 현상이었다. 그러나 배타적 이분법으로 인해 이런 노력은 동맹을 해체하려는 시도로 규정되었다. 한미동맹을 두고 벌어진 이념 분열은 이후 등장한 보수 정부들에게서 더 큰 증폭을 일으켰다. 진보 정부의 자율성 제고 및 유연화 시도가 동맹을 파탄 위기로 몰아갔다는 전제하에, 보수 정부들은 강력한 친미노선을 부활시키고 선핵 폐기론의 대북 강경책을 통해 양국 공조를 재확인했다. 북한 핵 문제의 악화를 고려하더라도 대외환경이나 한국의 국력 상승으로 자율성 제고의 여지가 많아졌지만, 이명박, 박근혜 정부는 친미적이고 대미의존적인 노선을 의도적으로 강화했다.

미국은 한국이 보유한 세계 유일의 동맹국이며, 한미관계의 가장 큰 특징은 군사동맹을 기반으로 하고, 자본주의의 확대 및 재생산을 내용으로 오랜 기간 구조화했다는 점일 것이다. 미국은 평화수호자로서 한국의 운명을 책임지는 존재이며, 한국은 자신의 역량과 위상의 증진에 상관없이 의존적 지위를 기꺼이 수용한다. 따라서 한미동맹은 신성불가침의 영역이고, 이에 대한 문제 제기는 타당성 여부와 상관없이 반평화의 대상이 된다. 미국은 한국에게 이미지의 호불호나 상호 교류의 심화, 감소에 따라 변하는 차원이 아니다. 이를 동맹의 견고성이라 주장할 수도 있겠지만 실상은 오히려 미국 없이는 아예 시스템 작동 자체가 불가능할 정도로 의존적이라는 것이다. 미국은 세계전략을 위한 군사동맹과 미국의 번영을 위한 자본주의를 확대하기 위해 친미 엘리트들을 적극적으로 양성했고, 언론, 교육, 문화를 총동원해 사회 전반을 미국이 선호하는 방식으로 구축했다.

역사상 명멸했던 수많은 동맹이 실제 전쟁에서는 파기되는 경우가 많았지만, 한·미는 오히려 전쟁에서 함께 싸운 후에 사전적·법적 동맹이 체결된 역사상으로 매우 드문 사례다. 여기에다, 역설적으로 전쟁까지 치르고도 해소하지 못한 분단구조는 비대칭 구조를 더욱 견고하게 만들었으며, 군대의 대미의존도를 심화시켰다. 무기

체계와 조직 등도 소위 '상호 운용'을 이유로 미국과 연동되어 왔기 때문에 '전시작전권 부재'라는 형식논리에 앞서 한국군은 스스로 군사작전을 수행할 수 있는 능력을 지닐 기회와 의지가 거의 없었다. 한국의 역대 정부들은 동맹의 중요성을 호흡처럼 반복하며, 수십조 원 규모의 미국산 무기를 도입해 세계 1, 2위의 규모를 다툰다.

이런 맥락에서 볼 때 우리 인식체계에서 한미군사동맹과 평화가 서로 안티테제Antithese[4]나 부조화 관계가 될 수도 있다는 가능성은 성립하지 않는다. 무엇보다 전쟁이 한미동맹의 기원이었다는 점에서, 한반도에서의 지속 가능한 평화체제 구축이 곧 동맹 축소나 해체의 이유가 될 수 있다는 가설은 수용되기 어렵다. 어느 수준의 평화를 확보해야 동맹 해체의 이유가 될 것인가에 대한 논란은 있겠지만, 이러한 논리 구조의 타당성 자체를 훼손할 수는 없다. 한반도 평화 연구자 이삼성의 말대로 미국 측의 급격하고 일방적인 동맹 해체가 아니라면 한미동맹을 유연하게, 더 나아가 미군 철수는 한반도 평화체제의 구축과정이 될 수도 있다.[5] 그러나 현재 동맹 약화는 물론이고 유연화 논의조차도 반평화적인 것으로 매도될 가능성이 클 정도로 경직되어 있기 때문에, 한미동맹을 통한 안보 확보를 넘어선다거나, 또는 군사동맹을 극복하는 적극적 평화체제를 기대하기는 여전히 어렵다.

동맹비용 뜯으려던 트럼프, 바이든 정부는?

　발칸반도와 함께 지정학적 저주로 불리고 있는 한반도에서 미국을 동맹 파트너로 삼고 있다는 것은 분명 자산이다. 북한의 핵 위협은 물론이고, 중국의 부상은 오히려 한미관계의 중요성을 증대시킨다. 그러나 미국이 자신의 이익을 위해 평화 부재의 상태를 활용하면서, 동맹비용이 우리에게 일방적으로 높아지는 것은 간과하기 어렵다. 트럼프는 여러 차례 한미동맹을 단순한 동맹 이상으로 위대한 동맹이자 영속적인 동맹이라고 치켜세웠다. 그러나 이면에는 핵 위기를 빌미로 FTA, 주둔분담금, 미사일 방어, 한·미·일 군사협력 등에서 이익 챙기기에 여념이 없었다. 트럼프가 브레이크 없이 자국의 이익을 위해 한국에 계속 동맹 부담을 가중함에 따라 동맹이 흔들릴 수밖에 없었다. 역설적인 것은 트럼프의 미국이 먼저 동맹의 신화를 깨트리고 객관화와 세속화를 추동했다는 점이다. 트럼피즘은 동맹비용 상승의 덫에 대한 한국 측의 현실감을 극대화함으로써 그 절대적 지위를 흔들었다. 이런 추동이 한국에서 시작되었다면 과거처럼 비판과 저항으로 인해 좌절되었겠지만, 미국이 주도한다는 면에서 전혀 다른 결과로 이어질 가능성도 있었다. 바이든 정부 출범 이후 미국은 동맹관계 회복에 적극적으로 나섰다. 그래서 놀랍게도 보수세력을 중심으로 트럼프를 돌연변이쯤으로 규정하고, 돌아온 미국에 대한 신화는 여전하게 작동한다. 그러나 변화는 시작되었고 과거와 같은 신화적 지위를 '맘껏' 누리기는 어려울 것이다. 그것이 우리에게도 결코 나쁘지 않은 것은 아무리 미국이라고 해도 우리의 이익을 위해서라면 실용의 틀에서 치열하게 협상할 대상으로 보는 것이 당연하기 때문이다.

한미동맹은 한국전쟁 이후 분단구조에서 군사적 억지를 통한 안보 유지의 기틀이었으며, 한반도에서 전쟁 재발을 막아왔다는 사실적 공헌은 의문의 여지가 없다. 한미동맹은 세계사에서 유례가 없을 정도의 긴 생명력과 접착성을 가지고 있지만, 공통의 적에 대한 공통의 위협인식을 핵심 기반으로 삼는 전형적인 군사동맹이다. 따라서 위협인식의 차이가 심해지거나, 전략적 목표의 간극이 커지면 한미동맹 역시 흔들릴 수밖에 없다. 동맹이론의 대가인 스티븐 월트의 지적처럼 동맹은 주로 외부의 위협에 대항하기 위해서 형성되는데, 만일 당사자들이 공통 외부위협의 존재에 대해 인식이 달라진다면 기존 동맹 관계는 약화하거나 심하면 와해할 수도 있다. 두 나라 간 위협인식의 차이다.[6]

1970년대 닉슨 독트린과 1990년대 초 탈냉전이 도래하면서 상호 전략적 목표가 달라지고, 위협인식의 차이를 보이면서 동맹의 재조정에 관한 논의가 불거진 바 있다. 동맹의 재조정은 향후 한반도 안보환경이 급격하게 개선되거나, 아니면 위기상황으로 가든지 간에 반드시 대두될 수밖에 없는 문제다. 향후 미·중 전략경쟁의 심화로 인해 전략적 유연성이 다시 떠오르면서 한·미·일 3자 동맹이나 쿼드 플러스 등 반중 연대 구축의 압박이 커질 경우든, 반대로 한반도 평화가 진전되어 억지 체제로서 중요성이 감소하거나 미국의 고립주의 경향이 커질 경우든 동맹의 재조정은 피할 수 없다. 한국의 선택도 중요하지만, 미국 내 다양한 이념집단들이 각각 동기는 달라도 재조정이 필요하다고 의견을 수렴할 수 있다. 한반도 평화 프로세스의 교착상황이라 수면 아래로 들어갔지만, 한반도의 평화체제 구축에 진전이 이뤄지면 정전체제에 기반을 둔 주한미군은 물론이고 유엔사의 역할 변화와 조정 문제는 다시 불거질 수밖에 없다.

트럼프의 고립주의 노선은 동맹을 자산이 아닌 부담으로 인식했다. 동맹국이 분담금을 증액해 그 부담을 돈으로 해소하지 않으면 미군이 주둔할 이유가 없다는 단순한 논리를 견지했다. 반면에 바이든 정부는 동맹을 자산으로 여긴다는 뜻을 밝혔고, 취임하자마자 시간 낭비 없이 동맹 복구에 나섰다. 바이든 행정부의 기본 대외전략은 미국 국력이 상대적으로 약화하더라도 동맹 및 파트너 국가들과 힘을 합치면 중국을 압도할 수 있다는 소위 '힘의 우위position of strength' 또는 '배가multiplier'를 확보하는 것이다. 대중전략의 핵심으로 미국은 아시아를 최우선으로 내세웠다. 국무 및 국방의 두 장관이 한일 양국을 방문했고, 한·미·일 안보수장들을 워싱턴으로 불러 모았으며, 바이든은 한·일 정상들을 유일하게 대면으로 맞이했다. 바이든 외교안보팀의 고위관리들은 한목소리로 중국을 적으로

만 보거나 신냉전으로 갈 생각은 없다고 반복적으로 말하고 있으며, 국무장관 블링컨은 경쟁, 협력, 적대라는 3C competition, cooperation, confrontation의 복합적 관계로 설정하면서 실용적 노선을 유지할 것임을 강조했다. 그러나 미국 내 강경파 전략가들은 진영대결도 마다하지 않으며, 한·미·일 3각 군사동맹까지도 원하고 있다.

이런 맥락에서 바이든 정부 출범 이후 2021년 5월 19일에서 22일까지 4일간 워싱턴에서 열린 첫 한·미정상회담은 동맹의 미래에 대한 전망을 판단할 수 있는 가늠자 measuring stick로 설정해 주목받았다. 문재인 대통령과 바이든 대통령의 정상회담은 일단 불확실성과 불안정성을 초래한 트럼프 행정부의 동맹 관계를 '재정상화renormalization'하는 데 초점을 맞췄다. 상호협력은 북한 문제를 넘어 경제, 과학기술, 우주, 보건, 인권, 민주주의, 개발 협력 등의 분야로 확대하고, 공간적으로도 한반도를 넘어서는 글로벌 범위로 확장되었다. 이는 그동안 외교적 수사로만 무성했던, 동맹의 호혜성과 평등성이 다양한 분야에서 실질적 협력을 구체화하는 계기를 마련했다. 미국이 한국에 대해 동맹의 호혜성을 진정한 의미에서 인정했다는 것은 매우 중요한 함의를 지닌다. 이것이 미국에 대한 일방적 의존성을 벗어날 수도 있지만, 반대로 재조정의 과정에서 의존성을 강화할 수도 있다는 점을 명심해야 한다.

70년 한미동맹 신화, 대전환의 시대에 맞춰 바꿔야

한미동맹 재조정 문제는 치밀한 대비를 통해서 국익을 우선하는 대응을 해야 한다. 한미동맹 및 주한미군의 재조정 문제는 전시작전권 전환 이슈와도 연결된다. 주한미군은 독립적으로 운영되는 것이 아니라 미군의 전구 지휘 중 일부로 다뤄진다. 따라서 전작권 전환은 곧 미국의 대중 및 대아시아 전략과 연결된다. 트럼프 행정부에서도 북·미 회담 이후 한미합동 군사훈련의 축소와 하노이 이후 교착상황, 그리고 북한 핵 무력 증가 등을 이유로 전작권 전환이 늦어졌다. 바이든 정부에서도 군부나 전략가 쪽 분위기는 미국의 아시아 전략 활용도 맥락에서 전작권 전환에 부정적인 태도로 바뀌고 있음을 감지할 수 있다. 전시작전권 이양에 대한 미국의 태도는 변했는데, 오바마 행정부 시절 분담의 차원에서 환수에 적극적이었지만 시간이 갈수록 군사협력 네트워크의 통합 차원으로 변모하여, 환수 거부 가능성이 커졌다는 점도 유의할 부분이다.

한미동맹을 규준하는 소위 '억지를 통한 안보(평화)' 접근법의 가장 큰 약점은 안보 딜레마를 근본적으로 해소할 수 없다는 것이다. 북한은 1990년대부터 남북의 재래식 무기력 간 불균형이 커지자 주요 억지력으로 핵무기에 집중했는데, 자신들이 핵무기를 개발한 이유는 미국의 대북 적대시 정책이라 말하고 있다. 북한이 2017

년 말 핵무기와 탄도미사일을 완성함에 따라 상호 억지력이 증강되어 양측은 이제 훨씬 큰 비용을 치러야 한다. 억지를 통한 안보가 아니라, '평화를 통한 안보'로 전환하는 데 있어 중요한 메커니즘이자 시험대가 될 수 있는 것이 2018년 9월 평양 선언의 부속서인 '포괄적 군사합의'라고 할 수 있다. 이 합의는 남북한의 군사력 증강과 관련된 위험을 통제하고 축소하며, 종국에는 제거하기 위한 매우 중요한 여러 조치를 포함하고 있다. 지상은 물론 상공과 분쟁 중인 서해 북방한계선에 관한 조항을 포함함으로써, 육로를 둘러싼 비무장지대의 군비통제를 규제하는 정전협정보다 훨씬 더 진전된 것이다. 양측은 DMZ를 평화지대로 전환하고 우발적인 군사 충돌을 막는 조치를 이행하고, 이행상황을 감시하는 군사공동위원회를 설치하는 데도 합의했다. 이 합의는 의도하지 않은 접촉의 위험을 줄이고 오해의 위험을 완화하기 위한 조항까지 포함하고 있다.

이 합의는 '구조적structural'인 차원에서의 무기 통제나 무기 감축은 아니다. 그러나 상호신뢰 구축을 위한 '조작적operational' 차원에서의 무기 통제를 실천하기로 한 것이다. 남북이 군사적 신뢰 구축을 넘어 사실상 예비적 수준의 조작적 군축에 진입하는 것이라고 봐도 무방하다. 억지력에 기초한 현재의 평화 지지자들은 이번 새로운 조치가 비록 유럽의 재래식 전력 조약보다 포괄적이고 구조적인 신뢰 구축 조치까지는 미치지 못하더라도, 한반도의 안정과 군사적 위험 감소를 위한 실질적이고 구체적인 진전이라며 반겼다.

하지만 문재인 대통령이 비핵화는 진전시키지 못한 채 국방력만 약화했다는 비판과 동시에, 이번 합의가 유엔사 및 주한미군의 정당성에 대한 도전이 될 수 있다는 주장도 나왔다. 미국은 빠른 비핵화에만 관심이 있지만, 한국은 남북의 신뢰 구축에 초점을 맞춰왔다. 남북 군사합의는 분명히 신뢰 구축의 영역을 확대한 셈이다.

한미동맹은 그동안 북한의 침략을 저지하고 동북아의 안정을 확보하는 핵심축이었다. 한국의 군사대비 태세와 한미동맹을 통한 전쟁 방지는 여전히 중요하며, 굳건한 한미관계를 유지해야 한다는 데는 의문의 여지가 없다. 그러나 맹목적인 군사력 강화와 냉전적 사고방식이 한국의 국익이나 한반도 평화에 도움이 되지는 않을 것이다. 70년 동안 동맹은 현실적인 문제라기보다는 성스러운 상징에 가까웠다. 기존의 동맹은 다른 대안, 심지어 더 나은 동맹보다 중시되고, 어떤 조정도 불허하는 신화로 자리잡았다. 한미동맹과 정전체제는 1953년 같은 해에 시작되었을 뿐 아니라, 샴쌍둥이 또는 동전의 양면과도 같은 관계로 봐야한다. 한미동맹은 한국전쟁과 직접적인 연관성을 가지는데, 전쟁에 함께 싸운 역사가 동맹의 유인이 된 드문 사례다.

이러한 한미동맹의 태생적 기원은 동맹의 강화가 바로 정전체제의 강화임을 자동으로 의미하게 만들었다. 즉 동맹의 강화는 평화와는 반대 방향을 가리킨다. 반대로 평화체제로의 이행은 곧 한미동맹의 약화를 내포한다. 동맹이 신화가 되면서 한반도 정전체제의 극복을 위한 평화, 남북교류 등은 의도적으로 밀려나고, 대북 억지나 안보가 강조되는 것이다. 동맹의 신화화는 동맹비용, 분단비용, 정전체제 유지비용 등을 현실 함수에서 사라지도록 만들었다. 평화 프로세스가 진전되어 평화체제가 구축된다면 억지력으로서의 미군 주둔의 정당성은 도전에 직면할 수 있다. 정전협정이 대체되면 미군 주둔에 변화가 생길 수도 있다. 한국의 미래에도 생존과 번영을 동맹에만 절대적으로 의존할 수 없다는 것은 분명하다. 동북아의 협력적 안보 질서를 구축하기 위한 노력을 구체화할 필요가 있다. 동북아 갈등을 안정적으로 관리하고, 경제협력을 심화하고, 다자안보 협력의 진전을 위해서는 필연적으로 새로운 모멘텀을 창출해야 한다.

바이든 이후 한국은 글로벌 파트너? 높아진 지위만큼 책임도 커진다

2021년 5월 말 바이든 행정부 출범 이후 첫 한미정상회담은 양국관계의 획기적 전환점이라는 판단을 양국 정부는 물론 전문가들도 공유했다. 과거 이명박 정부와 박근혜 정부에서 내세우던 무늬만 '전략동맹'과는 질적으로 다른, 진정한 의미에서의 글로벌 전략

동맹으로 격상되는 전환점이 될 수도 있다. 그러나 이는 양날의 칼이 될 수도 있다. 미국이 한국을 진정한 전략적 파트너로 인정하는 것이지만, 한편으로는 미국이 세계전략에 대한 더 많은 책임을 한국에게 요구할 수 있고, 대중 봉쇄에 연루될 위험이 커질 수 있다. 실례로 한미가 광범위한 분야에서 실질적인 협력 관계를 구축하는 합의들이 바로 한국에게 더 많은 책임을 요구하는 것이고, 쿼드와 대만해협, 남중국해 등 중국이 매우 민감하게 여기는 부분이 포함된 것이다. 이렇게 되면 노무현 정부 때부터 어렵게 방어해 온 전략적 유연성이 흔들릴 수 있다. 다른 우려는 미·중 전략경쟁에 있어 한국의 선택에 관한 부분이다.

쿼드와 남중국해, 대만해협이 공동선언문에 들어간 것을 두고 다양한 반응이 나왔다. 정상회담에 비판적인 진보세력과 환영하는 보수세력이 한목소리로, 한국이 본격적으로 미국에 경도되기 시작했다고 진단한다는 점은 흥미롭다. 물론 논조와 저의는 다르다. 진보세력은 한국이 미국의 전반적인 대중전략을 충실히 수용한 것을 비판하면서 중국의 반발을 우려했다. 반면 보수세력은 미국의 대중 견제 네트워크에 참여한 것을 기정사실로 간주하면서 환영했다. 일부는 아예 한국이 쿼드에 참여하기로 한 것처럼 주장했다. 그러나 둘 다 섣부른 결론이며, 전자의 지나친 피해의식도, 후자의 한미동맹 절대론 모두 문제다. "한미동맹을 근간으로 하되 한중관계를 손상하지 않는다"라는 원칙을 일관되게 지키면 된다.

중국은 예상대로 반발했지만, 절제된 반발이었다. 한국의 이러한 노력을 중국도 알기 때문이다. 그러나 한국이 이후 미국에 더욱 경도되는 것을 막기 위해서라도 반발 없이 지나갈 수는 없었을 것이다. 따라서 중국을 적으로 간주하는 다자기구에는 참여할 수 없으며, 진영화를 반대한다. 바이든 정부도 대중 언술의 수위를 높이고는 있지만, 진영대결을 본격적으로 획책하고 있지는 않다. 미·중 갈등 속에서 우리의 선택을 두고 명나라가 청나라로 넘어가는 전환기의 역사가 자주 비교되곤 하지만, 이 비유는 많은 허점을 가지고 있다. 미국이 명처럼 될 수 없고, 중국이 청처럼 되기는 어려울 것이다. 그러나 반드시 교훈으로 얻어야 할 점은 어느 한쪽에 전부를 거는 외교는 우리가 엄청난 대가를 치를 수 있다는 점이다. 중국의 부상은 우리에게 위협이 될 수 있기에 한미동맹은 우리의 미래에도 중요하다. 그러나 한미동맹이 한국의 국익에 어긋난 신냉전 구도로 치닫기를 요구한다면 앞으로도 결코 수용해서는 안 될 것이다.

이러한 흐름 속에서 우리가 간과하지 말아야 할 것은 미국과 중국의 세력 균형에 변화가 있지만, 우리의 능력에도 변화가 있다는 사실이다. 과거 한반도 안정을 위해 강대국이 개입한 상황을 그저 당연한 것으로 받아들였던 시기에서, 이제는 최소한 한반도 문제를 우리가 주도적으로 이끌어 갈 수 있는 능력을 확보한 상황이라는 것이다. 오직 북한의 위협에 대응하여, 과거 미국의 도움에만 전적으로 의존하던 안보 상황에 2가지 변화가 있다. 하나는 핵무기를 제외한 북한의 능력은 우리가 이미 넘어섰고, 한미 양국의 능력은 핵무기를 포함한 북한도 넘어선 지 오래다. 다른 하나는 미국의 관심 대상이 중국으로 변한 상황이라는 것이다. 우리는 미국에게 북한의 위협에 적극적으로 대응하길 원하고 있지만, 미국은 그럴 수 없다. 따라서 한국 역시 변화된 국제정세와 커진 능력을 바탕으로 새로운 한미관계에 대해서 고민해야 한다는 것이다. 결국 아·태 지역의 안정을 위해 미·중을 설득할 수 있는 방향으로 한국의 능력을 쓰는 데 고민해야 할 것이다. 이제는 한반도나 아·태 지역의 안정성을 우리가 더 원하는 상황이며, 지역적 불안정성은 우리에게 직접적인 피해를 가져온다는 것이다. 이제는 미·중 경쟁으로 인한 지역적 불안정의 원인 제공자인 미국과 중국에 안정성을 저해하는 요소들을 줄여가는 방안을 요청하고 이를 위한 대안적 방안을 모색해야 할 시기가 도래했다고 할 수 있겠다.

중국,
'냉철하게' 활용하기

미국이 날리는 펀치에
맷집으로 맞서는 중국

시진핑 시기 중국은 '중화민족의 위대한 꿈'이라는 중국몽의 달성을 위한 절호의 기회로 인식하며, 지속적 부상을 위한 국내외 환경과 조건을 창출하기 위한 노력에 매진하고 있다. 시진핑은 오바마 시절 '핵심이익'의 상호 보장을 전제로 미국의 패권에는 도전할 의사가 없다는 이른바 '신형대국관계'를 제시한 바 있다. 이것이 오히려 미국의 대중 위협인식에 불을 지펴 미국의 본격적인 대중 견제 및 압박의 시발점이 되기도 했다. 미국은 중국에 나날이 거센 공세를 펴지만, 현재 중국은 받은 만큼은 되받아치더라도 그 이상의 반격이나 선제적 도발은 하지 않는다는 원칙을 유지하려 한다. 물론 대외적인 메시지의 톤은 과격하지만, 실제 행동으로 미국과 충돌하는 것은 삼가고 있는 것이 사실이다. 그래서 세간에는 미국은 '펀치 게임'을 하고, 중국은 '맷집 게임'을 한다는 말이 나돈다. 중국의 지도부와 인민들은 시간은 중국의 편이며, 견디면 장기적으로 미국은 쇠퇴하고 중국의 시대가 온다는 신념을 거의 신앙처럼 굳게 믿고 있다. 한편에서는 미국의 공세에 중화 민족주의로 내부단결을 끌어내면서, 주변국의 우려와 경계를 불식하고 중국 주도의 국제정치경제 질서 구축을 위해 노력한다.

트럼프 정부 시절 무역 및 기술 압박과 함께 인도·태평양 전략을 통한 대중 견제와 봉쇄에 맞서, 중국은 미국과의 협력 기조에서 벗어나 강대강强對强으로 대응했고, 바이든 행정부 출범 이후 계속되는 대중 압박의 심화에 따라 남중국해, 대만, 신장 위구르, 티베트, 홍콩 문제 등 '핵심이익'에 대한 강력한 대미 경고 메시지를 발신하고 있다. 중국은 남중국해 및 동중국해와 대만해협 등에서 전략적 공세를 강화하고, 서태평양에 대한 '반접근·지역거부A2AD' 능력을 증강하고 있으며, 러시아와 합동 군사훈련을 통해 미국의 군사적 압박에 적극적으로 대응하고 있기도 하다. 2021년 3월에 개최된 중·러 외교장관 회담을 통해 양국은 인권문제의 정치화와 내정 간섭에 반대한다고 못 박았으며, 6월 말에는 미·러 정상회담 2주 만에 중·러 정상회담을 다시 갖고 중·러 우호 협력조약의 연장을 발표했다.

바이든 정부에 와서 중국과 협력cooperation, 경쟁competition, 적대confrontation라는 복합적 관계를 채택한 미국의 3C 정책에 대해 중국도 근본적으로 반대를 표명하지 않는다. 즉 팬데믹 방역이나 기후변화 대처 등에서 미국과의 협력 가능성을 거부하지 않는다. 이렇게 미·중 관계의 안정을 희망하지만, 미국의 지속적인 압박에 대해 경계의 수위를 낮추지 않고 있다. 사실상 바이든 행정부가 수단만 다를 뿐 본질은 트럼프 시기의 반중 견제와 압박이라는 정책 기조를 유지하고 있다는 인식 아래, 미국과의 갈등을 최대한 지양하고 협력 공간을 모색한다. 하지만 동시에 핵심이익과 관련한 사항에 대해서는 강경노선을 계속 고수하면서, 이를 미국이 침해하면 마찰도 불사할 것이라고 공언하고 있다. 대만을 둘러싼 양측의 공방과 이에 따른 군사충돌 가능성을 둘러싼 긴장 고조는 이런 상황을 잘 보여준다. (미·중 전략경쟁이나 중국의 대미 전략 등에 관해서는 앞의 3장에서 집중적으로 다루었으므로 참조하길 바란다.)

미·중 경쟁 속 공조하는 북·중

이런 맥락에서 북·중 관계는 또 다른 시험대에 올라 있다. 시진평 지도부는 미국 주도의 인도·태평양 전략과 쿼드에 적극적으로 대응하고, 자국의 강대국화와 역내 영향력 확대 차원에서 북한과의 전략적 소통과 협력을 강화해 나가는 중이다. 시진핑 주석은 수차례 김정은 위원장과의 친서를 통해 "적대 세력들이 전 방위적인 도전과 방해 책동에 대처하여 중·북의 두 당, 두 나라가 단결과 협력을 강화해 나갈 것"이라고 언급하며, 두 나라 사이의 사회주의를 굳건히 수호할 것을 강조했다. 중국 역시 2021년 중국 공산당 창당 100주년과 북·중 우호 원조 조약 60주년을 맞이하여 더욱 공고한 전략적 협력을 시대적 요구에 부합되게 발전시켜 나갈 것을 강조하며, 양국의 사회주의 연대와 가치 강화 필요성을 확대해 나가고 있다. 양국 주재 대사는 6월 양국 당 기관지에 각각 기고문을 실어 긴밀한 소통과 협력을 다짐한 바 있다. 그리고 7월에는 중·북 동맹, 즉 '중·조 우호 협력 및 상호원조 조약'을 갱신했다. 특히 북한은 비핵화 문제로 미국, 한국과 갈등 관계를 보여주고 있으나 내부적으로는 경제 우선주의 노선을 채택하여 경제발전과 주민 생활 개선을 적극적으로 모색하기 시작했다. 이미 북한과 중국은 '쌍중단'과 '쌍궤병행' 노선을 강조하며 대북제재 완화 방안과 경제협력을 위한 양국의 긴밀한 공조와 협력을 본격화하기 시작했다.[7]

이미 중국과 북한은 2019년 하노이회담 결렬 이후 북·미 관계가 급격하게 나빠지고, 미·중 관계가 시간이 갈수록 대립과 갈등이 격화되면서 상호 입장을 지지하며 북·중 관계를 공고화시켜 나가고 있다. 중국에 대한 미국의 압박수위가 높아질수록 북한의 전략적 중요성은 더욱 커질 수밖에 없는 구조다. 북한도 미국과의 관계 개선이 그들의 우선순위에 있다고 하더라도, 평양과 워싱턴의 교착상황이 길어지고 더 이상의 기대가 어려워진 상황에서, 중국으로 기울어지는 것은 어쩔 수 없는 선택일 수도 있다. 중국은 대북 식량 지원뿐만 아니라 코로나19 보건협력 등을 통해 북한과의 관계가 한층 더 공고해졌다. 특히 한국전 참전 70주년을 계기로 평양과 베이징 지도부는 공통으로 한국전쟁에서 함께 싸운 역사적 사실을 소환하여 성대하게 기념하고 북·중 관계를 유지하며 발전해 나갈 것을 강조했다. 물론 중국 역시 유엔이 정한 대북제재 준수는 유지하겠지만, 과거와 달리 러시아와 한국과의 협력을 통해 스냅백snap back을 포함한 대북제재 완화 혹은 해제 목소리를 꾸준하게 낼 가능성이 크며, 북한 체제의 붕괴나 혼란을 초래하는 수준까지 몰고 갈 수 있는 강력한 제재에는 분명한 반대 의사를 표시할 것이다.

▎미·중 전략경쟁 속 가교 전략으로

한중관계와 관련해서는 미·중 간 전략적 협력과 경쟁이 교차하던 시기에는 미국과는 안보동맹을, 중국과는 경제적 동반자 관계를 강화한다는 '안미경중安美經中' 노선이 유효했는지 모르지만, 최근 미·중 전략경쟁이 본격화된 상황에서 이런 단순명쾌한 노선은 전략적이지도 않고, 실효성도 적다는 견해가 지배적이다. 이제 한국은 정체 상태에 빠진 한반도 평화 프로세스의 새로운 모멘텀과 해법을 찾아야 하며, 미·중 전략경쟁 구도에서의 선택의 딜레마에서 벗어나 더욱 입체적이고 고난도의 전략을 펼칠 필요가 있다. 이런 점에서 향후 미·중 관계의 불확실성과 유동성을 고려하여 양국 사이에서 배타적 선택을 지양하고, 보다 자주적 입장에서 지역 평화와 번영을 추구하는 한국의 기본 입장과 정책 기조를 워싱턴과 베이징 양자 모두에게 선제적이고 반복적으로 발신해야 할 것이다. 즉 미·중 간 갈등과 충돌에 동원되어 끌려다니지 않도록, 국익에 입각한 자주적 원칙에 따라 양국 모두와 협력의 공간을 확장하고 갈등적 요인을 회피하는 일관되고도 유연한 접근이 이루어져야 한다.

미국과의 협력적 조율을 끝낸 이 시점에서 '제3자 문제'로 인한 갈등이 재발하지 않도록 중국과의 전략적 소통 기제를 상설화하고, 특히 한국의 높아진 국제적 위상과 지렛대를 활용하여 가교, 중재 역할을 강화해 미·중 갈등과 충돌로 초래될 수 있는 역내 신냉전 구도 형성을 적극적으로 저지해 나가야 한다. 이를 위해 다양한 다자협력 기제 구축을 통한 공동연대를 모색해야 한다. 특히 남·북·중, 남·북·러, 남·북·일, 한·중·일, 한·중·러, 한·일·러, 남·북·미·중, 남·북·일·러 등 진영을 교차하는 3자 또는 4자 이상의 다자간 협력 체제를 활성화하는 것이 중요하다. 교차 다자주의 또는 크로스오버 다자주의는 현재 미국이 중국과 북한, 러시아를 배제한 다자체제 구축을 추구하는 상황에서 미·중 사이에서 전략적 자율성을 확보하려는 국가들의 호응을 얻을 수 있다. 차후 상세히 설명하겠지만, 문재인 정부의 동북아 플러스 책임공동체 구상을 비판적으로 계승하고 발전시킴으로써 강대국 편중 외교에서 탈피한 독자적 외교 공간의 확대가 요망된다.

한반도 비핵화가 요원해지고 미·중 전략경쟁이 격화되면서 다수의 논자가 한반도 주변국 간 세력 관계가 한·미·일의 남방 3각 동맹과 북·중·러의 북방 3각 동맹이라는 과거 냉전 진영의 부활에 의한 '신냉전' 체제가 구축되고 있다고 주장한다. 그러나 이는 현실의 한 측면만을 드러낼 뿐, 다른 한편으로 각 진영 내부 혹은 진영을 교차하는 국가 간 관계를 단순화, 혹은 과대·과소 평가함으로써 실상을 왜곡하는 부정적 측면도 간과할 수 없다. 지금으로서는 미·중 전략경쟁이 단기간 내에 파국적 상태로 비화할 가능성은 적다고 판단되는데, 이유는 미국의 바이든 행정부가 발표한 것처럼 대중 관계는 과거 냉전과는 완전히 다르게 서로 깊이 의존하고 있으며, 협력과 갈등의 대조적이고 복합적인 성격을 모두 내포하고 있기 때문이다.

쿼드 참여와 한·미·일 동맹에 관한 한국의 선택

한편 한국에 대해서 중국은 한국외교의 대미 경사에 대한 우려를 내보내는 것을 잊지 않는다. 예를 들어 2021년 5월 말 한미정상회담 공동성명에서 남중국해와 대만해협 문제를 다룬 것에 대해 중국 외교부는 우려를 표하며, 대만은 중국 내정에 관한 문제로 이에 대해 '불장난'하지 말 것을 경고하기도 했다. 북핵 문제를 놓고 한중 양국은 일정 부분 의견 차이를 보여주는 상황에서, 중국은 한중 전략적 협력 관계 안정과 한반도 평화를 위해 한국이 쿼드에 참여하지 않기를 바란다는 뜻을 밝히고 있다. 특히 왕이 외교부장은 바이든 미국 행정부가 아프가니스탄 철군 후 인도·태평양으로 눈을 돌려 중국과의 전략적 경쟁에 집중하고 있는 가운데, 중국 역시 한중관계 강화로 대응하려는 의도를 피력한 바 있다. 결국 향후 중국이 기존 대외정책에 변화를 주지 않는 이상, 핵심이익의 문제로 미·중 관계가 급격히 악화한다면 한·중 관계에도 직접적인 영향은 피할 수 없을 것으로 보인다. 특히 중국은 미국 주도의 인도·태평양 전략과 쿼드 등에 한국의 참여를 예의 주시하고 있다. 중국은 한국의 사드 배치 건으로 교훈을 얻었다. 앞의 3장에서 지적했듯이, 중국은 사드 배치 자체보다, 한국이 배치하지 않을 것이라고 중국 측에 반복적으로 약속하다가 나중에 말을 바꿔 전격적으로 배치했다는 것이 더욱 뼈아팠다. 왜냐하면 한국의 약속을 믿고 시진핑 주석의 핵심 사안으로 배치를 불허한다고 천명해버렸기에 되돌릴 수 없는 사안이 되어버린 것이다. 중국으로서는 한국에 대해 제재를 하지 않을 경우, 시진핑 체제의 훼손을 우려하지 않을 수 없었다.

그러니 이번 사례를 교훈 삼아 중국에 지킬 수 없는 약속을 하거나, 우리의 핵심이익임에도 불구하고 침묵하다가 전격적인 조치를 하는 것은 피해야 한다. 비공개회의 석상에서라도 우리의 뜻을 분명하게 알릴 필요가 있다. 예를 들면 민주주의, 인권 문제 등에서 우리가 양보할 수 없는 레드라인이 있음을 선제적이고 반복적으로 제기할 필요가 있다. 그런 의미에서 앞에서 언급한 2021년 5월 말 한미정상회담은 중요한 전환점이 될 수 있을 것이다. 정상회담에서 미국과 글로벌 수준에서의 협력에 동의하고, 민주주의나 대만해협을 거론하고 규칙에 근거한 국제질서를 훼손하는 행위에 대해 함께 비판한 것을 두고 한국이 마침내 미국을 선택했다고 보는 것은 지나친 확대해석이다. 그러나 분명한 것은 중국을 거론하지는 않았지만, 한국이 양보할 수 없는, 또는 약속할 수 없는 레드라인에 대해서 분명한 입장을 제시했다는 것은 큰 의미가 있다.

최근 쿼드 또는 쿼드플러스 가입문제가 격화일로에 있는 미·중 전략경쟁의 여파로 인해, 한미 양국의 정책 커뮤니티, 학계, 언론계 등에서 한국의 참여 여부에 대한 논쟁이 촉발되었다. 과연 한국은 퀴드에 참여해야 하는가에 대답은 분명하다. 참여해서는 안 된다. 바이든 정부 출범 직후 대중전략 차원에서 동맹국 및 파트너 국가의 연대를 모색하면서 미국 국무장관과 국방장관이 한국과 일본을 방문하고, 한·미·일 안보실장이 워싱턴에서 회동을 갖고, 미·일 및 한·미 정상들이 연달아 만나면서 퀴드에 한국의 참여 압박이 커진다는 논란이 언론을 중심으로 제기된 바 있다. 특히 국내 보수세력과 보수언론을 중심으로 퀴드에 참여하지 않으면 한국이 미국의 아시아 전략에서 제외되는 재난적 결과를 입을 것이라는 식으로 주장했다. 미국은 한국의 유일한 동맹국이며, 중국은 제1의 경제파트너라는 엄연한 현실에서 전략적 모호성이나 친중 정부로 매도하는 것은 타당하지 않다. "한미관계를 근간으로 하되, 한중관계를 손상하지 않는다"라는 원칙은 우리에게 실제적 가이드라인의 역할을 한다. 한미관계가 중심이지만, 미국이 한국에 중국과의 관계에 큰 손상을 주고, 그것이 우리 국익에 해가 될 것이라면 거부하는 것이 맞는데, 퀴드 참여가 바로 그런 문제다.

사실 미국은 한국 정부와의 협의 과정에서 여러 차례 한중관계의 특수성을 잘 알고 있다고 했으며, 공식적으로 한국의 퀴드 참여를 압박하지 않음에도 우리 스스로 배타적 선택의 프레임을 만드는 것은 현명하지 못하다. 우리 내부에서 참여 논쟁을 부각하고, 이를 미국과 중국 중 선택한다는 프레임으로 가져가는 것은 스스로 운신의 폭을 제한하는 것이다. 중국의 인식도 고려하지 않을 수 없는

데, 미국이 아무리 포장을 해도 중국은 쿼드를 반중 연대로 규정짓고 있다. 분단체제를 극복하지 못하고 북·중·러와 한·미·일의 진영 대치 구조가 남아있는 한반도 상황에서, 한국이 중국을 배제하거나 적으로 만드는 기구에 참여한다면 중국은 북·중·러의 대항 체제를 결속시킬 것이다. 또한 쿼드의 핵심이 미국과 일본이 동맹인 구도를 감안할 때 한국이 후발주자로 참여하는 것은 동북아에서 일본의 리더십을 인정하는 신호로 해석될 것이며, 이것이 빌미가 되어 미국의 강경 전략가들이 전략적으로 원하는 한·미·일 3각 군사동맹 구축에 대한 압박으로 이어질 수 있다. 만약에 우리가 가입한 이후 쿼드가 반중 군사동맹으로 진화한다면 한국으로서는 실존을 위협하는 딜레마가 될 수 있고, 사드 추가 배치, 중거리 탄도미사일 배치, MD^{Missile Defense}(미국 주도의 미사일 방어)체제 편입의 압박으로 이어질 가능성을 배제하지 못한다.

그래서 한·미·일 삼각관계와 유사한 노선 선택이 바람직하다. 즉 한국은 한·미·일 3국의 공식동맹에는 참여할 수 없지만 이슈 별로 협력할 수 있다는 노선처럼, 쿼드 역시 북한 핵문제, 기후협약, 재난 대응 등 이슈별로 협력할 수 있지만, 중국을 적으로 돌리는 연대 또는 동맹으로 갈 수는 없다는 것이다. 쿼드를 비롯한 미국 주도의 반중 연대에 관해서는 이렇게 참여와 불참의 문제보다 어떻게 전략적으로 협력할 것인가의 문제로 보는 것이 바람직하다. 쿼드 참여가 한국의 네트워크 파워를 증대시키고, 한반도에 국한된 역할에 확장성을 부여할 것이라는 주장은 쿼드가 진영대결이 아니라 개방성과 투명성이 담보되었을 때만 가능하며, 담보된다면 참여하지 않고도 현재의 사안별 협력 관계로 충분하다. 다른 한편으로 쿼드 참여가 한일관계 개선에 도움이 된다고 주장하지만, 일본이 한국의 참여를 반대하는 상황에서 근거가 없다. 게다가 현재 일본은 한국의 전적인 굴복을 원하는데, 일본의 반대 속에 쿼드에 참여하는 것은 스스로 입지를 약화하는 것이다. 이런 맥락에서 한국은 한중관계뿐만 아니라 한반도 평화와 안정을 위해 어느 특정 국가가 포함될 수 없는 배타적 다자주의가 확대되지 않도록 4자, 6자회담과 같은 포용적 다자주의를 모색해 나가야 할 것이다. 아울러 한국은 갈수록 격화되는 역내 미·중 전략경쟁 구도 속에서 어느 한쪽을 선택하여 다른 한쪽을 적으로 만드는 정책을 무조건 지양하며 새로운 역내 질서 구축 차원에서 한반도 평화 프로세스, 동북아 평화 경제공동체를 실현하는 정책적 노력이 요망된다.

반중 정서, 국내만의 여론이 아니다

마지막으로 국내여론의 반중 감정 고조에 대한 문제를 어떻게 할 것인가가 중요하다. 반중 감정은 이미 세계적 물결이 되었다. 미국의 퓨 리서치 센터^{Pew Research Center}가 2021년 10월에 발표한 조사에서 14개국의 반중감정은 이전 연도와 비교해 일제히 상승했다. 사상 최고를 기록한 나라들도 많다. 우리나라의 반중감정은 일본

[그림 4-3] 반중 정서 인식 조사

(단위:%)

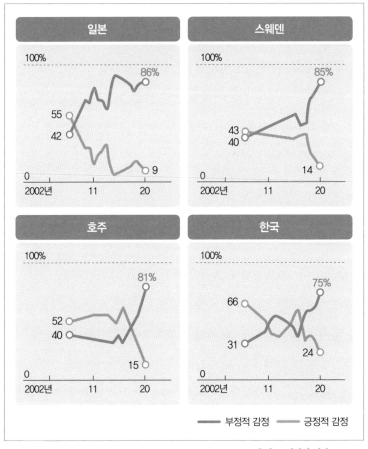

출처:퓨 리서치 센터, 2021.10.

(86%), 스웨덴(85%), 호주(81%)에 이어 4위(75%)를 기록했다. 2015년까지 50% 이하였다가 2017년 처음 60%를 넘었고, 2021년에 역대 최고치를 기록했다. 한국인 4명 중 3명이 중국을 싫어한다는 것이다. 중국의 자업자득이라는 의견도 만만치 않다. 시진핑의 장기 집권과 권위주의화로 인해 홍콩 민주화 운동에 대한 탄압, 신장 위구르 자치구에 대한 인권유린, 글로벌 표준을 무시하고 기술을 빼내는 것은 물론이고, 호전적 민족주의를 선동해 주변국들에 소위 '늑대 외교'를 펼치면서 비호감을 스스로 초래한 면이 크다. 특히 한국에는 사드 배치 이후 제재를 풀지 않고 있으며, 동북공정 같은 역사 왜곡에다 한복과 김치가 중국 것이라고 주장해 한국 국민의 대중 여론을 악화시켰다.

아무튼 한국 내 반중 정서는 갈수록 심화하고 있다. 국내 보수세력은 문재인 정부에 친북이라는 프레임에다 친중 프레임까지 씌워 비판해 왔다. 2021년 6월 15일에 발간된 《시사IN》의 〈반중 정서 리포트〉[8]에 따르면 중국인에 대한 부정적 감정은 75.5%로(매우 부정적 49.6%, 약간 부정적 25.9%) 일본인에 대한 부정적 감정(65.6%)보다 오히려 더 높았다. 체제가 다른 이웃 국가의 급속한 부상에 따른 경계심은 피치 못할 이유라고 하더라도 현재 중국 지도부의 관용적이지 못한 대외정책과 자세는 분명 문제가 있다.

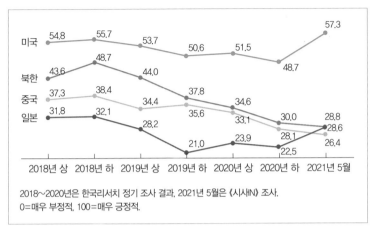

[그림 4-4] 북·중·미·일에 느끼는 감정의 온도 변화

미국 54.8 55.7 53.7 50.6 51.5 48.7 57.3
북한 43.6 48.7 44.0
중국 37.3 38.4 34.4 37.8 34.6
일본 31.8 32.1 28.2 35.6 33.1 30.0 28.8
21.0 23.9 28.1 28.6
22.5 26.4

2018년 상 2018년 하 2019년 상 2019년 하 2020년 상 2020년 하 2021년 5월

2018~2020년은 한국리서치 정기 조사 결과, 2021년 5월은 《시사IN》 조사.
0=매우 부정적, 100=매우 긍정적.

출처: 《시사IN》 제717호 〈반중 정서 리포트〉, ⓒ시사IN

서로 다름 인정하며
협력과 실리 꾀해야

그러나 외교를 감정적으로 할 수는 없다. 중국은 2003년부터 한국의 전략적 협력동반자 관계다. 중국은 우리가 세계 8위의 무역 대국이 되는 데 큰 역할을 했다. 홍콩을 합치면 우리 무역의 약 30%를 차지하는데, 이는 미국과 일본, 그리고 EU를 모두 합친 양과 비슷하다.[9] 2022년은 양국이 1992년 8월 24일 수교한 지 30주년이 되는 날이다. 한국전쟁에서 적군으로 교전을 벌였고, 1992년 수교가 이뤄질 때까지 냉전의 진영대결에서 적대적 진영에 있는 국가였다. 적대관계의 어두운 그늘을 걷어낸 두 나라는 지난 30년간 엄청난 성장을 했다. 교역 규모는 30년 새 38배나 증가했으며, 한국의 기술과 자본이 중국의 광대한 시장을 만나면서 양국의 경제 성장에 기여했다. 중국은 북한의 반발을 무릅쓰고 한국과 수교했지만, 북한의 전략적 가치를 버린 적이 없다. 한국은 이러한 중국의 대북한 지렛대를 활용하여 북한의 비핵화를 끌어내려 했지만 쉽지 않았다.

한국이 철저한 준비를 하지 않고 디커플링에 나서거나 미국을 위해 반중 전선에 나서게 될 경우, 우리가 입을 피해는 상상을 불허한다. 사드 배치로 인한 제재가 가져온 파장은 말할 것도 없고 2021년 말 요소수 부족 사태는 우리의 대중국 의존도가 얼마나 높은지 보여주었다. 사드 사태처럼 중국이 의도적으로 보복하지 않아도, 중국 내부의 수급 사정에 따라 우리는 큰 영향을 받을 수밖에 없다. 국내의 정치적 이유와 권력 싸움에 눈이 멀어 미·중 사이에 배타적 선택을 선동하는 것은 국익을 생각하지 않는 잘못된 외교다. 중국에 대한 지나친 의존도는 언제든지 우리의 대중국 취약성이 작용할 수 있다는 점에서 점차 줄여나가야 한다. 양국 경제교류는 더욱 발전해야 하지만, 과도한 중국 의존도가 우리 외교의 운신과 옵션을 제한하지 않도록 만들어야 한다. 그러나 이윤을 위해 중국과 사업하는 것을 강제로 막기에는 한국의 민주주의와 자유시장 경제가 버티고 있고, 막을 방법이 있더라도 바람직하지 않다. 장기간에 걸쳐 조금씩 진전시킬 수밖에 없는 일이다. 김한권 국립외교원 교수는 "그동안 한중관계를 구동존이求同存異(일치를 추구하되 서로 다른 점은 그대로 두는 것)로 표현했다면, 수교 30주년에 즈음해 이제는 서로 다름을 인정하면서 협력과 공존을 꾀하는 화이부동和而不同이 필요해 보인다"고 말했다.[10] 서로의 차이점을 인정하는 가운데 서로 평화롭게 공존하고 발전하는 방안을 찾아 나가는 것이 중요하다. 즉 우리는 중국을 적으로 돌리기보다는 중국을 활용하는 외교를 해야 한다.

러시아,
'다시' 주목하기

'자강' 정신 바탕으로
실용노선 추구하겠다

러시아는 현 시기를 국제질서의 구조, 아키텍처, 규범이 변화하는 전환기로 규정한다.[11] 코로나19 발생 이후 국제관계가 지대한 변화를 겪고 있는 양상을 볼 때, 전반적으로 세계화 추세보다 지역적 고립주의 성향이 더욱 강해지고 있다고 판단하고 이에 맞춰 국가안보전략을 개정했다. 2021년 7월 발표된 러시아의 새로운 국가안보전략은 현대 세계가 변혁의 시기period of transformation를 겪고 있다고 단언한다. 또한 중국의 부상을 직접 언급하지는 않았지만, 새로운 세계 및 지역적 지도 국가들의 위상 강화로 세계질서가 변화하고 있다고 간파했다. 또한 이러한 변화 속에서 미국을 비롯한 비우호적 국가들은 러시아를 고립 및 와해시키기 위해 군사적·경제적·정보적 압력을 가하고 있다고 보고 있다.

이러한 다양한 안보위협하에서 러시아가 추진하는 해법은 '자강自強'의 정신에 입각한 전략적 독립이라 할 수 있다. 러시아의 안보전략이 제시한 9개 과제 중 최우선은 국민 보호 및 인적 자원의 발전이며, 국가방어는 다음이다. 국민 보호는 삶의 질 향상, 소득 증가, 출산율 증가, 보건 및 의료보장 등 건강한 인구의 증가로 국력을 강화하려는 취지로 보인다. 이러한 바탕에서 강한 러시아를 실현할 수 있다고 보는 듯하다. 대외정책 면에서는 이전의 '평등한 전략 동반'에서 '호혜적 국제협력'으로 노선을 변경했다. 과거 안보전략에서는 언급했던 미국 및 EU 관계와 협력과 관련된 내용은 신안보전략에서 사라졌다. 서방국가들과는 적대적인 포지셔닝을 명확히 한 셈이다. 동시에 중국 및 인도와의 협력을 거의 동등하게 취급함으로써 국익 위주의 실용적 입장에서 상호 이익이 되는 대외관계를 추진할 의향을 나타냈다. 이는 전략적 독립이라 할 수 있으며, 장차 미·중 경쟁에 연루되지 않고 다양한 국가들과 호혜적 관계를 모색할 것임을 추측할 수 있다.

러시아 지도부는 현재 상황을 절대적 패권을 잃어가고 있는 일부 국가들(미국과 서방을 지칭)이 다른 국가들에 자신의 규칙을 강제하고, 일방적으로 경제제재를 부과하며, 주권국의 내정에 간섭하고 있다고 비판한다. 또한 미국과 서방의 패권 유지 욕구, 기존 경제발전 모델의 위기, 국가발전의 불균형, 초국적 기업들의 국가 역할 침식 등으로 말미암아 국제사회에서 지정학적 불안정성이 커지고, 국가 간 대립과 갈등이 심화하고 있다고 인식하고 있다. 이에 러시아는 현대 세계의 '영향력 중심'의 하나로서 입지를 강화하고 지속 가능한 사회·경제적 발전에 유리한 대외환경 조성을 위해 대외정책을 입안하고 구현하겠다는 목적을 분명히 한다. 그 목적하에 국익의 보호와 국제안보의 강화를 위해 일관적·독립적·다원적·개방적·실용적인 예상 가능한 대외정책을 추구한다. 기본적으로 국제법과 규범을 철저히 준수하면서 정치적 수단에 의해 국제·지역 갈등을 해결한다는 원칙을 설정하고 있으나, 타국이 러시아의 주권과 영토적 통합성에 위협을 가할 경우, 그 억제를 위해 필요하다면 모든 조치를 동원한다는 것이다.

미국 불신과 경계 속, 북핵 문제 해결 위해 6자체제 참여 가능성

현재 러시아는 무엇보다 미국의 바이든 행정부 출범 이후 악화 국면이 이어지는 것이 큰 부담이다. 실제로 미국은 가치문제를 부각하면서 러시아에 대한 압박을 강화하고, 유럽·대서양 지역에서 반러시아 동맹체제를 재건하려 노력하고 있다. 더욱이 작년부터 나발니 사건을 매개로 러시아와 유럽의 관계도 계속 악화하고 있으며,[12] 소위 러시아의 '근외near abroad' 지역인 우크라이나·벨라루스·카자흐스탄·몰도바·키르기스스탄 등 구소련 공화국들의 다양한 정세 불안도 걱정거리다. 특히 우크라이나의 반러 정부와 갈등이 심화하여 푸틴은 침공할 수 있다는 경고를 보내고 있다. 미국의 철군으로 아프가니스탄 정세가 긴박하게 전개되고 있는 상황이나 중앙아시아 동맹국의 국경 안보는 물론, 마약, 테러리즘 등의 확산도 러시아의 우려를 높이는 요인으로 작용한다.

무엇보다 미국의 중국과 러시아에 대한 동시 제압 전략에 대해 푸틴은 중국과의 전략적 연대 강화를 통해 대응을 모색하고 있다. 특히 바이든 정부 출범 이후 미국이 중국뿐만 아니라 중·러 전략적 제휴의 '약한 고리'로서 러시아에 대한 압박을 강화하면서 미국에 대한 러시아의 불신과 경계는 커졌다. 그러나 2021년 6월 제네바에서의 미·러 정상회담을 통해 양국이 글로벌 전략적 안정 유지를 위해 협력할 필요가 있다는 것에 뜻을 같이했다. 협력 필요성에 공감하고, 안정적이고 예측 가능한 관계를 만들어가기로 합의한 것은 긍정적이다. 또한 미국의 압박 때문에 중국과 불가피하게 협력하지만, 중국의 급부상에 대해 러시아도 축소된 자신의 위상과 연결되어 고민이 깊다. 또한 중앙아시아와 남아시아 인근에서의 중국과 이해관계 상충 등과 같은 요소들이 향후 미·러 양국관계에 어떤 영향을 미칠지도 관심이다.

한편 러시아는 북한 및 북한 핵·미사일 문제에 대한 기존 노선과 입장을 견지하고 있다. 북한 핵무기 문제를 자국의 안보와 경제적 이익에 명확히 배치되며, 반드시 해결해야 할 사안으로 인식하고 있다. 그러나 이 문제가 시간이 걸리더라도 외교적이고 평화적인 수단에 의해 해결되어야 하며, 그 과정에 러시아도 반드시 관여한다는 태도다. 이를 통해 러시아는 취약한 역내 입지를 강화하고 궁극적으로 역내 다자안보협력 체제를 구축하는 계기로 활용하려 한다. 러시아는 여러 복잡한 국내외 현안이 대두되는 조건에서 자국의 제한적 역량을 고려하여 당분간은 독자적 전략 행보보다는 대중 편승 또는 공조 전략을 구사하면서, 기회가 닿으면 6자 체제의 재개와 참여를 모색할 가능성이 커보인다. 러시아는 냉전 붕괴와 탈냉전기 이전 과정에서 그동안의 남북한에 대한 등거리 노선을 철회하고 남한 우선 노선으로 돌아선 것을 전략적 실수로 평가한다. 한반도에서 다른 열강보다 상대적으로 지렛대가 약하다는 것을 고려한다면, 등거리 노선이 가장 러시아의 이익에 부합한다고 생각한다.

러시아 경시 말고
전략적 동반자 관계 구축해야

한국과 러시아는 2008년 이후 양국관계를 전략적 협력동반자 관계로 자리매김한 이후 오늘에 이르고 있다. 문재인 정부는 2017년에 대러 협력 분야로 조선, 항만, 북극항로, 가스, 철도, 전력, 일자리, 농업, 수산 등 소위 '9개 교량9-Bridge' 사업을 제안한 후 이를 추진하고 있다. 양국 정부는 2020년 수교 30주년을 기하여 교류를 확대하고 협력사업을 보다 적극적으로 추진하기로 했다. 안보 분야에서는 2021년 3월 국방협력협정 체결, 차관급 국방전략대화 등을 통해 양국 교류협력 활성화 및 신뢰구축 필요성에 대한 공감대를 형성했다. 이런 상황에서 한국은 러시아의 중요성에 대해 다시 주목해야 할 것이다.

사실 노태우 정부의 북방정책은 북한에 대한 압박의 지렛대 역할을 노리고 수교를 포함한 한·러 관계를 발전시켰다. 그러나 소련이 붕괴하면서 이용가치가 떨어졌다는 판단으로 러시아에 대해서는 줄곧 외교의 중심 아젠다에 두지 않고 경시하는 경향이 없지 않았다. 이로 인해 러시아의 자존심을 건드린 측면도 많다. 하지만 전략환경이 변함에 따라 다시 러시아의 전략적 중요성이 부상하고 있다. 미국과 중국에 편중된 외교의 한계와 위험성이 확대되면서, 오히려 한국외교의 다변화가 요구되었고 이에 따라 북방 지역 진출의

교두보로서 러시아의 전략적 가치에 대해 재인식·재평가할 필요성
이 제기되었다. 특히 동북아 차원의 제한적 입지에 따른 글로벌 강
대국 러시아에 대한 경시 또는 착시를 교정하고, 한반도 평화 프로
세스, 통일, 역내 협력안보 등에 대한 러시아의 긍정적 기여 가능성
을 재검토해야 한다. 러시아가 미국과의 갈등으로 인해 북한의 핵·
미사일 개발을 사실상 묵인하고 있다는 편견을 불식하고, 한반도
비핵화와 평화 프로세스의 재개를 위해 러시아의 긍정적 활용 방안
을 모색할 필요가 있다는 것이다.

러시아가 대중 및 대북 접근을 강화하고 있다는 것이 사실이라
면 더더욱 러시아에 대한 경시정책은 바람직하지 못하다. 미·중 갈
등과 미·러 갈등이 동시에 심화하고, 북·미 관계가 악화할 경우 한
반도를 중심으로 북·중·러와 한·미·일이라는 과거 냉전의 진영 구
도가 살아날 위험도 있기 때문이다. 러시아의 대미 및 대중 관계의
동학을 고려하되, 현 세계 및 지역 질서의 유동성과 한국의 제고된
국가역량에 대해 종합적인 고려를 통해 창조적 대응전략을 모색할
필요가 있다. 러시아와의 관계 개선은 차후 전개될 상황에 따라 우
리에게 중요한 전략적 옵션을 제공할 수 있다. 미·러 관계와 미·중
관계를 변화 불가능한 상수로 간주하면서 역내 진영 구도를 예단할
필요는 없다고 본다.

반대로 한국은 러시아와의 전략적 동반자 관계의 내실화를 추구
하면서, 양국관계에 있어서 갈등의 회피보다는 관계의 밀도를 높이

는 데 초점을 두어야 할 것이다. 북한 문제와 관련해서는 현재의 러시아에 대한 외교적 기대를 넘는 창의적인 협력을 시도할 필요가 있다. 예를 들면 러시아와 군사협력을 추진하면서 북한 관련 정보 교환 채널을 구축한다든지, 분쟁지역에 관한 정보 교환 및 연합 대테러훈련 등 협력 범위를 점차 확장할 필요가 있다. 이렇게 구축한 협력을 제도화할 경우, 향후 미·러 관계와 미·중 관계의 변동에 따라 활용할 여지가 많을 것이다. 또한 최근 러시아에서 성공적으로 정착 중인 모병제 추진, 무기 현대화, 군 개혁 등의 경험을 배우는 노력도 필요하다.

거시적이고 보다 장기적 관점에서 한·러 전략적 동반자 관계의 내실화를 위해 공식·비공식 협의 채널을 통한 다방면에서의 협력 관계를 공고하게 만드는 것이 요구된다. 양국의 이익에 부합하는 세계 및 역내 질서, 그리고 양국관계의 바람직한 미래상을 도출하기 위해 긴밀한 소통과 협의를 확대해 나가는 것이 좋다. 러시아가 국가안보전략에서 제시한 것처럼 한국도 러시아와 호혜적 협력을 추구할 필요가 있다. 한국은 러시아가 한국과 적극적인 군사협력을 시도하도록 자원과 전략을 모색할 필요가 있다. 러시아의 장점은 자원, 군사력, 북극해로 볼 수 있으며 이러한 장점을 기본으로 주고받는 '기브 앤 테이크Give and Take' 정책을 개발할 필요가 있다. 이에 따라 자원 면에서 한국은 극동 및 시베리아 개발을 위한 투자를 제공하고 원유 및 천연가스를 염가에 안정적 공급을 받는 방안, 군사 면에서 군사기술협력을 지속하면서 군 개혁 경험을 전수받는 방안, 북극해 개발에서 한국은 개발 투자와 조선 분야 협력을 제공하고 러시아로부터 항로 이용의 혜택을 받거나 기타 반대급부를 받는 방안을 개발하는 등 다양한 협력 방안을 구축할 수 있다. 이때, 포괄적이고 일괄적 추진보다는 부분적, 단계적 접근을 추진하는 것이 현실적임을 명심할 필요가 있다.

한반도 비핵화 위해 러시아와 협력해야

러시아는 국익 수호의 수단으로서 군사력의 역할을 중요시한다. 신국가안보전략도 세계 중심국가들의 영향력 투쟁이 심화하는 가운데 자신의 목적을 달성하기 위한 수단으로서 군사력의 역할이 증가하고 있다고 언급했다. 이에 따라 역동적으로 발전하고 있는 아·태 지역에서 국가 간 군사활동 증가에 따라 우발적 또는 계획적 무장 충돌이 발생할 가능성이 더욱 커지고 있다. 따라서 러시아를 비롯한 주변국들과 우발적인 무력 충돌 및 상호 국경 침범 방지, 공동의 안전보장을 위해 다자안보체제를 구축할 필요가 있다. 러시아는 아시아에서 미국의 영향력을 상쇄하기 위해 구소련 브레즈네프 시절부터 다자안보협력을 일관되게 추구해 왔다. 한국의 외교 역시 다자안보협력이 외교혁명의 가장 핵심적인 분야가 되어야 한다는 점에서 접목의 여지가 있다.

한국과 러시아 양국이 공동으로 동북아 역내의 협력안보 필요성을 환기하고, 러시아의 한반도 비핵화 프로세스에 대한 긍정적 기여를 유도하여, 중장기적 관점에서 동북아 다자안보체제를 구축하기 위한 협력을 추진할 필요가 있다. 이를 위해 미국과 함께 국제 핵 레짐을 형성하고 지속해 온 러시아의 핵 확산에 대한 단호한 반대를 한반도 비핵화 프로세스의 진전에 활용해야 한다. 또미·러 관계의 악화 경향 속에서도 양국의 핵 비확산에 대한 협력의 여지가 크다는 점을 적극적으로 이용해야 한다. 구체적으로 북핵 문제 해결을 위한 합의안을 만들 때 합의의 법적 구속력과 지속성 확보의 측면에서 러시아의 안보리 상임이사국 P5 지위를 생산적으로 활용하는 것도 나쁘지 않다. 나아가 신안보 부문으로 한·러 간 정치·안보 협력의 의제를 확장함으로써 러시아의 동북아 다자안보 체제 형성에 대한 일관된 의지를 유도해 동북아의 진영대립 구도를 해소하는 분위기를 조성할 수 있고, 이를 통해 공정하고 포용적인 동아시아 질서 구축을 앞당길 수 있다.

러시아와의 효율적인 경제협력의 활성화를 한반도 평화경제 체제의 기반을 구축하되, 지금까지 북핵 문제와 연동시킴으로써 북핵 문제 진전과 교착에 지나치게 영향을 받았던 분위기에서 벗어나야 한다. 한·러 경제협력을 분리해 일관성 있게 추진하고, 지금까지와는 다르게 협력 분야의 백화점식 나열이 아니라 비중과 우선순위 등을 철저하게 고려해야 성과를 낼 수가 있다. 협력의 영역도 양국의 국가발전 비전을 고려한 미래기술이나 에너지·철도·항만 분야 등에서 시작하면 좋을 것이다. 대북 문제는 상호 시너지를 유발하면 좋겠으나, 그렇게 되지 않더라도 경제협력을 탄탄하게 진행하고 성과를 낸 이후에 얼마든지 활용할 수 있다. 즉 한·러가 외부 환경 변수로부터 독립적으로 경제협력을 안정적으로 추진할 수 있도록 상징적인 '상호의존의 고리'를 만든 다음, 협력의 성과를 기초로 남·북·러 3각 협력으로 확대·발전시키는 전략을 구사해야 한다. 양국 간 경제협력에 대한 객관적 평가와 재구성을 통해 무역과 투자를 확대하는 것은 물론이고, 그간 논의되었거나 중단된 남·북·러 철도 또는 도로 연결, 나진-하산 프로젝트 재개, 항만 현대화, 북극 항로 협력, 산업단지 구축 등을 통해 협력 기반을 다져나가야 한다.

이러한 안보 및 경제협력의 활성화를 위해 공식·비공식 협의 채널을 통한 다방면에서의 협력 관계를 공고히 할 필요가 있는데, 우선 한·러 정상회담 정례화 논의를 구체화하는 것이 필요하며, 국가안보실 안보 정례회의를 비롯해 기존의 외교부 차관급 전략대화를 장관급으로 격상하는 등 정부 간 공식 협의 채널을 재정비하고 논의의 질적 수준을 높이는 방안을 마련해야 한다. 러시아는 현재 일본 등 주요국가들과 2+2 회담을 통해 대외정책과 안보정책을 논의하고 있다. 한국의 경우 국방부와 외교부 차원에서 각각 러시아와 협력 및 교류를 시행하고 있으며, 2020년에 수교 30주년을 맞은 이후 다양한 분야에서 협력 확대를 추진하고 있다. 이참에 국방 및 외교장관들이 동시에 만나 다양한 양국 관련 사안을 협의하는 2+2 회담을 개설할 필요가 있다. 일본의 경우 2+2 회담을 통하여 러시아와 협력 방안 논의와 동시에 불만 및 갈등 요소도 언급하는 등 상호 이해 및 접촉을 활성화하고 있다. 한·러 관계에 있어서 차관급 대화 등 채널이 있기에 이를 바탕으로 2+2 국방·외교 회담 개설 시 긍정적 효과를 기대할 수 있다. 이와 별개로 1.5 트랙 차원의 전략 대화를 신설하고, 이를 상호 이해의 증진을 위한 틀로 활용할 필요가 있다. 즉 민간 차원에서는 정치·경제·문화 분야가 적당할 것이며, 기성세대와 차세대가 모두 참여하는 채널이 좋을 것이다. 정부 주도뿐만 아니라, 지방자치 단위의 공식·비공식 협의 채널을 확대하고 운용할 수 있다.

일본, '통 크게' 대하기

미중 전략경쟁 속
기회 엿보는 일본

한일관계는 말 그대로 최악으로 추락했다. 이명박 대통령이 임기 말에 독도 방문이라는 뜬금포로 포문을 열었다면, 최근 일본의 태도는 관계 개선을 할 생각이 아예 없는 막무가내 아닌가 한다. 2015년 초 웬디 미 국무부 차관이 한국은 과거에 집착하고 미래를 보지 않는다는, 망언에 가까운 언급까지 하며 한일관계 악화의 책임을 한국에 돌렸지만, 2022년 초 현재 시점은 일본이 오히려 과거사 문제와 현재를 분리하지 못하고 몽니를 부리고 있어, 중국에 대항한 한·미·일 공조를 원하고 있는 미국을 당황케 하고 있다. 한국은 일본과 언제든, 어디서든, 어떤 내용이든 협상할 수 있다는 열린 자세를 견지하는 반면, 일본은 1965년 한일청구권 협정 전적 수용, 2015년 위안부합의 수용, 2018년 강제동원 대법원 판결 번복을 한국과의 대화 재개의 3가지 전제조건으로 내세운다. 일본은 한국에 완전한 항복을 요구하는 무리한 외교를 하고 있다.

아베가 사임한 이후 스가에 이어 기시다 내각까지, 한국문제만은 흔들림 없는 강경 자세를 유지하고 있다. 아예 대놓고 G7 회의에 한국이 정식 참여국이 되는 것을 반대하고, 쿼드나 인도·태평양 전략 가입 역시 반대한다. 혹자는 한때 소위 '넘사벽'이었던 일본의 국제적 지위까지 위협할 정도로 성장한 한국에 대한 질투와 연결되어 이번에야말로 손을 보겠다는 심리로 해석하기도 한다. 참으로 속 좁은 외교가 아닐 수 없다. 이럴 때 우리는 역으로 '통 큰' 외교로 가는 것이 명분으로나 실리로도 낫다. 국익을 우선하는 실용의 측면에서 1998년 김대중 대통령과 오부치 일본 총리가 '21세기의 새로운 한·일 파트너십 공동선언'을 발표했던 정신을 되살리는 외교가 필요하다.

현재 국제질서를 뒤엎다시피 하고 있고, 앞으로도 상당 기간 지속할 가장 중요한 독립변수는 미·중 전략경쟁일 것이다. 이런 맥락에서 일본은 미국의 대중국 견제 및 봉쇄를 위한 전략의 핵심행위자이고, 가장 강력한 경제적·군사적 파트너임은 의문의 여지가 없다. 미국은 미일동맹을 이전의 '비용 분담burden sharing' 중심의 관계에서 '권력 분담power sharing' 관계로 격상하겠다는 의도를 본격화하고 있다. 일본은 중국의 부상에 대응해 미국이 관여하도록 만들기 위해 안보·군사적 측면에서 미국의 정책에 적극적으로 협조하고 있다. 일본에 있어 중국 부상의 의미는 미국과는 또 다르다. 미국은 중국이 도전하고 있고 격차도 줄어들고 있지만 아직은 승부가 난 것이 아니며, 다시 미국이 대중 격차를 벌릴 수도 있다. 그러나 일본은 이미 중국에 의해 확실히 추월당했을 뿐 아니라, 지정학적 근접국가라 일본이 중국 영향력 밑으로 들어갈 가능성이 커진다는 것을 의미한다.

일본은 전후 샌프란시스코 체제라는 미국의 안보 우산에 편입하면서, 평화헌법으로 말미암아 소위 '정상국가'의 길을 반쯤 포기해 왔다. 그러나 중국의 부상과 미국의 하락은 일본의 이런 안보전략의 유효성에 근본적인 의문을 던졌다. 중국의 위협이 커지면서 일본은 다음 3가지 최악의 시나리오를 우려하게 됐다. 트럼프 시절 어느 정도 보였던 고립주의 경향이 커져 미국이 아시아를 떠날 때, 중국이 미국을 추월할 때, 그리고 가장 희박하기는 하지만 미국과 중국이 협력 관계를 이뤄 카르텔 체제를 형성한다면 일본은 중국의 세력권으로 빨려들어 갈 수밖에 없다는 두려움을 가졌다.

그러니 미국의 대중 압박 전략을 가장 환영하는 나라가 바로 일본이다. 이미 오바마 정부의 '아시아로의 중심축 이동Pivot to Asia' 또는 '재균형rebalancing' 전략을 기점으로, 미·일 안보정책의 변화가 수렴하면서 대중 견제를 기치로 미·일동맹은 견고해졌다. 1990년대 중반부터 이미 일본은 평화헌법과 전수방위로 대표되는 전후체제를 변경하기 위한 노력에 집중해 왔으며, 아베 내각이 본격적으로 추진하기에 이르렀다. 이런 일본의 움직임은 한국의 모습과는 상반된 모습이었다. 한국은 경제 성장과 민주화에 대한 자신감에다가 두 진보 정부의 연속집권으로 말미암아 그동안 종속적이었던 한·미 관계에서 벗어나 동맹의 자율성을 확보하고, 미국의 세계전략에 연루되거나 동원되지 않기 위해 노력하는 모습을 보였다. 한미동맹은 위협인식에서 차이를 보이면서 양국이 갈등을 겪었지만, 일본은 미국의 의도를 전적으로 수용했다. 미국은 기존의 주둔군 중심의 전략에서 신속기동군의 성격으로 변화하고 있는데 한국은 분단 대결구조에서 쉽사리 바뀔 수 없었던 반면에, 일본은 소련의 붕괴로 인해 전수방위에 묶여있어야 했던 이유가 상당 부분 사라졌다는 점도 주요 변수였다.[13]

중국과 미국 사이 일본, 저울의 추는 미국으로

일본은 미국과 마찬가지로 국력 하락의 문제에 직면했다. 1990

년대 중반 이후 일본 경제는 장기적인 침체를 겪은 데 반해 같은 기간 중국은 급속도로 부상했다. 근거리의 중국이 부상하는 것은 미국과 비교해도 일본에서 훨씬 더 심각한 위협으로 받아들여졌다. 더욱이 중국과 일본 사이에는 역사 논란과 영토 분쟁으로 정치지도자들의 대화는 단절되고, 양국의 국민감정은 악화일로의 상태에서 좀처럼 회복되지 않았다. 아베 내각은 이를 적극적으로 활용하여 미일동맹에 의한 대중 세력균형 전략을 본격적으로 구축하기 시작했다. 미국은 재정 위기를 빌미 삼아 동맹국들에 부담을 전가하겠다는 의도를 노골적으로 나타냈는데, 이는 미국이 필요한 것을 제공함으로써 위상 강화와 대중 견제를 노리겠다는 일본의 의도와 맞아떨어졌다. 아베의 외교안보 정책 전환의 요체는 중국의 급격한 부상으로 인한 미·중 갈등구조를 활용하여 군사적으로 제한받아온 전후체제에서 벗어나겠다는 것이었다. 아베 정권이 추진하는 외교안보 전환의 대외적 중심축은 두말할 필요도 없이 미·일동맹이다. 아베는 자국 방위에만 한정시켜왔던 안보체계에 본질적인 변화를 추구했다. 동시에 '동맹조정 메커니즘'을 구축하고 합동 군사훈련을 강화하며 동맹을 일체화하고 있으며, 집단자위권과 국방력 강화를 통해 미일동맹을 '피와 피가 교환하는 대등한 동맹'으로 만들고자 한다.

하지만 일본의 대응은 대미 편승으로만 설명할 수 없는 복잡한 대응을 보여주고 있는 것도 사실이다. 특히 일본이 아직 완전히 중국을 포기한 것은 아니다. 인도·태평양 전략과 쿼드 체제를 강화하며 대중국 견제에 나서고 있지만, 동시에 대중 관계를 관리하고자 하는 다양한 시도 역시 엿보인다. 저성장 구도에 빠져있는 일본은 중국과의 경제적 상호의존을 희생할 수도 없는 상황으로, 실제 중국과 '자유롭고 개방된 인도·태평양 구상'과 '일대일로' 사이의 상호협력에 합의하고 구체적인 협력 프로젝트를 실행하고 있다. 미국과 중국을 포괄하는 자유무역 확장의 주도권을 잡기 위해 중국이 주도하는 역내포괄적 경제동반자협정[RCEP]도 기존의 소극적 자세에서 벗어나 적극적으로 참여하고 있으며, 자국이 주도하는 포괄적·점진적 환태평양 경제동반자협정[CPTPP]에 미국의 참여를 요청하고 있다. 이처럼 일본은 미일동맹을 강화하면서도 견제와 협력의 대중 관계를 유지하기 위해 노력하는 중이다. 그럼에도 불구하고 이는 결코 대등한 목표가 아니며, 최근에는 미국 쪽으로 기울어지는 경향이 두드러진다.

일본의 전략은 국방력 강화와 더불어 대중국 견제 네트워크에 적극적으로 참여하는 것인데, 이는 한국에 전략적으로 압박 요소가 되는 것도 사실이다. 이런 노선은 동북아 역내 군비경쟁과 안보 딜레마를 확대할 뿐만 아니라, 남북의 화해정책에도 부정적 영향을 미치고 있다. 동시에 미국과의 동맹 관계에 있어 경쟁하는 상황을 만든다. 한·일 갈등으로 중재자 역할을 부여받은 미국의 존재감이 극대화되어, 대등한 한미관계 구축에 불리한 위치에 처할 뿐만 아니라, 대중 견제에 동참을 요구하는 미국의 압력에 취약해질 수 있다. 반면 일본 자유무역체제의 유지와 확장, 기후변화 대응, 방역체제의 구축 등 지역 및 글로벌 거버넌스의 재구축 과정에서 중국과의 협력 공간과 여지를 열어두고 있는 상황에서 한국과의 협력 공간이 창출될 수 있는 것도 사실이다.

얼어붙은 한·일관계 사이에 놓인 역사 문제

2010년대 이후 한·일관계는 역사문제로 인한 갈등이 경제 영역(한일 스와프 협정의 해체, 일본의 대한국 수출규제 등), 안보 영역(초계기 대치 사건, 한일 군사정보보호협정GSOMIA 연장을 둘러싼 갈등), 교류 및 문화 영역(혐한·반일의 확산, 지자체 교류 중단 등)으로 확산하며 다차원적이고 복합적인 갈등 양상을 보인다. 갈등 상황의 지속으로 인해 양국 국민 사이에도 친근감은 줄어들고 혐오감은 커지는 경향을 보인다. 따라서 한일관계 정상화, 더 나아가 지속 가능한 한·일관계의 재구축은 한국외교의 장애 요인을 제거한다는 소극적 의미를 뛰어넘어, 한반도 평화구축 과정에서 일본의 협력을 얻어내고 미·중 전략경쟁 시대의 외교자산을 확보한다는 적극적 의미에서도 중요한 과제가 아닐 수 없다.

이런 가운데 아베의 사퇴로 2020년 9월 스가 내각이 출범했고, 9월 한·일 정상 간 화상 회담이 개최되었다. 여기서 스가 총리는 문재인 대통령에게 "북한 문제를 비롯해 한일 양국과 한·미·일 3국의 연계가 중요한 상황에서 강제징용 배상판결 문제 및 위안부 문제로 냉각된 양국관계를 그대로 방치해서는 안 된다"고 주장하면서 한국 측의 입장 전환을 요구했다. 이러한 가운데 일본은 2021년 1월 8일 서울지방법원이 위안부 피해자에 대한 손해를 배상하도록 판시한 것에 대해 "이러한 판결은 국제법 및 양국 간 합의에 명백히 반하며, 강제징용 배상판결 문제로 악화해 있는 양국관계를 한층 더 냉각시킬 것이다"라며 강하게 반발했다. 가토 관방장관은 "위안부 문제는 2015년 한일위안부합의로 종료되었기 때문에 이런 판결을 결코 받아들일 수 없으며, 더욱이 1965년 한일청구권 협정으로 배상 문제는 종료되었다"고 주장했다. 이에 대해 문재인 대통령은 2021년 2월 19일 "원고(피해자)가, 당사자가 수용하지 않으면 일본군 위안부, 일제 강제징용 배상판결 등 한일관계 문제는 해결된 것이 아니다"는 입장을 표명하면서 일본 측에 사과를 요구했다.

2021년 5월 27일, 도쿄 올림픽 조직위는 자체 홈페이지 지도에 독도를 '일본 땅'으로 표시했다. 이러한 일본의 움직임에 한국은 "가능한 모든 수단을 동원해 단호히 대처해 나갈 것"이라는 강력한 입장을 피력했다. 2021년 7월 발표된 방위백서에서 일본은 "일본

고유영토인 독도 문제가 여전히 해결되지 않은 채로 존재한다"고 기술했고, 이런 움직임은 냉각된 한·일 갈등을 한층 더 심화시켰다. 이 사실은 2021년 6월 13일 G7 정상회담 기간 중 한·일 정상회담이 이루어지지 않았던 것과 함께, 도쿄 올림픽 당시 문재인 대통령의 방일 무산 등에서 확인할 수 있다. 2021년 9월 23일 정의용 외교부 장관과 모테기 외무상 간 회담이 뉴욕에서 개최되었다. 정의용 장관은 과거사에 대한 해법 마련과 수출규제 조치의 조속한 철회, 후쿠시마 원전 오염수 방류 계획 반대 등을 촉구했다. 이에 대해 모테기 외무상은 강제 징용과 위안부 배상문제에 대해 한국이 적절한 조치를 강구할 것은 물론, 후쿠시마 오염수 방류 계획은 철회할 뜻이 없음을 밝혔다.

2021년 10월 취임한 기시다 후미오 총리 역시 국회연설을 통해 "한국은 중요한 이웃이며, 양국관계를 건전한 관계로 되돌리기 위해서라도 일본의 일관된 입장에 기초하여 한국 측에 적절한 대응을 강하게 요구해 나갈 것이다"는 점을 명확히 밝혔다. 총리의 연설에서 확인할 수 있듯이 당분간 한일 양국은 강제 징용 및 위안부 배상문제를 둘러싼 이견을 좁히지 못한 채 냉각된 관계가 그대로 계속될 것으로 보인다. 이 사실은 2021년 10월 15일 문재인 대통령과 기시다 총리 간 화상 회담에서도 재확인되었다. 이 때문에 대화 재개의 실마리를 찾기 위한 양국의 교섭이 언제 진행될지 수 있을지 현 시점에서 전망하기는 매우 어렵다고 하겠다. 현 시점에서 한국은 일제의 강제 징용에 대한 배상판결 문제, 일본군 위안부 문제, 일본의 대한국 수출규제 조치, 한일 군사정보보호협정(지소미아), 그리고 독도에 대한 일본의 영토 주장 등으로 인해 일본과 화해의 실마리를 찾기가 쉽지 않을 전망이다.

차기정부의 양국 정상 간 신뢰 회복 과제, 때론 과감한 결단도 필요해

지금까지 한국 정부는 오랜 시간이 필요하고 갈등이 불가피하게 수반되는 역사문제의 성격을 고려해 이를 분리하여 대응하고, 다른 분야의 협력은 적극적으로 추진한다는 이중 트랙 접근법two-track approach을 채택하며 한·일관계를 관리하려 했다. 하지만 식민지 관련 배상판결 문제를 둘러싼 외교협상이 지연되고 교착됨에 따라 역사 갈등이 관리되지 못했고, 그 여파가 다른 분야에 점차 파급되는 현상을 보였다. 예를 들면 배상판결 문제의 해결 전망이 보이지 않자 다른 분야의 협력을 전개할 인센티브가 사라졌다고 판단했고, 이는 곧 양국관계의 단절로 이어졌다.

더 나아가, 이중 트랙 접근법이 의도와는 다르게 결과적으로는 오히려 역사문제를 방치하려는 것으로 인식되며 본연의 기능을 수행하기 힘들게 되었다. 결국 투트랙 어프로치는 갈등의 핵심사항인 역사문제가 관리될 수 있고 시간이 걸리더라도 해결될 수 있다는 기대가 있을 때만 가능한 것이다. 즉 역사문제와 그 밖의 현안이 동시에 진행되어야 한다는 말이다. 그러므로 한·일관계 정상화를 위해서는 역사문제와 안보·경제 문제를 따로 분리해서 대응하는 것이 아니라, 모든 현안을 놓고 포괄적이며 단계적으로 접근하는 새로운 접근법이 요구되고 있다. 우선 필요한 것은 한·일 양국 정상 간의 신뢰를 구축해 적극적으로 대화하는 일일 것이다. 한·일관계의 경색은 양국 최고지도자 간 불신에 기인하는 측면이 강하고, 이 불신이 국민 간 혐오로 이어진 측면이 강하다. 양국 리더십의 회복이야말로 가장 긴급한 사항이다. 다음 정부가 출범하면 곧바로 일본에 정상회담을 제안하고, '셔틀외교'의 복원으로 상호 신뢰와 상호 이해를 증진할 필요가 있다.

정상 간 신뢰 회복과 유대가 증진되면, 현안을 포괄적이며 단계적으로 해결해 나갈 수 있을 것이다. 식민지 관련 배상판결 문제는 기존 협정과 합의를 존중하고 피해자의 의견을 경청하며 그 문제를 해결하겠다는 강력한 의지를 발신하는 게 중요할 것이다. '대화를 통한 외교적 해결'을 견지하며 일본을 대화의 공간으로 끌어들이려는 노력을 지속해야 한다. 식민지 관련 배상판결 문제의 외교적 협의가 진행되는 과정에서, 일본의 대한국 무역규제와 지소미아 연장 문제를 동시 행동의 원칙으로 해소함으로써 협력의 경험을 축적하는 것도 좋은 방안이 될 수 있다.

경제·외교·안보 분야에서는 다양한 정책 대화를 통해 구동존이求
同存異, 즉 상대와의 공통점을 취하고 차이점은 그대로 둔다는 자세
로 협력 공간을 창출하는 성숙한 한·일관계를 구축해야 한다. 한반
도 평화 구축 및 포스트 코로나 지역 질서 구축에 있어 협력 방안을
도출하기 위한 다양한 정책 대화를 해야 한다. 특히 일본은 북한과
의 '조건 없는 대화'를 표방하고 있기에, 북한과 일본이 과거의 역
사를 극복하고 국교를 정상화할 수 있도록, 한일 양국이 협력할 방
안을 최대한 찾아내야 한다. 또한 장기적 과제로 대일 공공외교의
강화를 통해 일본 여론의 적대적 감정을 해소하는 것도 중요하다.
일본 여론의 한국 피로 현상이 심각해 일본 정부의 강경한 대한정
책을 지지하고 있는 바, 한국에 대한 오해와 편견을 불식시키기 위
한 논리를 개발하고, 한류를 매개로 하는 문화교류 및 차세대 교류
를 확대해야 한다.

두 나라는 교과서 검증, '다케시마의 날' 행사, 외교백서 및 방위
백서에서 독도 기술, 정치인의 야스쿠니 참배, 망언 등 주기적인 갈
등 사안이 존재한다. 이에 대해 한국 정부는 과거 역사를 직시하고
부정할 수 없는 한국의 독도 영유권이라는 입장에서 강력히 비판해
왔는데, 이에 변화를 줄 필요는 없으며, 바꿔서도 안 될 것이다. 이
러한 일본의 행태가 1998년 한·일 파트너십 공동선언 정신에 반하
는 것임을 인식시키고, 이들 역사문제에 대한 '암묵적 행동규칙'을
수립해 나갈 필요가 있다. 한국과 일본은 공통의 전략적 이익을 탐

색하고 이를 기반으로 미래지향적 한일관계를 구축해야 할 것이다. 따라서 한일 양국의 각계 인사로 구성된 '한일미래위원회' 같은 것을 조직하여, 저출산·고령화와 4차 산업혁명 및 미·중 전략경쟁 등 한일 공통의 과제를 풀기 위한 미래 협력 방안을 연구·발굴할 것을 제안할 필요가 있다. 가능하다면 한일미래위원회는 양 정부에 협력 방안을 제언하고, 한일 양국 정부는 이러한 제언에 바탕을 두고 김대중 대통령과 오부치 총리의 1998년 '한일 파트너십 공동선언'을 재현하는 공동선언을 채택하여 미래지향적 한일관계의 초석을 다져야 할 것이다.

필자는 문재인 정부 출범 당시 한·일관계에 과감한 제안을 던질 것을 자문한 적이 있다. 핵심내용은 2가지였다. 하나는 일본이 1965년 한일청구권 협정으로 배상문제는 종료되었다고 고집하니 한국은 이제 더 이상 일본에 금전적 배상을 요구하지 않겠다고 선언하는 것이다. 한국은 이제 우리 국민의 피해를 보상할 만큼 충분한 능력을 지니고 있다. 그러나 가해와 피해의 영역은 분명히 따질 것이고, 피해자 중심주의 원칙은 불변함을 선언하라는 것이었다. 다른 하나는 일본에 직접적 사죄에 매달리지 않겠다고 하고, 향후 강제노역이나 위안부 문제를 인권문제로 취급해 국제무대로 가져가 논의하겠다고 선언하는 것이었다. 일본의 우파정권들이 한국이 돈을 원하고 끊임없이 일본에 사죄를 요구하는 피로감을 이용해 일반 국민의 혐한을 자극하고, 이렇게 선동된 혐한이 다시 일본 정치인들의 반한 정책으로 이어지는 고리를 끊기 위한 통 큰 결단이 될 수 있다는 의견 제시였다. 하지만 촛불혁명으로 탄생한 문재인 정부가 들어서기 직전 국정농단 세력이 맺은 위안부합의 문제와 예상치 못한 강제노역 판결로 인해 필자의 제안은 받아들여지지 않았다. 차기 정부에서는 재고할 가치가 있다고 생각한다.

한반도 평화에 딴지 거는 일본, 해결책은 없을까

한편, 전략적인 측면에서 한일관계를 어떻게 다룰 것인가에 대해서도 깊은 고민이 필요하다. 이끌고 가야 할 것인가? 그런데 미·중 간 강대강 대결 구도가 한층 확대되고 북핵 문제를 둘러싼 북·미 간 협상도 답보상태가 계속되는 상황에서, 한일 간 갈등과 대립이 지속되면 동북아지역에서 한일 양국의 외교적 입지를 좁히는 동시에 북·중 양국의 외교적 선택의 폭을 넓혀주는 결과를 초래할 수 있다. 즉 한일 간 갈등이 심화되면 동북아지역에서 대중국 외교 및 대북한 외교에 커다란 부담으로 작용해, 결과적으로 양국이 직면한 중요한 외교적 현안 해결이 한층 어려워질 수 있다. 다만 최근 일본 정계에서 갈등 관리나 통제 능력은 떨어지고 민족주의적 국가전략은 강화하고 있는 움직임은 양국 간 갈등을 심화시켜 해결 불가능한 상태로 빠지게 할 수 있다. 더 나아가 미·중 대결 구도가 심화하고 북·미 관계가 악화할 경우 일본은 미국과 긴밀히 소통하면서 한국을 소외시키려는 한미 이간을 더욱 획책할 수 있다.

일본은 문재인 정부의 한반도 평화 프로세스 과정에서 일본 패싱을 우려해 길목마다 딴지를 걸었고, 볼턴의 회고록[14]에도 자세히 기술되어 있는 것처럼 미국의 대북 강경파와 손잡고 한미 사이를 이간질했다. 구체적 예를 들자면 북·미 협상 과정에서 일본인 납치자 문제와 북한의 단거리 미사일 폐기를 선결 조건으로 넣기를 주장하며 합의를 어렵게 만들려 했다. 또한 문재인 정부에 대한 트럼프 정부의 의심을 획책하기 위해, 한국 정부가 미국의 동의 없이 대북제재를 풀거나 북한과 섣부른 합의를 할 것이라는 등의 이간질을 서슴지 않았다. 이 부분에 대해서는 정의용 당시 청와대 안보실장(현 외교부 장관)이 여러 차례 필자에게 설명한 적이 있다. 특사로 북한과 미국을 오갈 때나, 문재인 대통령이 한반도 평화 프로세스를 설명하기 위해 유럽을 방문할 때도 일본은 한국이 다녀간 후 뒤따라오다시피 하면서 한국의 신뢰도를 깎아내리는 행보를 이어갔다고 한다. 이를 단순히 일본 우파정부의 야비한 외교 행태로만 치부할 수도 없는 것은, 앞에서도 지적했듯이 일본은 전략적으로 한반도에 평화가 실현될 때보다는 적어도 당분간 신냉전적 미·중 갈등이 계속되는 상황이 재무장과 정상국가화에 훨씬 유리하기 때문이다. 또한 일본은 미국의 의도와는 달리 한국과의 한·미·일 공조체제의 강화에 대해 소극적인 입장이다. 대중국 외교정책에서 일본과 차이를 보이는 한국을 쿼드플러스나 인도·태평양 전략에 참여시키면 중국 포위망 구축에 약한 고리가 생길 수 있다는 점을 우려하고 있다.

한국은 이런 점을 고려하되, '통 큰' 외교 전략으로 대응하는 것이 좋다. 이 전략이 최소한 한반도 평화 프로세스의 방해꾼인 일본을 관리하는 것이며, 미·중 갈등이 악화로 치닫고 신냉전 격화로 이어지는 상황이 일본에게도 좋지 않다는 점을 인식하고 한국과 협력할 수도 있기 때문이다. 앞에서도 지적한 것처럼 일본도 중국을 적으로 돌리는 것에 대한 위험부담을 인지하고 있다. 일본은 일단 대중 강경 성향을 보이고, 군사 안보적으로 미일동맹을 강화하는 데 총력을 기울이며, 대중 견제를 위한 안보협력체에 적극적으로 참여하고 있다. 그러나 경제적으로 같은 지역 내 통합된 다자주의를 추진하고, 아세안과의 군사 교류 및 협력을 강조하고, 영국·프랑스·독일 등 유럽국가들과의 협력 수준도 점차 높여나가고 있다. 앞으로 인도·태평양 지역 전략은 향후 일본의 핵심 안보 기조가 될 것이다. 문제는 일본이 자유롭고 열린 인도·태평양 지역 전략의 주요한 협력국으로 한국의 역할을 배제하고 있다는 것이다. 그러나 한국은 이에 대해 반대 노선보다는 오히려 일본이 추구한다고 말하는 "자유롭고free 개방적인open 인도·태평양"을 위해 사안별로 협력 자세를 유지하는 것이 바람직하다. 노력 여하에 따라 아세안, 인도,

유럽 등과의 공조를 통해 미국과 일본이 구축하고 있는 여러 가지 다자체제가 대중 봉쇄가 아니라 역내 안정을 위한 협력체가 될 수 있다. 한반도 평화체제를 구축하는 데 있어서 일본의 방해를 관리한다는 차원에서도 '일본 봐주기 외교'는 시도할 만하다고 하겠다.

유럽,
'손잡고' 연대하기

미국의 안보 우산만으로는 불안하다

트럼프에 이어 바이든 행정부에서도 미·중 전략경쟁은 심화하면서 워싱턴과 베이징 중 하나를 선택하는 구도로 가고 있다. 이러한 구도를 수용하고 하나를 선택하는 것은 결국 많은 이들이 우려하듯이 신냉전으로 진행될 수 있는, 결코 현명하지 못한 선택이다. 민주주의를 기반으로 미국과의 동맹, 즉 안보 우산에 의존해 온 유럽과 한국으로서는 최후의 불가피한 선택이라는 상황이라면 미국이 될 수밖에 없겠지만 그야말로 최후의 선택이어야 하고, 그런 상황이 오지 않게 만드는 외교를 지향해야 한다. 미·중 전략경쟁이라는 구조에 순응하기보다는 의지와 능력을 지닌 국가들이 서로 탄탄하게 연대해서 신냉전을 막고, 글로벌 협력을 회복하는 것이 대한민국 외교혁명의 핵심이 되어야 한다. 따라서 한국과 유럽의 연대는 대한민국 외교혁명에 중요한 역할을 할 수 있다.

자유주의 국제질서를 미국과 함께 견인해 온 유럽은 역사와 문화적으로도 떼려야 뗄 수 없는 관계를 유지해 왔다. 제2차 세계대전으로 폐허가 된 유럽에 미국은 마셜 플랜이라는 대규모 경제원조로 복구에 도움을 주었고, 북대서양조약기구NATO를 통해 냉전체제 경쟁에서 승리했다. 유럽은 한국이나 일본과 유사하게 미국의 안보 우산에 의존하는 방위전략을 유지해 왔다. 물론 아시아 지역의 샌프란시스코 체제, 즉 미국을 중심으로 하는 다수의 양자 동맹체제와는 달리 나토라는 집단적 동맹체제라는 특수성은 있지만, 미국의 전후 동맹체제의 맥락을 벗어나지 않았다. 하지만 미국과 유럽 사이에는 미묘한 신경전이 끊임없이 이어져 왔다. 특히 미국의 패권이 압도적으로 커짐에 따라 유럽은 대미 종속을 우려했다.

21세기 들어서면서 유럽은 나토 및 미국에 대한 안보 의존성을 줄이고 유럽 중심의 안보방위정책을 발전시키겠다는 의도를 숨기지 않았다. 1990년대 냉전체제가 붕괴하고, 탈냉전이 도래하면서 EU가 출범하자 유럽의 독자적 정체성을 확인하려는 욕구가 더 커졌다. 그러다가 2001년 9·11 테러 이후의 상황은 미국과 유럽의 차이를 부각했다. 테러 사건의 주범을 숨겨주고 미국과의 대결을 선언했던 아프가니스탄과의 전쟁과는 달리 대량살상무기 은닉이라는 이유, 그것도 신뢰성이 떨어지는 정보를 이유로 이라크 전쟁을 일으키려 한 미국에 대해 당시 독일과 프랑스 등 동맹국들은 반대를 분명히 했기 때문이다. 미국은 유럽의 반대에도 불구하고 전쟁을 강행했는데, 로버트 케이건은 이를 두고 "화성에서 온 미국인, 금성에서 온 유럽인"이라며 양자의 차이를 표현한 바 있다.[15] 이후 2008년 세계 금융위기를 거치면서도 미국은 세계질서의 관리보다는 내부 재건에 더 몰두했다. 그 와중에 유럽은 금융위기를 벗어나는 과정에서 중국의 잠재력을 인식하기도 했다. 미국은 유럽에 짐을 분담할 것을 요구하면서도 한편으로는 유럽의 전략적 가치를 높게 보지 않았다. 그러자 유럽은 미국의 안보 우산에 전적으로 의존하는 것이 위험하다는 생각을 하게 되었고, 자체적인 힘을 길러야 한다는 목소리가 커졌다.

이제 미국만은 못 믿어, 유럽은 우리 스스로 지키겠다!

미·중 패권경쟁의 격화로 유럽의 고민은 더 깊어졌다. 유럽은 미국과 북대서양조약기구로 연결된 군사동맹 관계이자, 중국과는 가장 중요한 교역 관계다. 한국과 매우 유사하게 미국이 본격화하고 있는 대중 견제 또는 봉쇄정책에 적극적으로 합류하기에는 중국과의 경제 관계가 걸리고, 중국과의 관계를 그대로 가져가자니 미국과의 관계가 껄끄러워지는 동시에 갈수록 악화하는 중국의 비민주적 행태가 불편하다. 유럽이 중국을 보는 관점은 역시 복합적이다. 중국을 두고 체제를 위협하는 수정주의 세력이며 경제 분야의 경쟁자인 동시에 협력 파트너라고 본다. 중국의 인권이나 시장교란 행위에 문제를 제기하면서도 미국처럼 대중 강경책에는 주저한다. 현실적으로 중국을 배제할 수는 없다는 인식이다. 이런 딜레마 국면에서 EU가 나름 들고나온 개념이 바로 '전략적 자율성strategic autonomy'이다. 쉽게 풀자면, 유럽의 이익이 워싱턴이나 베이징과 같을 수 없다는 관점을 중시하는데, 외부 압력에 흔들리지 않고 스스로 힘을 키워 생존을 확보하는 동시에 실익을 챙기겠다는 전략이다.

유럽은 2016년에 '전략적 자율성'을 공식적으로 천명함으로써 미국 및 나토에 대한 안보 독립성을 강화했으며, 2017년에는 EU 25개국이 공동군대 창설을 목적으로 하는 '상설안보협력체Permanent Structured Cooperation(PESCO)'를 신설했다. 당시 장 클로드 융커 유럽연합 집행위원장은 PESCO 구축에 서명하면서 "리스본 조약의 잠자는 숲속의 공주가 깨어났다"는 표현으로 유럽의 자율적 방위체제 출범을 강조했다. 미국 우선주의가 강화되는 동시에 트럼프의 방위비 분담 요구가 과도해지고, 러시아의 안보위협 등에 맞서기 위해 홀로서기에 나선 것이다. 이외에도 의료부대 창설, 신무기 공동 개발

등 17개의 구체적인 공동 국방 프로젝트에 착수했으며, 유럽방위기금^{EDF}, 국방공동연례검토^{CARD} 등을 운영하고 있고, 경제산업 방면에선 유로화의 국제거래 사용을 확대하고 핵심 품목의 공급망 회복력을 확충해 왔다. 또한 2020년에는 미국과 일본과는 분리해서 독자적 인도·태평양 전략을 통해 적극적인 대외정책 실행을 강조했다.

트럼프 정부 시기 유럽은 미국에 대한 신뢰가 상당 부분 깨졌다. 트럼프 정부는 전적으로 미국을 의존하는 것의 위험성을 그대로 보여주었다. 유럽은 지금껏 미국 주도로 구축된 자유주의 국제질서에 불만이 없었던 것은 아니지만, 자유무역과 민주주의의 가치 기반 위에 안보 우산의 안정성을 누렸다고 자평한다. 그러나 미국이 자국 이기주의로 갈 경우 어떤 상황이 벌어질 수 있는가를 자각한 계기가 됐다. 바이든 집권 이후에는 미·유럽 동맹 관계 회복이 예상되었으나, 2021년 미국의 아프가니스탄 철수 과정에서 보인 행태는 다소 실망스러웠다. 미국이 20년 동안 전쟁을 치르던 국가를 포기하는 안보공약의 신뢰성 문제도 그렇지만, 군대를 철수하면서 유럽과 전혀 상의조차 하지 않았다는 사실은 충격적이었다. 이는 전략적 자율성을 더욱 강화해야 한다는 주장이 강하게 제기된 계기가 됐다. 그뿐이 아니다. 쿼드나 파이브아이즈 등에서 유럽이 제외되는 상황이 반복되면서 유럽 내 미국과의 동맹에 대한 회의론이 함께 대두되었다.

동맹의 회복이라는 기조에도 불구하고 바이든 취임 이후 유럽이 미국의 구상에서 소외되는 양상이 계속된 것은, 일단 미국이 대중 견제에 집중하면서 전략의 핵심축을 중국이 속해 있는 아시아로 옮겨갔기 때문이다. 또한 아시아로 옮겨간 축을 중심으로 영국을 비롯해 호주나 뉴질랜드 등 앵글로색슨 중심의 동맹을 강화했다. 이로 인해 유럽 대륙에 속한 국가들의 소외감은 커졌으며, 결정적으로 오커스AUKUS[16]의 전격적 결성은 뇌관을 건드리는 사건이었다. 《이코노미스트》지는 "오커스 결성은 1956년 수에즈 운하 사태, 1972년 닉슨 대통령의 중국 방문, 1989년 베를린 장벽 붕괴와 함께 세계 지정학적 지각변동 4대 사건으로 꼽을 정도"라고 논평했다.

미국의 오커스 결성은 여러 가지 목적이 있었다. 호주를 영입하면서 대중 봉쇄망을 업그레이드하고, 영연방 진영을 규합해서 중국과 손잡지 못하도록 만든 예방조치였다. 또한 바이든이 아프가니스탄을 철수하며 생긴 미국 내 지지율 하락과 대외정책적 공백을 만회하는 결정이었다. 그러나 이 과정에서 또다시 유럽을 소외시킴으로써 반발을 초래했다. 특히 프랑스와 사전 상의 없이 오커스 동맹을 발표했고, 호주에 원자력추진잠수함 제공을 약속함으로써 프랑스와 호주가 맺은 기존 디젤 잠수함 계약이 파기되는 결과까지 초래했다. 프랑스는 오커스 출범을 앵글로색슨 국가에 당한 두 번째 배신이라고 해석했다. 1958년 미국과 영국의 방위조약 결성 과정에서 소외되었으며, 그 여파로 프랑스는 막대한 예산을 들여 독자적으로 핵 잠수함을 개발해야 했던 것이 첫 번째 배신이었다. 더욱이 영국이 EU를 떠나면서 존슨 내각이 영국의 세계 영향력 확대를 표방한 '글로벌 브리튼Global Britain' 정책이 탈유럽이었고, 미국의 오커스 동맹은 이런 영국의 정책과 조응한 것이라고 볼 여지가 충분했다.

흥미로운 것은 오커스 결성이 발표된 바로 다음 날 EU는 자체 인도·태평양 전략을 발표하면서 "인도·태평양에서 유럽 해군의 역할이 중요함에 따라 해군 배치를 강화하는 방법을 모색할 것이며 강력한 해군을 가진 프랑스의 역할이 필수적"이라고 선언했다. 장 이브 르드리앙Jean-Yves Le Drian 프랑스 외무장관은 미국이 주도하는 인도·태평양 전략은 군사적 대립 구도로 이어질 것으로 본다며 프랑스는 이를 지지하지 않는다고 언급했고, 마크롱 대통령은 "미국과 중국 사이에서 유럽의 선택은 '전략적 균형'이라며 어느 편도 들지 않겠다고 공식적으로 선언했다. 미국의 홀대로 인한 분노의 감정이 담긴 언급이기는 하지만, 사실 유럽이 가진 딜레마가 드러난다. 오커스로 촉발된 서방 진영 내의 잡음은 미국이 프랑스를 진정시키기 위해 여러모로 노력하며 해결되는 듯 보였고, 프랑스도 이를 더 문제를 확산하지는 않았다. 그러나 이후 미국과의 동맹의 신뢰는 예전과 같을 수는 없을 것이다.[17] 2017년 집권 이후 10만 명 규모의 유럽 신속대응군을 창설, 미국의 망토로부터 독립해야 한다는 신념을 펼쳐온 마크롱 대통령은 오커스 결성을 추진할 가능성이 크다.

미·중 간 전략경쟁의 격화에 따라 EU는 안보, 기술, 핵심산업의 대외의존도를 줄여 자율적 역량을 강화하고 협력대상을 다변화하기로 했다. 향후 유럽은 중국 견제 시에는 미국과 협력하지만, 유럽의 외교적 이해관계를 우선시하는 전략적 자율성과 미국과의 동맹 강화를 동시에 추구하는 이중적 노선을 취할 것으로 전망된다. 물론 코로나로 인한 유럽의 경제적 침체가 장기화하고 있어 유럽 중심의 외교안보전략의 성공 여부에도 영향을 미칠 것으로 보인다. 또한 2021년 독일 총선이나 2022년 4월의 프랑스 대선 같은 유럽 주요국들의 국내정치 변화 역시 EU의 외교안보전략 변화에 영향을 줄 것이다.[18] EU는 국제사회의 다양한 주체와 협력을 강화하는 다자주의와 규범에 기초한 국제질서를 유지하기 위해, 한국은 물론 일본·인도·호주·뉴질랜드, 아세안 등과 협력을 강화하고 있다.

유럽이 선택할 다자협력의 파트너는?

2020년 6월 한·EU 화상 정상회담에서 상호 전략적 동반자 관계의 발전과 WTO, WHO, 파리기후협약 등 다자협력의 강화에 공감을 이룬 바 있다. 유럽은 2010년대 이후 아시아의 경제, 전략적 중요성을 재인식하고 있다. 특히 한국의 문화 등 공공외교 역량과 북한 핵 문제 등 한반도 이슈에 관심이 크다. 유럽은 대아시아 외교안보정책을 강화하고 있으며, 미국과 차별적인 정책을 취할 수 있는 점에서 우리나라의 대유럽 외교정책을 더욱 강화할 필요가 있다. 유럽은 다자주의 같은 한국의 핵심 목표를 공유하고 있다는 점에서도 연대 파트너가 될 수 있다. 많은 유럽국이 인도·태평양 내 핵심 파트너를 물색 중인데 한국은 일본과 함께 가장 적격이라고 평가하고 있다. 인도는 완전한 민주주의라고 보기 어렵고 호주는 너무 멀리 떨어져 있으며 대만은 정치적 제약이 있다. 유럽의 관점에서 한·일 양국은 유사 입장의 국가이자 민주주의와 경제력을 갖춘 선진국이다. 일본은 현재 지나치게 미국으로 경도하고 있다는 점과 유럽을 향한 러브콜은 일본 외교의 오래된 로망과도 같지만, 아베 이후 우파정부의 외교 노선은 미국으로 지나치게 기울어 있다는 점에서 미·중 사이에서 전략적 균형을 모색하고 있는 유럽에게는 한국이 상대적으로 더 매력적인 대상이다. 특히 한국이 가진 경제 및 기술적 잠재력을 고려한다면 유럽과의 안보, 경제, 기술 분야의 협력을 강화하고, 규범에 기반한 다자주의 국제질서의 협력 구축을 통해 미·중 간 대립과 격돌의 완충적 역할을 확실하게 수행할 수 있다.

한국과 유럽 간의 의미 있는 주요 협력 사례로서 짚어볼 것은 먼저 한국과 유럽의 '녹색 성장' 공동행동이다. 특히 한국은 기후 및 환경 분야 개발도상국에서 선진국으로 발돋움하기 위한 일련의 제도들을 출범시킨 상황이다. 구체적으로는 2021년 서울에서 개최된

제2차 P4G 회의에서 그 의의를 찾을 수 있을 것이다.[19] 한국은 해당 회의를 성공적으로 개최하여 국제기구·정부·기업·시민단체·개인 등 다양한 차원의 이해당사자가 모여 녹색 성장과 지속 가능한 발전에 대해 논의할 수 있는 장을 마련했다. 또한 우리 정부는 대통령 직속 기구인 '2050 탄소중립위원회'를 설치하여 민관 모두의 참여와 소통을 모색했다. 뿐만 아니라 탄소중립기본법을 제정함으로써 구체적인 하한선을 명시하고, 세계에서 14번째로 2050 중립목표의 법제화를 이루었다. 이러한 한국의 제도적 노력에 호응하여, 환경 의제를 주도적으로 이끌어가고 있는 유럽에서 협력 방안을 적극적으로 제안하고 있다. 특히 2021년 개최된 제3차 '한-EU 에너지·환경·기후변화 작업반회의'에서는 2050 탄소 중립의 각국 사례들을 소개하고, 실질적인 성과에 도달할 수 있도록 협력하자는 결의를 다짐했다. 또한 2020년 두 차례에 걸쳐 실시한 '한-EU 그린딜 협의회'를 돌아보고, 앞으로도 지속적인 운영이 되도록 지원을 약속했다.

두 번째는 최첨단 산업기술 분야에서의 협력이다. 특히 2021년 11월 헝가리 부다페스트에서 한국과 비셰그라드 그룹[V4][20] 국가들이 모여 개최된 '한국·V4 비즈니스 포럼'에 주목할 필요가 있다. 한국의 대한상공회의소와 코트라[KOTRA], 헝가리 수출입청이 공동으로 주최하고 대통령을 비롯한 정부 고위급 인사, 실무진 및 기업인이 참석한 이 포럼에서는 총 7개의 민관 간 MOU(협력 양해각서)를 체결했다. 구체적으로는 바이오 및 헬스, 배터리, 전기자동차, 그린에너지 및 원자력발전, 기초과학 분야 등 최첨단 분야의 협력을 모색했다. 2021년 10월 '한·EU 정상회담'에서 문재인 대통령과 우르줄라 폰 데어 라이엔 EU 집행위원장과 만난 대화에서도, 라이엔 위원장이 "한국이 최첨단을 달리고 있는 디지털 및 신기술 혁신 분야에 있어서 양측 간 협력이 필요하다"고 말하며 산업기술 분야에서의 협력을 기대한 바 있다. 연구기관 간 기술협력 또한 강화, 확대될 것으로 보인다.

특히 광전자 공학 등 디스플레이와 반도체 분야의 원천기술 분야를 선도하고 있는 독일과의 협력이 주목된다. 독일 프라운호퍼 IAP 연구소Fraunhofer Institute for Applied Polymer Research와 한국전자기술연구원KETI의 협력은 12년째 이어져 오고 있는데, 해당 연구소는 OLED 및 퀀텀닷QD(양자점) 소재의 핵심 기술을 개발하고 있다. 프랑스 또한 한국과 중요한 기술협력 국가다. 한국은 프랑스 카다라쉬 지역에 건설되고 있는 국제열핵융합실험로International Thermonuclear Experimental Reactor(ITER)의 참여국으로, 2040년에 친환경 에너지원 확보를 목표로 하고 있다. 또한 유럽은 미국 다음으로 큰 규모의 인공지능사업을 이끌어가고 있다.[21] 특히, 영국은 전 세계 6%의 인공지능 연구기관을 확보하고 있으며, 이어지는 순위로 독일, 프랑스, 스페인, 이탈리아, 네덜란드가 있다. 유럽은 인공지능 분야의 선행연구에 강세를 보이며, 구체적인 응용 산업으로는 자동차, 로봇, 자율

주행 등이 있어 한국과의 기술협력이 매우 기대된다.

세 번째는 다자통상 및 국제무역 규범의 수립에도 한국과 유럽이 공동의 노력을 기울이고 있다. 특히, 보호무역주의의 도래로 WTO의 역할이 위축되는 가운데, 변화된 통상 환경에 대해 한국과 유럽이 협력할 방안을 모색하고자 하는 것이다. 특히 유럽의 경우 산업 구조 특성상 전체 수입품 중 60% 이상이 가공재기 때문에 역외국에 대한 물자 의존도가 매우 높다. 코로나19 팬데믹으로 빚어지고 있는 물자 부족 사태를 이해하고, 전략 물자를 시작으로 안전한 공급망 확보에 나선 것으로 파악될 수 있다. 이러한 배경 속에서, 2021년 10월 개최된 '제7차 한-EU 고위정치대화'에서는 EU의 아태전략과 한국의 신남방정책을 연계할지에 대한 논의가 진행되었다. 이러한 시도는 우리의 글로벌 밸류 체인^{Global Value Chain(GVC)}의 다변화 측면에서도 매우 유의미하다. 통상과 무역에서의 제동이 수출 강국인 우리 안보에 직결되는 것을 경험했기에, 이러한 공간 확대는 지역 사슬에 한정되어 있던 우리 산업계에 큰 가능성을 보여줄 것이다. 우리 정부가 주의를 기울여야 할 것은, 국가 대 국가 차원에서 통상 정책에 합의하는 것 외에도 국내 민간 기업들을 대상으로 수출입 시장에 원활히 참여할 수 있도록 제도적 지원을 마련하는 일이다. 특히 규제 측면에서 기준이 까다로운 유럽 시장에서 새로운 유형의 관세장벽에 부딪히지 않도록, 경영 및 품질 관리, 노동법 준수 등 환경의 개선 방안을 제시할 필요가 있어 보인다.

독일과 프랑스를 주목하라

유럽은 EU 통합 이후 하나의 체제로 볼 수도 있지만, 국가별로도 여전히 주목해야 한다. 특히 브렉시트 이후 유럽대륙과 거리를 두고 영·미동맹으로 기울어버린 영국은 다른 방식으로 접근해야 하지만, 유럽대륙의 중심을 지키고 있는 독일과 프랑스는 우리가 연대할 대상으로 주목할 필요가 있다. 일단 두 나라는 한국을 포함한 아시아에 대한 관계 확대를 상당히 적극적으로 모색 중이다. 물론 양국의 한국에 대한 이해관계는 차이가 있다. 프랑스는 안보와 경제협력을 추구하지만, 독일은 안보보다 경제적 협력을 중시하는 편이다. 경제적으로는 IT 산업이나 반도체 등 첨단 기술 분야의 협력에 관심이 높고, 안보 면에서는 한반도 평화 프로세스, 인도·태평양 전략, 그리고 신안보 분야에서 한국과의 협력을 원하고 있다.

먼저 독일은 자국 버전의 '인도·태평양 전략 2020'을 발표했는데, 한국과의 안보 강화를 모색할 의사를 밝혔다. 독일의 역사와 대외정책의 특성상 프랑스와 비교하면 안보협력은 직접적이거나 양자적이라기보다는 다자주의 원칙을 선호하는 경향이 강하다. 그러나 동시에 분단 경험으로 인해 프랑스보다는 평화에 대한 협력 의지나 기여를 원하는 마음이 강하다고 할 수 있다. 2021년 5월 독일의 크람프-카렌바우어 국방장관이 방한해서 한반도평화 프로세스에 대한 지지 의사를 밝히기도 했다. 다자주의를 통한 안보협력은 북대서양조약기구를 통해 한국을 비롯, 호주, 일본, 뉴질랜드 등과 협력을 강화하고자 한다. 또한 동아시아 정상회의East Asia Summit(EAS)이나 아세안에서 한국과의 안보협력도 모색중이다. EU를 통한 안보협력도 부상하고 있다. EU의 공동안보방위정책Common Security and Defence Politcy(CSDP)에서 운용하는 애틀랜타 작전(소말리아 해적 소탕 관련) 등과 관련해 한국, 일본, 인도 등과 긴밀하게 협력하고 있다. 또 EU의 '아시아 내 그리고 아시아와의 안보 협력 증진Enhancing Security Cooperation in and with Asia(ESCA)'을 통해 독일의 위상 제고를 꾀하고 있는데, 독일과 프랑스 합작 프로젝트로 EU와 한국, 일본, 인도, 인도네시아, 베트남 간의 해양안보, 테러 퇴치, UN 틀 안에서의 평화 유지, 사이버 보안 등과 관련한 협력 프로그램이다.

경제적인 측면에서도 독일은 한국과의 협력을 기대하고 있다. 사실 안보적 협력보다 더 기대가 크다. 독일은 자동차 산업 분야의 선도적 지위가 약화하는 것을 걱정하고 있으며, 플랫폼 경제, AI, 바이오 산업 분야에서 경쟁력 강화의 필요성을 절감하고 있다. 인도·태평양 전략의 하나로 디지털 전환을 위해 한국·호주·일본과의 연구, 개발, 표준화 관련 교류를 강화하고, 핵심 기술의 경쟁력 강화를 위해 한국, 싱가포르, 호주, 일본과의 협력 가능성을 타진할 예정이다. 디지털 기술은 독일이 특히 역점을 두는 분야다. 독일은 일본과 디지털 다이얼로그^{Digital Dialogue} 프로그램을 통해 협력, 규제 문제, 5G, 보안, 데이터 사용, 인공지능, 빅데이터, 신흥기술 관련 교류를 도모하는 동시에, 한국과도 디지털 다이얼로그 구축에 합의했다. 한국과 독일 간에 5G, AI, 클라우드 어플리케이션 관련 교류가 진행될 것으로 예상하고 있다. 한국과 EU는 2011년 FTA를 체결했는데, 최근 EU는 FTA의 현대화라는 명목으로 FTA 개정 움직임을 보이고 있으며, 독일과 프랑스 등은 이를 지지하고 있다. 2021년 11월 샤를 미셸 EU 정상회의 상임의장은 방한 시 FTA 개정과 이를 통한 디지털 통상규범과 탄소배출권 등을 포함시키고자 했다. 우리나라는 디지털 통상규범과 탄소배출권 등 신기술 관련 규범이 우리나라 산업에 미치는 영향을 잘 분석한 뒤 협상에 응할 필요가 있을 것으로 사료된다.

독일과 함께 프랑스도 주목해야 한다. 프랑스는 유럽국가 중에서도 한반도나 인도·태평양 지역 안보문제에 대한 참여 의지가 가장 높은 국가라는 점에서, 우리나라의 이해관계와 미국, 중국 등 관련국의 상황에 따라 시의적절하게 활용할 필요가 있다. 안보 면에서 프랑스는 한국에게 고유의 인도·태평양 전략의 하나로 안보 및 경제 동맹 관계 강화, 기후변화 대응, 디지털 분야에서의 협력을 기대하고 있다. 이에 대해 한국은 사안별로 실익을 고려해 필요하다면 협력에 적극적으로 호응할 필요가 있다. 종전선언 등 한반도 평화 프로세스에 대해 프랑스의 정치적 지지를 설득하고 요청하는 노력이 필요한데, 프랑스 상원은 2022년 1월 6일 한국 종전선언에 대해 지지결의안을 채택하는 등 이에 호응했다. 반면 프랑스는 에스토니아와 함께 북한과 외교 관계 수립을 거부할 정도로 최근 대북 강경 입장을 고수하고 있는 국가 중 하나다. 이에 우리는 한반도 평화 프로세스에 대한 무조건적 지지보다는 한층 더 세밀하게 한국의 대북정책과 프랑스의 안보정책을 활용하는 것이 필요하다.

최근 프랑스는 미·중 갈등 악화에 따라 인도·태평양 전략을 강화하려고 시도하고 있으며 이에 따라 한반도 등 아시아와 태평양에 대한 개입 의지를 확대하고 있다는 점도 주목할 필요가 있다. 프랑스는 2018년부터 국방부와 외교부 명의로 총 4차례에 걸쳐 인도·태평양 전략을 발표했다. 그리고 2021년 프랑스 외교부에서 발표한 인도·태평양 전략에 따르면 한국과 안보 및 경제협력 강화의사가 매우 분명하게 적시되어 있다.[22] 참고로 프랑스는 북한과 외교관계를 맺지 않았으나 2011년 북한 내에 대표사무소Representation Office를 설치했으며, 이에 대한 목표로 북한 당국자와의 대화 통로 확보, 북한 내 프랑스 비정부기관NGO 지원, 교육과 문화분야의 협력 등을 설정했다.

경제 분야에서의 협력 잠재성도 크다. 프랑스는 1인당 GDP 및 경제적 상황이 독일보다는 상대적으로 열세이기 때문에 오히려 한국을 포함한 아시아 국가들과의 협력 의지를 더 적극적으로 표명한다. 따라서 경제이익의 관점에서 프랑스와 협력을 증대하거나, 경제협력문제를 안보협력과 연계하는 전략도 고려할 필요가 있다. 프랑스는 경제적으로 기후변화 대응 및 온실가스 배출 감축 등 환경보호, 디지털 전환 등에 관심을 보이므로 한국도 이러한 측면에서 협력을 도모할 수 있다. 특히 안보 산업에서 반도체 확보가 중요 사안으로 등장하면서, 한국에 대한 프랑스의 태도가 적극적으로 변하고 있기에 이런 점을 적절히 활용할 수 있을 것이다. 이런 맥락에서 2021년 4월, 마크롱 대통령이 한국에 '반도체 공동 공급망' 구축 방안을 제안한 바 있다. 직접 삼성전자, LG, SK 등 특정 기업까지 거론한 것은 의미가 상당한데, 2020년 프랑스가 2차례에 걸쳐 5G 통신 서비스, 수소에너지, 제약, 화장품 산업 분야에서의 협력을 요청했던 것보다 더 구체적인 것으로 평가되고 있다. 경제적인 면에서 한국은 역내포괄적 경제동반자협정 참여국으로 향후 경제 성장 잠재력이 더 크다는 점에서 프랑스의 관심이 집중되고 있다. 한국은 인도·태평양 지역 국가 중 중국, 인도 등과 함께 주요 온실가스 배출국이라는 점에서 교토의정서, 파리협정 등을 통해 온실가스 Greenhouse Gas(GHG) 배출 감소를 주도해 온 프랑스의 주요 협력 국가로 거론되고 있다. 2022년 4월 대선 때 마크롱 대통령이 재선에 성공할 가능성이 크며, 그 경우 EU 내에서 프랑스의 권한이 강화될 것이고, 독일과 함께 유럽의 전략적 자율성 강화에 더 적극적으로 나설 것으로 전망된다. 나토 역시 대미 의존성 감소에 노력할 것이다. 한국은 이런 상황을 적극적으로 활용해 전략적 자율성에 기초한 연대를 조성할 수 있다.

한국과 EU, 미·중 갈등 속 글로벌 거버넌스로 거듭날 수 있다

한반도 평화와 관련해서는 북·미 관계가 경색 국면인 현재, 유럽을 통한 간접외교 정책을 실행하는 방안을 적극적으로 고려할 수 있다. 물론 EU 및 27개 EU 회원국 입장에 차이가 있다는 사실을 간과해서는 안 된다. 일례로 EU의 외교안보전략은 주로 프랑스가 주도하고 독일이 협력하는 패턴을 보여왔다. 따라서 우리나라의 외교안보전략 사안에 따라 유럽의 대상 국가를 차별적으로 선택해 맞춤형 협력을 도모할 필요가 있다. 유럽 국가들이 아시아의 역동적 발전잠재력에 주목하여 협력적 파트너십 강화를 추진하고 있다는 점에서, 우리와 함께 아시아 평화번영 프로세스의 진전을 위한 전략적 파트너십을 강화해 평화적 완충지대 형성에 공헌할 수 있도록 유도할 필요가 있다. 대북정책에 관해서도 EU 및 회원국 간에 입장 차가 있는데, EU 27개 국가와 영국 중 26개 국가가 2000년대 초반 북한과 외교 관계를 수립했으나 프랑스와 에스토니아는 외교 관계 수립을 거부했고, 현재까지도 프랑스의 대북정책이 가장 강경한 편이다. 반면 중립국감독위원회 회원국인 스웨덴, 스위스는 평양에 대사관이나 사무소를 가지고 있으며 상대적으로 온건한 대북노선을 견지하고 있다. 따라서 우리나라의 대북정책 사안에 따라 협력을 요청하는 유럽의 대상 국가를 달리할 필요가 있다. 예를 들면 문재인 정부 임기 말에 힘을 쏟은 종전선언 등 대북 온건 정책의 성공을 위해서는 스위스, 핀란드, 스웨덴 등 국가와 우선적인 협력을 진행할 수 있다.

유럽의 한국교류재단[KF]-브뤼셀자유대학교[VUB] 한국학 석좌교수인 라몬 파체코는 2021년 12월에 제출한 〈EU의 인도·태평양 전략: 한국과의 협력 전망〉이라는 제목의 보고서에서 "EU와 한국이 외교정책을 수립할 때 인접 국가들을 우선하는 것은 맞지만, 그럼에도 양측은 규칙에 기초한 국제질서, 다자주의, 민주주의 같은 글로벌 거버넌스의 여러 기본 원칙들에 대한 강한 믿음을 공유한다"는 점을 강조했다. 미·중 갈등과 인도·태평양 지역에 대한 EU의 관심 증대는 곧 한국과의 전략적 파트너십을 위한 기회의 창으로 작동할 수 있게 된 것이다.[23] EU는 미·중 전략경쟁이 심화함에 따라 이익의 공간을 창출하기 위해 협력 관계를 다원화할 필요가 있고, 이런 동기에 의해 다른 지역의 중견국들과 협력을 강화하려는 것이다. 유럽은 중국이 국제무대에서 점차 거칠어지는 행보로 미국의 대중 견제에 정당성을 제공하는 한편, 바이든이 트럼프 정부 당시 손상된 동맹 회복에 노력하고 있으므로 미국이 주도하는 네트워크에 참여하고 중국에 대한 비판 수위를 높이는 것은 사실이다. 그러나 유럽도 중국과 바이든이 묘사했던 '극단적 경쟁extreme competition'이라는 접근법에 완전히 발맞추고 있지는 않다.

이런 관점에서 아세안, 인도, 일본, 한국 등 역내 다른 행위자들과의 협력 관계 투자를 특히 중시할 수밖에 없다. 한국 역시 미·일이 주도하는 쿼드나 인도·태평양 전략에 반중이라는 인식이 크기 때문에 본격적으로 참여하는 것은 부담스럽다. 이런 맥락에서 유럽과 아세안 등과 함께 열린 다자주의가 구축될 수 있도록 상호 협력할 수 있다. 중국은 EU와 한국 모두의 중요한 경제적 파트너이자 기후변화, 북한 핵무기 프로그램을 둘러싼 외교 등 EU와 한국 모두 관심 있는 이슈에서 중요한 역할을 한다. 한국과 EU는 미·중 사이에서 균형을 잡거나 갈등을 완충하는 것을 넘어, 오히려 글로벌 거버넌스의 부재를 함께 메우는 역할까지도 가능하다. 즉 미·중 양국의 갈등으로 인해 우선순위가 밀려난 보건, 개발 협력, 환경 등에도 집단적 리더십을 발휘함으로써 글로벌 거버넌스의 복구에 공헌할 수 있다.

인도와 아세안, '더' 챙기기

성장 잠재력 높은 인도 아세안 지역

인도·태평양 지역은 세계에서 가장 많은 인구와 가장 큰 경제와 성장 잠재력을 갖는 지역이며, EU를 비롯하여 모든 주요국가가 인도·태평양 지역을 겨냥한 정책을 제시 중이다. 먼저 아세안은 6억 6천만 인구와 30세의 젊은 평균연령으로 매년 IT 경제가 40% 이상씩 폭발적으로 성장하는 크고 젊은 지역으로 우리 핵심 파트너로 부상 중이다. 국내총생산GDP 규모는 아세안 3조 1731억 달러, 인도 2조 8751억 달러에 달하며, 5G 이동통신, IT, 스마트시티 등 4차 산업혁명 공동 대응을 위한 글로벌 개방형 혁신플랫폼 구축에 유망한 시장이다. 동시에 미·중 전략경쟁 사이에서 주도권 쟁탈전이 일어나는 지역이며, 문재인 정부가 외교 다변화를 위해 세운 '신남방정책New Southern Policy'의 대상 지역이기도 하다. 우리 정부는 2017년 11월 아세안과 인도 등 신남방국가들과 정치·경제·사회·문화 등 폭넓은 분야에서 주변 4강과 유사한 수준으로 관계를 강화해 한반도를 넘어 동아시아, 전 세계 공동번영과 평화를 실현한다는 사람People, 평화Peace, 상생번영Prosperity의 3P 공동체를 핵심 개념으로 하는 신남방정책을 발표했다.

2019년 11월에 한·아세안 30주년 특별정상회의가 회의가 부산에서 성대하게 열리면서 신남방정책에 날개를 달았다. 이 회의에서 한·아세안이 공식적으로 대화를 시작한 지 30주년을 맞아 관계의 발전현황을 평가하고 향후 30년의 미래발전 비전을 논의했다. 보호무역 추세가 심화하는 국제정세 속에서 시장 개방과 교역 확대, 자유무역질서 강화 등 상호협력을 통한 공동번영 방안을 모색했다. 이어서 제1차 베트남, 캄보디아, 라오스, 미얀마, 태국 5개국이 참여한 한·메콩 정상회의를 개최했다. 이를 통해 메콩 국가들에 한국형 경제협력 산업단지를 조성하고, ICT 분야, 보건의료, 농촌 개발 등의 협력방안을 논의했다. 한국과 아세안의 교역은 지난 30년간 무려 20배가 늘었고, 코로나 팬데믹 직전까지 상호 방문객도 33만 명에서 1144만 명으로 폭발적인 성장세를 보였었다.

아세안에 다가가고 있지만
더 적극적이어야

코로나 팬데믹으로 주춤했던 가운데서도 협력 모색은 이어졌고, 2020년 11월에는 신남방정책을 한 단계 고도화한 '신남방정책 플러스'를 발표했다. 핵심내용은 신남방 국가들의 코로나19 대응 및 보건의료협력 수요, 비대면 등 새로운 협력 방식의 부상, 보호무역주의 심화, 물자-인력 이동 중단에 의한 글로벌 공급망 재편, 4차 산업혁명에 따른 디지털 경제로의 전환 촉진 및 디지털 격차 확대와 같은 국제환경의 변화와 신남방 국가들의 새로운 협력 수요를 반영했다. 코로나19 등으로 해외시장에 대한 제약 없는 접근이 예전만큼 쉬운 것은 아니지만, 경제적으로 볼 때 인도와 아세안을 배제한 한국의 미래 성장전략은 생각할 수 없다. 한국은 미래 성장 및 시장의 접근을 위해서는 인구 13억의 인도 및 인구 6억 6천만의 아세안을 포함한 광역적 지역 전략이 필요하다.

문재인 정부는 코로나19 팬데믹 상황을 지나면서 기존의 신남방정책을 '신남방정책 플러스'로 업그레이드했다. 신남방정책 플러스는 4가지 추진 방향을 설정했는데, 다음과 같다. 국민 체감형 사업의 확대를 통한 사람중심성 강화, 경제·사회·안보 등 전 분야의 지속 가능한 포용적 동반성장 촉진, 개방·포용·투명 원칙에 따라 역내 조화로운 협력 추진, 한·아세안, 한·인도 정상회의 합의사항에 대한 성실한 이행 등이다. 이러한 4가지 추진 방향을 구체화하기 위해 7가지 이니셔티브를 설정했다. 7대 이니셔티브는 첫째 포스트 코로나에 대응하는 포괄적 보건의료 협력, 둘째 한국형 교육모델 공유 및 인적자원 개발 지원, 셋째 쌍방향 문화교류 촉진, 넷째 호혜적이고 지속 가능한 무역·투자 기반 구축, 다섯째 상생형 농어촌 및 도시 인프라 개발지원, 여섯째 공동번영을 위한 미래산업 협력, 일곱째 안전과 평화증진을 위한 초국가적 협력이다.

한편 우리의 이러한 노력에도 불구하고 아세안의 관점에서 볼 때 신남방정책의 효과는 아직 분명하지 않은 것 같다. 싱가포르 국립연구기관 동남아연구소ISEAS가 실시한 2021년 여론주도층 조사 결과 몇 가지는 이런 현황을 잘 보여준다. 먼저 아세안에 어느 국가 또는 지역 협력체가 정치적으로나 전략적으로 영향을 미치고 있느냐는 질문에 중국 49.1%, 미국 30.4%, 아세안 14.6%, 일본 3.2%, 유럽 1.7%, 호주 0.4%, 한국 0.3%, 인도 0.2% 순이다. 이 조사와 결과는 많은 의미가 있다. 한국은 사실 2020년의 유사한 설문대상에 포함되지도 않았고 2021년에 포함되었으며, 인도보다 약간 높은 위치를 점하고 있는 정도다. 즉 아세안에게 한국은 정치적·전략적 영향력이 아직 크지 않다는 것이다. 둘째, 글로벌 자유무역을 위해서 어느 국가를 가장 신뢰할 수 있느냐는 질문에는 미국 22.5%, EU 22.2%, 아세안 20.6%, 일본 15.4%, 중국 11%, 뉴질랜드 2.8%, 호주

2.1%, 한국 0.9%, 인도 0.8% 순이다. 역시 우리가 기대하는 수준과 아세안의 생각은 차이가 많은 것을 알 수 있다.

한 인도네시아 학자는 한국의 신남방정책이 아세안 국가들에 한국기업이 이윤을 남기기 위한 비즈니스 전략에 불과하다고 평가했다. 한국이 아세안을 돈벌이 수단 정도로 본다는 것은 아세안 내부에서 여러 차례 불거진 사안이다. 상업적 이익을 추구하더라도 많은 원조를 공여해 온 우리로서는 다소 억울하겠지만 오해를 불식하기 위한 성찰과 반성이 필요한 것도 사실이다. 결국 우리가 원하는 것보다 상대방이 받아들이는 것이 더욱 중요하기 때문이다.

마지막으로, 미국과 중국의 전략경쟁 시대에 아세안이 제3의 파트너를 선택해야 한다면 누구를 선택하겠느냐는 질문에 대해 EU 40.8%, 일본 39.3%, 호주 7.5%, 인도 6.6%, 한국 3.2%, 영국 2.6% 순이다. 이러한 결과를 보았을 때, 우리 정부의 신남방정책은 아세안의 전략적 선택 및 관계 구축의 우선순위에서 한국을 중요한 파트너로 인식하지는 못한다고 볼 수 있다. 그러나 반복하지만, 아세안은 미국과 중국, 일본, EU가 공들여서 중요한 전략적 파트너로 삼겠다는 매우 중요한 지역이다. 글로벌 주요국들이 아세안에 공을 들이는 이유는 무엇보다 지경학적·지정학적 가치가 크기 때문일 것이다. 앞으로 우리도 아세안에 대해 지금보다 훨씬 더 적극적인 자세를 취해야 한다.

협력 폭 넓혀 아세안과
최적의 파트너로 거듭나야

여론조사 결과를 무겁게 받아들이면서도 너무 좌절할 필요는 없는 것이, 전망은 나쁘지 않기 때문이다. 한국이 가진 국력이나 소프트파워는 아세안 국가에 큰 매력으로 다가가고 있다는 것은 분명하다. 식민지와 전쟁의 고난을 극복하고 유엔무역개발회의 최초로 선진국으로 지위가 상승했고, 전대미문의 코로나 팬데믹에서도 선전한 한국을 그들이 지향할 모범적인 선도국가로 인식하기 시작했다. 이런 측면에서 신남방정책이 지향하는 3P인 '평화, 공동번영, 사람'은 향후 우리나라가 글로벌 '가치지향'의 외교를 펼치는 데 중요한 기준점이 될 수 있다. 한국과 마찬가지로 아세안 역시 미국과 중국 사이에서 배타적인 선택을 하기를 원하지 않는다면 이렇게 누구나 공감할 수 있는 보편적 가치의 연대를 함께 만들어 갈 수 있을 것이다.

아세안은 오래전부터 미·중이 부딪히는 인도·태평양 지역에서 아세안 중심의 지역질서를 구축한다는 의지를 표방해 왔다. 그러나 미·중 갈등이 심화하면서 혼자로는 역부족임을 절감하고, 유럽과의 연대를 모색하려 하고 있다. EU 역시도 나름의 '인도·태평양 전략'을 제시하면서 중국을 적대시하지 않고 아세안과의 연대를 기초로 한 다자주의 접근을 하겠다는 의지를 밝혔다. 따라서 인도·태평양 지역에서 누구도 배제하지 않고, 다자주의 협력의 틀 안에서 전 지구적 문제를 해결하겠다는 뜻을 아세안과 EU가 천명했고, 한국도 이러한 입장에서 크게 다르지 않다고 본다. EU와 함께 아세안은 한국 연대외교의 핵심이다. 이런 점을 고려할 때 아세안 지역 전략으로서 신남방정책은 더욱 고도화할 필요가 있다. 한국과 아세안의 관계를 경제와 사회적 차원을 넘어 안보 전략적 요소를 강화해야 하는 과제를 안고 있다.

초기 신남방정책은 물론이고 이후 업그레이드를 거친 신남방정책 플러스 역시 평화 영역인 안보전략 아젠다가 취약하게 설정되었고, 그 결과 경제 및 인적교류 영역에 비해 성과는 미미하다고 평가된다. 아세안지역안보포럼ARF, 동아시아정상회의EAS 등 역내 다자회의 체제에 한국 정부는 그간의 북한 문제나 한반도 평화 프로세스를 뛰어넘어, 보다 전략적인 구상을 제시하고 더 적극적인 활동을 수행해야 할 때다. 한국은 인도네시아, 호주, 러시아와 함께 2021~2024년까지 3년 동안 ARF ICT(정보통신기술) 안보회의 공동의장국이 되었다. 이를 계기로 중요 이슈로 떠오르고 있는 동아시아 내 사이버 안보의 지평을 확대하는 좋은 계기가 될 수 있도록 적극적인 활동이 필요하다. 또한 ARF는 차세대 평화 주체로 청년을 주목하면서, 청년평화활동을 구상하고 있다는 점도 주목할 필요가 있다.

이러한 맥락에서 앞으로 인도 및 아세안 지역 전략은 경제협력을 위주로 하되, 협력의 폭을 과학기술, 문화 및 안보로도 확장하여 우리나라와 이들 지역 간 유대관계를 견고히 하는 것이 될 것이다. 아세안은 독도와 사드 같은 국가 분쟁의 소지가 거의 없으며, 반대로 미·중 전략경쟁이 심화함에 따라 서로 연대할 수 있는 최적의 파트너가 될 수 있다. 인도와 아세안을 경제활력 회복과 지속 성장을 위한 미래번영의 핵심축으로 삼음과 동시에, 상호 간 기술 및 인적자원 교류를 통해 기술 혁신을 공유하는 핵심축으로도 활용하는 것으로 정책의 골격을 구성해야 할 것이다. 다음으로 우리의 케이팝, 인도의 발리우드 문화, 아세안의 지역적 특성이 반영된 문화를 자유로운 문화상품 및 서비스 교역을 통해 공유하고, 문화권 간 상호 이해의 폭을 넓히는 광역 공공외교를 적극적으로 시행해야 할 것이다. 더 나아가 인도·태평양 지역이 자유로운 국제질서와 국제법적 일반 원칙이 지켜지는 안정된 평화의 지역으로 발전할 수 있도록 만들기 위해서는, 인도 및 아세안과 경제통상을 넘어 정치안보 협력에 이르는 포괄적 전략 파트너십을 구축하고, 이를 위한 주도적 역할을 제고해야 할 것이다. 한국-아세안-인도를 효과적으로 연계하여 인도·태평양 지역이 신냉전이 벌어지는 마당이 아니라 미래번영, 첨단기술 협력, 문화 공감의 핵심지역으로 자리매김할 수 있도록 힘써야 한다.

새로운 가능성의 나라
인도와 손잡을 때

아세안과 함께 인도는 우리에게 매우 중요한 의미를 지닌 국가다. 14억 인구를 가진 대국이며, 한국의 수출대상국 중 6번째고, 우리는 인도의 수출대상국으로 7번째로 교역이 활발하며, 최근의 증가 추이 또한 가파르다. 양국의 정치·경제 전문가들은 인도가 매우 매력적인 투자처이자 전략적으로도 중요한 파트너가 될 수 있다는 데 동의한다. 산지브 바자즈 인도산업연맹CII 회장은 "인도 가정에 한국 전자제품이 하나씩은 있을 정도로 한국 대기업들이 인도에 많이 진출해 있다"며 "인도는 전자제품뿐 아니라 전기차·화학·식품·섬유 분야에서도 한국기업의 신규 투자를 바라고 있다"고 말했다. 히텐드라 데이브 홍콩상하이은행HSBC 대표 대행은 "소비력을 지닌 인도 중산층 인구가 최근 몇 년간 급증해 2억 명을 넘겼다"고 전했다. 일찌감치 인도에 진출해 1만 5천 명 넘게 고용하고 있는 현대자동차는 남부의 공업 도시 첸나이에 공장을 두고 매년 50만 대의 차량을 판매하고 있다. 전문가들은 한국의 제조업 경쟁력과 인도의 소프트웨어 분야의 인적 역량이 결합하면 큰 시너지가 날 수 있다고 말한다. 이를 반영하듯 삼성전자는 인도판 실리콘밸리인 남부 벵갈루루에 연구소를 설립해 스마트폰 카메라를 비롯한 핵심 기술을 개발하고 있다. 이곳 연구소는 CEO를 포함해 5천 명에 이르는 연구원 대부분이 인도 사람일 정도로 현지 IT 인재들을 활용하고 있는 것도 의미가 크다. 제조업 외에 양국이 경제적으로 협력할 수 있는 분야로 백신, 방위산업, 게임, 환경 분야 등이 있다. 특히 제약 산업이 강한 한국과 인도 모두 세계 백신 제조의 허브가 될 수 있다. 또한 2050년까지 탄소 중립을 목표로 하는 한국과 대체 에너지 분야에서 대규모 협력을 할 수 있을 것이다.

미국과 중국이 갈등이 심화하는 가운데 서로의 제품을 사용하지 않으려는 경향이 앞으로 더 커진다는 전망은 인도의 역할이 중요하게 떠오르며, 한국이 인도와 협력한다면 중요한 대체 역할을 할 수 있다는 사실을 시사한다. 미국은 중국에 대한 기대를 접으면서 민주주의를 포함한 서구적 가치 기준을 채택하고 있는 인도가 중국을 대체할 수 있다는 생각으로, 인도를 중시하고 인도에 대한 접근정책을 꾸준히 늘려왔다. 미국 바이든 행정부도 트럼프 행정부와 마찬가지로 인도를 '대중국 견제를 위한 주요 파트너국'으로 인식하고 있고, 양국 관계는 일단 쿼드를 중심으로 미국의 우방국과 인도의 연계성을 높이는 다자주의적인 접근이 이루어질 것으로 예측된다. 특히 안보, 재생에너지, 백신을 중심으로 양자 간의 협력 관계를 강화하기 위해 교류 및 논의가 확대되고 있다. 그동안 인도의 비동맹 중립주의 때문에 쿼드 협력체가 유의미한 안보 협의체로 발전될 것인가에 대해서는 회의적인 시각이 지배적이었다. 모디 정부의 인도·태평양 비전도 그동안 균형외교를 기반으로 자율성을 강화하기 위해 중국을 포함한 특정국을 겨냥하지 않는 포용적 접근을 강조해 왔다.

인도는 인도·태평양에서 다른 쿼드 국가들과 양자 혹은 소다자 형식으로 외교·군사적 협력을 강화하고 있고, 인도 전략의 초점은 말라카 해협의 서쪽 인도양 지역이다. 인도는 중국 견제에 대한 전략적 이해 때문에 그동안 미국 주도의 쿼드 협력에 참여하면서도 중국을 자극하지 않기 위해 소극적인 입장을 견지해 왔으나, 작년 중국과의 국경 유혈 사태 이후 쿼드 협력에 적극적으로 나서고 있는 것이 사실이다. 그러나 인도는 미국이 주도하는 쿼드를 포함한 인도·태평양 전략을 수용하기는 하지만, 인도가 대중 봉쇄전략의 일원이 되는 것으로 인식되지 말아야 한다는 점을 전제로 참여해 왔고, 미국 주도의 배타적 안보 그룹화에 편승하는 데에는 강한 우려를 표명해 왔다. 최근에 적극적인 참여로 돌아서기는 했지만, 그럼에도 인도의 인도·태평양 비전은 여전히 '자유롭고 개방적이며 포용적인free, open, inclusive' 원칙을 기반으로 상생번영과 발전을 이룩하는 것에 방점이 찍혀있으며, 반중 연합전선이나 군사동맹으로 가는 것에는 반대한다. 이렇게 균형외교를 통한 자율성 확보에 역점을 두고 있으므로 오히려 한국의 쿼드 또는 쿼드 플러스 참여를 바란다. 미국과 일본의 반중 압력에 균형을 잡기 위해 한국과 공조를 원하는 것이다.

주인도대사를 역임한 조현은 인도는 "부富와 빈貧, 영靈과 속俗, 지知와 무지無知, 과거와 미래, 전통과 첨단이 혼재된 나라"라면서 "어느 한구석에서는 카스트가 무너져 내리고 있었고, 또 어디선가 새로운 성공사례가 나오고 있었다. 인도의 젊은이들은 새롭게 열린 가능성을 보고 뛰고 있었다"라고 평가했다.[24] 나렌드라 모디 총리가 추진 중인 '메이크 인 인디아, 스킬 인디아, 디지털 인디아, 클린 인디아, 스마트 도시' 등은 모두 한국에 강점이 있거나 성공 경험이 있는 분야다. 따라서 정보통신, 원자력, 방위산업 등의 분야에서 양국은 서로 보완적인 관계로 협력할 수 있는 여지가 크다. 한국의 신남방정책의 중심에는 아세안과 함께 인도가 중요하고, 인도는 자신들의 지역 비전인 '신동방정책Act East Policy'을 추진하면서 한국을 포함한 아시아 지역 관계 강화에 나서고 있다. 인도는 현재도 중요하지만, 미래에는 훨씬 더 중요하고 존재감 있는 국제정치의 플레이어가 될 것이 거의 확실하다는 점에서 우리는 외교의 다변화와 큰 외교를 위해 아세안과 함께 반드시 '더' 챙기는 외교를 해야 한다.

5장

우리는
세계 5강으로
간다

두 메가트렌드의 충돌에 대처하는 자세

엎치락뒤치락 두 세계의 충돌, 국가 간 연대로 제3지대 구축해야

세계질서는 앞으로 상당 기간 두 개의 메가트렌드가 엎치락뒤치락하는 양상을 보일 것이다. 하나는 제2차 세계대전 이후 미국과 서유럽을 중심으로 장기간 구축된 이른바 자유주의 국제질서라는 협력적 질서고, 다른 하나는 각자도생의 민족주의에 의한 지정학의 부활이 가져올 파편화의 질서다. 2020년 미국 대선은 두 메가트렌드를 대표하는 후보 간의 대결이었다. 자유주의 국제질서가 냉전의 붕괴와 함께 민주주의, 자본주의, 그리고 팍스 아메리카나라는 인류 공통의 질서로 전성기를 맞이했지만, 그리 오래 가지 않았다. 미국의 하락과 중국의 급부상은 힘의 균형을 불안정하게 만들었을 뿐 아니라 서로 다른 가치와의 갈등과 충돌을 의미하는 것이었다. 더군다나 두 질서 간의 승부는 예측하기 어렵고 이후 구축할 질서나 대안은 잘 보이지 않는다.

자유주의 질서의 회복을 외치는 미국도, 트럼프의 국가 이기주의를 되돌리겠다는 바이든도 새로운 도전 앞에서 흔들린다. 강대국 정치의 논리가 강력하게 남아있으나, 안보 이슈들은 내재적 성격으로 인해 강대국의 힘만으로는 해결할 수 없다. 미국과 중국이 벌이는 지정학의 고공 플레이로 세계는 상당 기간 엄청난 스트레스를 받을 것이다. 그러나 동시에 세계를 미국과 중국 두 나라가 독점할 수도 없고, 그렇다고 망칠 수도 없다. 그래서 바로 제3의 대안이 필요하다. 2열 국가는 어떤 국가를 지칭하는 것인가? 미국과 중국을 패권국가군이라고 한다면 그 바로 다음 열에 위치할 수 있는 국가들을 말한다. 독일, 일본, 유럽, 한국, 영국, 캐나다, 호주 등이 후보군이다.

기존의 '중견국'이라는 개념이 있지만, 여기에는 너무 많은 국가가 포함될 수 있다는 점과 이들의 현재 위상이나 미래의 국제질서에 끼칠 잠재력에 비해서는 다소 약한 느낌이 든다. 반대로 2열 국가라는 명칭은 뭔가 부족하다는 느낌도 지니고 있다. 미국의 절대적 우위를 찬양하고 미 제국이 5백 년은 더 갈 것으로 전망하는 오만한 미래학자 조지 프리드먼$^{George\ Frideman}$ 같은 사람의 눈에는 2류나 3류의 범주가 될 수도 있을 것이다.[1] 한 국가씩 떼어놓으면 그렇게 볼 수도 있지만 이들 국가의 협력은 큰 시너지를 발휘할 수 있다. 미·중 전략경쟁 구도에서 배타적 선택을 강요받거나 미국의 절대적 패권 질서의 복귀에 세계가 강제로 편입되는 것을 넘어, 제3지대 구축을 통해 세계질서의 중요한 축을 형성할 수 있다. 당장 실용적으로도 미·중 양국 갈등 사이에서 선택의 압박을 완충할 수 있다. 또한 나날이 첨예해지는 미·중 경쟁은 글로벌 리더십의 부재로 이어져 왔는 바, 중국은 애초에 무시하고 미국은 대중 압박의 수단으로 주로 사용하고 있는 글로벌 거버넌스의 규칙과 가치외교를 이들 국가의 집단적 리더십으로 주도할 필요가 있다.

미·중 사이의 배타적 선택을 요구하는 구도에는 홀로 대응하기보다는 연대가 필수다. 각자도생의 단절과 고립 속에 우리는 도리어 가치와 협력의 공간을 지향하고, 각자도생하고 싶어도 방법과 능력이 없는 사각지대의 국가들을 도와야 한다. 중장기적인 노력이 필요한 일이기는 하지만 가장 핵심적인 과제는 국제정치적으로는 대결구조를 통해 이익을 얻는 안보 포퓰리즘에 대항해 평화 담론을 적극적으로 키우는 일이다. 평화결손의 한반도가 오히려 그 결손을 메움으로써 세계에 희망을 던질 수 있다. 우리는 공존과 평화를 지향하는 대외정책을 견지함으로써 대결을 조장하는 극우적 민족주의로 가지 않도록 해야 한다. 미국이 구축하려는 한·미·일 군사협력, 특히 지역 미사일 방어체제에 합류하는 행위는 냉전의 부활을 가속할 뿐이다. 한국은 남북관계를 개선함으로써 동북아 단층선의 심화를 막아야 한다.

코로나가 가져온 최고의 역설 중 하나인 깨끗한 환경의 재현은 삶의 새로운 방향성을 제시한다. 즉 효율보다는 삶의 질이, 돈보다는 생명이 중요한 사회에 강하게 끌릴 것이다. 자본의 무한확대를 당연시하던 자본주의가 수정되고, 국제협력의 재생으로 소위 '인간의 얼굴을 가진 세계화'가 대안이 될 수 있다. 사람이 죽어가는 비극적 상황에 대한 품격을 지키면서 겸허한 마음으로 천박한 자본주의가 가차 없이 내쳤던 생명, 생태, 환경의 가치를 수호해야 우리도 살고 세계도 사는 길이다. 칼 폴라니는 《대전환》(1944)에서 고삐 풀린 시장이 인간과 환경을 쑥대밭으로 만들자, 고통받던 인간과 자연은 스스로 보호하기 위해 반시장 운동에 나설 것으로 전망했다.[2] 물론 그가 예언한 것은 시장 만능의 세계가 몰락해 사회주의로 전환되는 것이었지만, 이번 기회에 무자비한 자본 확대를 추구하는 시장을 견제할 공적 국가의 등장이 가능할 수도 있다. 지정학의 부상을 경계하고 평화를 염원하는 동력도 없지 않다. 소위 '언택트(비대면)'의 세상이 확산하고, 혼돈과 불안이 일상이 되는 상황 속에서도 자본주의의 무한 욕망을 잠재우고 진정한 삶의 질을 추구하게 만드는 특효약이 되기를 기대해 본다.

4대 미래 먹거리 중
3요소를 선점한 나라, 한국

미래학자들은 성장 동력이자 4차 산업혁명 시대의 경쟁력을 좌우할 4가지 분야를 반도체, 배터리, 바이오, 물질(희토류 등)이라고 말한다. 한국은 물질을 제외하고 나머지 세 분야에서 세계 선두권의 경쟁력을 가지고 있다. 물론 원천기술을 가진 것은 아니지만, 생산력에 있어 강력한 경쟁력을 지니고 있음과 동시에, 중요한 길목을 모두 차지하고 있다고 할 수 있다. 바이든 정부가 한국과 더불어 배터리 분야의 협력 구축을 서두를 뿐 아니라, 글로벌 백신 허브 구축, 첨단기술 협력 등에 합의한 것은 포스트 코로나 세계질서를 구축하는 데 세계질서를 선도하는 주도국 반열에 올라섰다는 것을 함의하는 것이기도 하다. 이는 앞으로 더욱 확대될 것이다.

한국은 글로벌 가치사슬에서 하드웨어적 경쟁력을 발휘하고 있는 것과 더불어 소프트파워 분야에서도 글로벌 수준의 문화 콘텐츠를 쏟아내고 있다. 우리의 국격과 국력, 국위가 상승하고 있는 것은 분명한 대세라고 할 수 있다. 물론 우리를 둘러싸고 있는 국제질서 환경과 시대적 혼란이 녹록하지 않은 것은 분명하며, 우리의 외교적 대처 여부에 따라 위기와 기회의 미래가 모두 가능한 열린 결말이다. 따라서 미·중 전략경쟁의 심화와 파편화의 가속화 속에서 세계의 권력 지형과 외교적 위상을 우리가 어떻게 주체적으로 재구성할 것인가는 대단히 중요하다. 한국의 생존과 발전의 축이었던 동맹과 자유무역을 유지하면서도, 한국 외교는 세계질서의 변화에 능동적이고 유연하게 적응해 내야 할 것이다.

세계 민주주의의 롤모델 한국

제2차 세계대전 이후 미국이 주도해 온 자유주의 국제질서가 뿌리부터 흔들리고 있는 상황에서 미국과 중국이 발신하는 가치들은 대중 견제의 도구로 왜곡되고 있다. 따라서 앞에서 제기한 한국의 새로운 대외전략의 구축이라는 관점에서 한국형 가치외교를 발신하는 것은 의미 있는 과제다. 예를 들어 자유주의 국제질서의 중심축으로서의 민주주의는 최근 극우세력의 부상과 권위주의로 인해 훼손을 겪고 있는데, 미국은 이에 대한 진정한 회복의 노력을 하기보다는 대중 압박을 위한 수단으로 활용하고 있다. 오랜 민주화 투쟁을 통해 세계 민주주의의 모범인 한국이 주도하는 민주주의 담론은 한국형 가치외교의 중요한 분야가 될 수 있다. 미얀마의 군사쿠데타를 비판하고 군사정부를 인정하지 않은 유일한 아시아 국가가 한국이며, 이를 통해 미얀마 국민들로부터 큰 신망을 얻은 것은 아주 좋은 예다.

평화도 마찬가지다. 한국의 분단 질서와 동북아 지정학의 심화로 인해 평화가 부재한 현실이 역설적으로 한국이 주장하는 평화 담론에 진정성을 부여할 수 있다. 한국이 주창하는 평화는 미국과 중국 등 초강대국들이 서로 주장하는 것과는 다르며, 연대 세력의 규합 여부에 따라 미·중 대결구조를 완충할 수도 있을 것이다. 용서는 피해자의 용납으로 가능하며, 포용은 당사자들의 이해로 달성할 수 있다. 심화하는 미·중 전략경쟁과 부상하는 배타적 민족주의를 극복할 수 있는 담론은 포용과 화해다. 우리 주도의 평화협력 여건이 조성된다면, 그간 한반도와 동북아를 불안하게 만들었던 북핵 문제를 진전하려는 노력과 더불어 상호 추동의 효과를 기대할 수 있을 것이다. 보편적 가치 실현을 위한 적극적인 노력을 통해 주변 국가들에 공동의 평화와 성장을 위한 책임의식을 고취할 수 있다. 한국은 개발도상국들의 모델인 동시에 안보 위협이 되지 않는다는 장점이 있다. 또한 한류를 통한 문화 소프트파워까지 고려한다면, 외교 다변화를 통해 현재의 흔들리는 국제질서 속의 대안세력의 하나로 충분히 역할을 감당해 낼 수 있다.

우리의 최대 아킬레스건은 역시 분단구조의 천형에다 남북의 긴장이 고조되는 상태에서 지정학이 귀환하는 것이다. 앞에서도 언급했듯 미·중 갈등이 바이든 정부에서도 지속될 수밖에 없는 상황에서 우리의 핵심적 대응 카드는 결국 한반도 평화 프로세스의 적극적인 추동으로 귀결된다. 두 초강대국의 대치와 갈등을 직접 제어할 능력은 없지만, 한반도는 미·중 갈등의 최전선이자 상대방을 움직일 지렛대로서의 이용가치를 떨어뜨릴 수는 있다. 바로 남북의 평화공존이다. 북·중·러와 한·미·일 간 진영 대결상황의 부활을 막으려면 남북의 평화 공존은 최소한의 요건이다. 남북관계의 진전을 통해 미·중 갈등 체제를 완충하고 나름의 외교적 주도권을 확보해 나가지 않으면, 평화는 도달할 수 없는 신기루가 되고 질서 변동의 와중에 또 다른 희생양이 될 수도 있다. 우리는 국익을 최우선으로 추구하되, 다른 한편으로는 미국을 향해, 세계를 향해, 협력과 평화 공존, 민주주의 같은 가치외교의 기치를 견인해야 한다. 시발점은 남북관계 개선이고, 경유지는 동북아 안정이며, 종착점은 세계 평화다.

국제질서의 파편화는 국가주의를 부활시키고 민주주의 체제는 훼손하고 있는 상황에서 한발 더 나아가, 국민외교를 활성화함으로써 대안적 질서를 주도할 수 있다. 국민외교는 촛불혁명으로 탄생한 문재인 정부가 국정과제에 포함했으며, 2017년 7월 외교부 내에 국민외교센터를 개소했다. 국민외교는 아래로부터 국민주권을 표출하는 국민 중심의 민주주의 이행을 의미하며 국민주권 또는 주권자 민주주의를 실현한다는 의도를 지닌다. 이는 '국민의 의지를 담은 외교, 국민과 소통하는 외교, 국민의 적극적 참여를 가능하게 하는 외교, 국민과 함께 협력하는 외교'로 표현할 수 있다. 국민외교는 외교에 대한 국민의 의견 수렴을 전제로 한 것이므로, 당연히 외교정책을 수립하고 추진하는 과정에 국민의 참여가 보장되어야 한다. 이전의 공공외교 개념은 정부가 주도해 외국 국민 대상으로 다양한 소프트파워 기제를 통해 국가 이미지와 브랜드의 가치를 높여 영향력을 높이는 활동이라면, 국민외교는 근본적으로 국민과의 소통을 통해 민주적·절차적 정당성을 확보하고 국민의 주도적 참여를 통해 한국의 외교력을 배가하는 전략이다. 우리 국민의 우수한 국민성으로 외교의 첨병 역할도 충분히 해낼 수 있을 것이다. 정부가 열린 마음으로 국민의 외교적 역량을 도와야 한다.

메가 아시아를 선도할 해륙국가

복잡다단한 국제질서 속 한국이 선택할 전략은?

1991년 12월 구소련과 사회주의 체제가 붕괴한 이후 세계질서는 미국 주도의 단극체제가 구축되었지만, 지난 30여 년간 체제의 불안정성이 고조되면서 위기를 맞게 되었다. 시간이 흐를수록 내부는 약해지고 외부에서 떠오르는 강자, 중국의 위협으로 인해 미·중은 양극체제를 맞이하며 새로운 다극질서의 가능성이 공존하는 새로운 질서로 재편되는 전환기를 맞고 있다. 민주주의와 자본주의 시장경제를 앞세운 미국이 주도하는 신자유주의는 상당 기간 대륙과 해양을 넘어 전 지구적 공간 전체를 지배하는 중심 이데올로기가 되었고, 저항할 수 없는 필연적이고 정당한 가치와 규칙으로 제시되었다. 그러나 앞에서도 반복적으로 지적했듯이 근본적인 문제점을 드러내면서 다극질서로의 전환과 함께 변화가 진행되고 있다. 중국과 러시아를 필두로 하는 일군의 권위주의 체제를 유지하고 있는 국가들은 서방의 민주주의를 비롯, 자유와 인권 등의 가치가 모든 나라가 추종해야 할 인류 보편의 시대적 정당성을 지닌다는 주장에 강력한 반감을 드러내고 있다. 정치적으로는 각국이 처한 환경과 조건, 그리고 가치와 이념 정향에 기초한 체제를 실천하고, 경제적으로 서구 자본주의로 대표되는 신자유주의 시장경제에 대항하여 국가가 경제주체로서 직접 경제 활동에 참여하고 규제를 강화하는 '국가자본주의'를 구축하고 있다.

이처럼 탈냉전시대를 맞은 이후 미국 주도의 단극체제가 철옹성처럼 강해 보였지만, 내부적으로는 국가들 사이에 가치와 체제의 대립과 갈등이 고조되는 국제질서의 불안정이 이어졌다. 특히 중국의 부상과 함께 한반도를 둘러싼 동아시아의 전략환경이 기존의 서구중심 세계관이나 이념과는 다른 양상으로 전개되고 있기에, 민족의 미래를 위해 새로운 접근이 요구된다고 하겠다. 우선 1990년대 이후 지난 체제 전환기만 하더라도 누구도 신화화된 '한미동맹'의 정당성에 의문을 제기하지 않았다. 중국이라는 신흥개도국의 급속한 시장 팽창에 기대를 걸던 시기에는 미국과 안보동맹을, 중국과 경제적 동반자 관계를 강화한다는 '안미경중安美經中' 노선이 유효했는지 모른다. 하지만 최근 미·중 전략경쟁 상황에서는 전략적인 방법도 아니고, 실효성도 적다는 지적이다. 다음으로 다수 전문가는 한반도 평화 프로세스가 어려움을 겪고 요원해지고 미·중 전략경쟁이 격화되면서, 한반도 주변국 세력 관계가 한·미·일과 북·중·러의 진영 대립 형태의 냉전체제 부활로 이어지고 있다고 진단한다. 그러나 이는 현실의 한 측면만을 드러낼 뿐이며, 다른 한편으로는 각 진영 내부나 진영을 교차하는 국가 관계를 지나치게 단순화하거나 과소평가함으로써 실상을 왜곡한다는 부정적인 측면도 보인다.

현재 시점에서 바라볼 때 국제정치 질서의 가장 중요한 독립변수인 미·중 전략경쟁은 단기간 내 어떤 결론에 도달하기는 어려울 것이다. 즉 미국이 중국을 완전히 제압하거나, 중국이 미국을 추월하거나, 미국과 중국이 협력적 질서를 구축하는 것은 상당 기간 거의 불가능해 보인다. 단기간 내에 파국적 상태로 비화할 가능성 역시 적은데, 이유는 미국의 바이든 행정부가 발표한 것처럼 미·중 관계는 과거 미·소 관계와는 달리 독립된 진영대결이 아니라 깊은 상호의존 상태이기 때문이다. 이는 바이든 정부가 트럼프에 이어 대중 강경노선을 채택하면서도, 단순히 적대적인 성격이 아니라 협력과 경쟁의 복합적인 성격을 가진다고 천명한 것에서 알 수 있다.

이런 맥락에서 문재인 정부는 점진적인 다극질서가 형성되고 복합적인 전략환경이 조성하는 데 치밀하게 대응하지 못한 점이 있다. 물론 문재인 정부가 신북방, 신남방정책을 통해 외교 공간의 외연을 확장하면서 대한민국 외교의 주체성과 다변화를 취하려고 노력한 것은 이전 정부와 비교해도 외교의 새로운 차원을 열었다고 평가할 수 있다. 예상보다 가파르게 나빠진 미·중 관계와 코로나 팬데믹이라는 장애물이 있었지만, 한반도 비핵화 문제 해결에 과도하게 매몰됨으로써 주변국과의 관계 발전을 위한 동력을 적시에 활용하지 못했다. 그 가운데 한미동맹과 한중 전략적 협력 동반자관계 사이의 배타적 선택이라는 프레임에 일부 말려버림으로써 전략적 자율성의 공간을 스스로 위축시킨 측면이 없지 않다.

따라서 대한민국의 합리적이고 전략적인 선택은, 양자택일 상황에 떠밀려 하나를 선택한다거나 자발적으로 선택하는 것이 아니라, 복합적인 환경에서 각기 다양한 방식으로 한국에 대한 역할 기대치를 활용해 사안별로 협력의 공간을 확대해가는 접근이 바람직할 것이다. 지금의 전략환경은 과거와 다르게 이슈가 복잡다단하며, 이슈 사이의 연계성(예를 들면 통상-기술-안보의 유기적 관계가 강화하는 것)이 강화되고 있다. 더욱이 협력 주체가 다양해지는 점과 더불어 여러 가지 현상이 동시다발적으로 분출되는 환경에서, 우리 대응전략도 능동적으로 적응할 수 있는 전략의 수립이 절실하다.

해양과 대륙이 만나는 곳 한반도

대한민국은 반도 국가다. 영어로도 'Korean Peninsula(한반도)'라고 부른다. 반도半島라는 말을 직역하면 절반만 섬이라는 뜻이다. 사실 식민지 시절 우리말 말살 정책을 폈던 일본이 만든 용어라는 비판이 있다. 반도는 반쪽 섬이고, 일본인들이 사는 섬은 온섬이라고 차별적으로 붙였다는 것이다. 일제가 우리 땅을 토끼에 비유해서 영일만 지역의 곶을 토끼 꼬리, 즉 장기곶이라고 불렀던 것도 비슷한 맥락이다. 지금은 대륙을 향해 포효하는 호랑이의 모습이라 하여 호미곶이라고 부른다. 영어로 말하자면 페닌슐라는 땅

대륙을 향해 포효하는 호랑이의 모습으로 한반도를 그린 최남선의 〈근역강산 맹호기상도〉.

의 큰 땅, 즉 대륙으로부터 좁고 길게 돌출되어 나온 땅이라는 뜻이다. 그래서 굳이 한자로 표현해야 한다면 반도가 아닌 반토가 맞다고 주장하는 사람들도 있다. 한글학회도 오래전부터 반도라는 말을 쓰지 말 것을 권고했다. 그런데 최근에는 한반도의 분단구조의 불

리함을 강조하기 위해 실제로는 섬이라고들 한다. 북쪽이 막혀있어 결국 사방에서 육로로 외국을 갈 수 없다는 점에서 섬과 다를 것이 없다고 자조적으로 말하는 것이다. 한국에서 외국으로 가기 위해서는 비행기와 배로만 이동할 수 있다는 현실적 제약은 곧 우리가 가진 지정학적 취약성으로 작동해 왔다. 그러나 이는 영속적이거나 변화가 불가능한 것이 아니다. 남북관계 개선에 따라 얼마든지 기회 요인이 될 수 있다. 역으로 본다면, 대한민국이 미래에 뻗어가기 위해서 남북관계의 개선은 필수적인 과업 중 하나라는 것이다.

역사적으로도 우리의 지정학적 위치는 위기 요인과 기회 요인을 모두 갖고 있었다. 임진왜란과 병자호란이 대표적으로 증명하듯 대륙세력과 해양세력이 충돌하는 각축장이었지만, 다른 한편으로는 대륙과 해양으로 나가는 관문이자 해양과 대륙을 이어주는 가교 역할을 하기도 했다. 한반도의 지정학적 조건이 기회 요인으로 작용하느냐, 아니면 제약 요인으로 작동하느냐의 문제는 순전히 우리의 능력에 좌우되었고, 앞으로도 그렇게 될 것이다. 현재 한반도의 지정학적 환경은 지리적인 측면이든, 국제질서의 역학관계 측면이든 이중적이고 복합적이라고 할 수 있다. 대륙과 해양으로 뻗어갈 수 있는 지리적 공간에 위치하지만, 남북 분단체제로 대륙과 해양이 분리 단절된 기형적 구조를 지니고 있다. 다른 한편으로 남한은 해양세력을 대표하는 미국과, 북한은 대륙세력을 대표하는 중국과 각각 동맹 관계를 유지하는 가운데, 미·중 전략경쟁이 격화됨으로써 대륙과 해양을 연계하는 복합전략의 이점보다는 불리함이 더 크게 작용하는 것이 사실이다.

우리 역사는 대륙의 끝에 있는 반도국가가 아니라 해양과 대륙을 연결해 유기적으로 경영하던 해륙국가의 역사였다는 점에서, 반쯤 섬이거나 사방이 막힌 섬이 아니라 사방으로 뻗어갈 수 있는 국가라는 인식의 전환이 요구된다. 앞에서도 지적한바 있는 약소국 콤플렉스를 벗어나야 한다. 동국대 윤명철 교수는 사람과 물자의 교류, 갈등과 연대의 공간이 되었던 해양을 포함한 해륙사관으로 우리 역사를 재해석해야 할 필요성을 강조했다.[3] 역사 속에서 고조선이나 고구려가 그런 나라였다. 특히 광활한 만주 벌판을 달리던 기마민족의 나라로 알려진 고구려는 정예 수군과 동시에 해양활동도 활발하게 펼친 해륙국가의 전형이었다. 세계화와 파편화라는 두 메가트렌드가 충돌하고, 미국과 중국이 충돌하는 시대, 그리고 문명의 전환기이며 국제질서의 재편기에 수동적으로 대응해서는 미래가 보장되지 않는다. 위기의 순간에 이를 돌파할 능동적인 대응에 나서야 한다. 그 출발이 바로 해륙복합국가 비전이 될 수 있다. 따라서 대륙세력과 해양세력이 충돌하는 지점에서 대한민국이 생존과 활로를 모색할 것인가의 문제는 21세기 한국외교 전략의 핵심적인 과제라 할 수 있으며, 분단체제를 극복하여 '한반도경제권'을 복원하고, 남북경협을 넘어 유라시아 대륙 경제권과의 협력을 강화함으로써 지금까지 해양에 치우친 국가발전전략의 기형적인 구조를 바로잡고, 대륙-해양의 중층적 복합전략환경을 최적화된 형태로 활용하는 전략이 시급하다.

해륙복합국가 비전을
제대로 실천하려면

문제는 진보와 보수 정부들이 모두 이러한 시대적 요구를 반영하고 실천하는 데 부족했으며, 한반도의 지정학적 환경과 국제질서의 변화를 정확하게 진단하고, 복합전략 환경에 맞는 해륙복합국가를 건설하는 과제에서 소기의 성과를 이뤄내지 못했다는 것이다. 그중에도 남북관계 개선을 통한 북쪽으로의 진출에 대한 보수세력의 비판과 우려는 사실 너무 소극적이거나 이념적으로 편향되었던 것이 사실이다. 최근의 상황도 마찬가지다. 2018년 가슴을 뛰게 했던 한반도 평화 프로세스를 일부 보수 인사들은 문재인 정부가 해양 차원의 한미동맹을 약화하면서 미래 국가발전 전략을 해양에서 대륙으로 전환할 것이라는 비판을 쏟아냈다. 그러나 그것은 기우에 불과했다. 오히려 문재인 정부는 해륙국가로 충분히 뻗어나가 못했다. '한반도 신경제 구상'과 '신북방정책'을 표방하며, 대통령 직속의 〈북방경제협력위원회〉를 출범시키는 등 과거 정부보다 남북관계 개선 등 대륙 차원을 강화하려고 노력했지만, 실상은 일관성을 보여주지 못했다. 한미동맹과 북한 문제에 지나치게 많은 외교 자산을 투입하는 바람에 보다 큰 전략으로 승화시키지 못했다.

문재인 정부가 한국 대외정책에 대륙의 차원을 강조한 것은 과거 정부와 비교하면 진일보한 것이라고 평가할 수 있다. 그러나 역설적으로 해양으로의 진출을 경시하거나, 미국과의 관계라는 프레임에 머물러있었던 것은 시대의 흐름을 정확하게 판단하지 못한 것이라고 할 수 있다. 물론 북방정책과 짝을 이룬 신남방정책은 기대보다 큰 성과를 냈다는 점에서 이러한 평가가 정부로서는 억울할 수 있겠으나 아쉬운 것이 사실이다. 신남방정책과 신북방정책을 기안했던 필자는 두 정책이 유기적으로 연결해 함께 발전해야 하길 원했으나, 각각 서로 다른 기관들이 주도했을 뿐만 아니라 정책적으로도 연결하지 못했다. 특히 한국의 대외교역이 경제발전에 지대한 영향을 미치는 요인이라면, 그동안 다진 통상입국으로서의 위상을 확고하게 하기 위해서라도 해외 교역의 90% 이상을 분담하는 해운 및 항만 경영과 해운로 개척 등에 국가 에너지를 집중하고 투자해야 했지만 그러지 못했다. 해운로 개척 및 지배권과 관련된 패권 경쟁은 미·중의 대립으로 단순화되고, 한국은 무기력한 고객의 위치에서 주변국으로 전락하는 상태가 계속되었다.

남북관계도 유사한 상황이다. 남북 접경지역의 철도 연결과 '동아시아 철도공동체구상'이 전면 제기됨으로써 북한의 교통인프라 개발과 교통부문의 동북아 초국경 협력 논의가 철도를 중심으로 전개됐다. 이는 한편으로 미완의 '실크로드' 프로젝트를 재점화한다는 데 긍정적인 의미를 부여할 수 있지만, 다른 한편으로는 현재 유라시아라는 공간에서 강대국이 펼쳐가고 있는 대륙과 해양의 복합화 전략에 부합하지 못한 편향된 대응전략이었다고 판단된다. 유라시아에서 철도와 해운 중에서 무엇이 더 중요한가를 묻는 것은 시대착오적인 질문이 아닐 수 없다. 왜냐하면 현대 사회에서 물류란 단 하나의 운송수단에 의존하는 것이 아니라 복합운송에 기반을 둔 종합적 물류 서비스로 발전하고 있고, 유라시아 통합물류망은 육상의 철도, 도로, 대양의 바닷길로 상호 연결하는 프로젝트로 구성되어 있다. 중국의 실크로드가 육로와 해로를 연계하고, 러시아의 신동방정책이 대륙과 해양을 복합운송으로 연계하는 전략 지형을 만들어 가고 있다면, 한국도 이러한 복합전략환경에 대응하는 전략을 구사할 필요가 있었다. 하지만 남북철도 연결에 대한 조급함 때문에, 또는 대륙철도에 대한 막연한 향수와 철도 이해관계자들의 집단이기주의로 인해 해양과 대륙의 전략적 균형을 잃어버리는 오류를 범하고 말았다는 평가다.

복잡다단한 국제관계,
동북아 담론을 극복해야

또한 한반도의 지정학적 환경은 한·중·일로 연결되는 가로축과 남·북·러시아로 연결되는 세로축을 가정해 볼 수 있는데, 지금까지 제기되었던 동북아 담론이 통하지 않았다면 그 원인을 규명하고 대안을 모색하는 것이 필요하다. 그러나 한국 정부는 여전히 동북아 담론의 구조적 한계에서 벗어나지 못한 것으로 판단된다. 문제는 동북아 담론에 그대로 머물 경우다. 지금까지는 통했을지 모르지만, 앞에서 언급한 2차 대분기의 시작을 알리는 4차 산업혁명 시대로 진입하고, 중국의 급부상에 따른 미·중 전략경쟁이 본격화하면서 동북아 담론은 한계를 드러내고 있다. 전문가들은 미·중 전략경쟁이 격화되고 미국의 대중국 봉쇄를 위한 동맹국 연대 체제가 강화된다면, 그동안 역내 동반성장을 서로 견인해 왔던 한·중·일 3국의 협력체제는 작동하기 어렵다고 지적한다. 이 때문에 일부는 동북아 담론에서 소외된 러시아를 견인함으로써 한·미·러 협조체제를 구축하자는 구상을 제기하기도 한다.

문제의 핵심은 앞서 언급한 대로 대륙과 해양을 둘러싼 전략환경이 급격하게 변화하며 복잡하고 다양한 방식으로 전개되고 있음에도 불구하고, 우리의 논의는 여전히 동북아 담론 구조에서 여전히 벗어나지 못하고 있다는 점이다. 그동안 동북아 담론에서 지역주의는 교통·물류, 에너지, 환경협력 등 사안별로 협력이 필요한 경우에만, 이를테면 러시아의 극동이나 광역의 아시아를 동북아의 개념에 선택적으로 포함했을 뿐이다. 그러나 이처럼 자기중심적으로 편의에 따라 러시아를 편입하거나 배제하는 접근법은 상대국으로부터 전략적 협력을 견인할 수 없다. 따라서 개방성과 상호성에 대한 기대를 공유하며 유연하게 다자적 협력을 진행하는 공간으로 확대해 가는 노력이 필요하다. 문재인 정부에서도 여전히 공간에 대한 인식은 '동북아'에 갇혀 있었고, 한반도의 문제를 해결하기 위한 지평을 아세안, 인도, 러시아, 중앙아시아 등으로 공간적 외연을 확장하고, 이 국가들을 상호 연계함으로써 도약의 발판을 마련하려는 상상력은 발휘하지 못한 것으로 보인다.

물론 신북방정책과 신남방정책을 추진하며 외교의 물리적 공간을 확장하려는 시도는 있었지만, 그것은 다분히 자기중심적이고 경제적 실리 추구에 몰입한 중상주의 정책이었지, 공정하고 호혜적인 관점에서 가치와 이익을 공유하며 중장기 지역 비전을 함께 설계하는 전략이었다고 평가하기는 어렵다. 결론적으로 한반도의 운명은 대륙과 해양이 상호 대립하는 구조가 아니라, 이 두 개의 공간이 긴밀하게 연계되고, 그 연결을 향한 통합적 에너지가 상호 균형을 이루며 분출될 때 활로가 열릴 수 있다. 그리고 우리의 공간 인식이 좁은 동북아를 넘어 메가 아시아, 혹은 유라시아로 표현되는 거대 공간에서 한반도와 연계되는 세로축과 가로축의 협력 벨트를 통합

적으로 구축해야만 미·중 전략경쟁에 따른 어려움을 넘어 새로운
길과 시대를 열 수 있을 것이다.

메가 아시아를 겨냥한 동북아 플러스 책임공동체는 어떻게 만들어졌나

촛불혁명으로 탄생한 문재인 정부는 어려운 대내외 환경을 극복
하고 민족의 평화와 번영의 시대를 열어야 할 사명을 분명하게 인
식하고 있다. 문재인 대통령은 후보 시절부터 대선공약으로 앞으
로 역내 협력을 통해 평화와 성장을 함께 책임지는 '동북아 플러스
책임공동체'를 주도할 것을 천명했다. 동북아 플러스 책임공동체
는 문재인 대통령의 대선과정에서 외교·안보 공약을 만들 때 필자
가 최초로 고안하고 제안한 개념과 구상이었다. 그리고 정부 출범
직후인 2017년 5월 22일부터 7월 15일까지 약 두 달 동안 국정기
획자문위원회를 꾸려 향후 5년간의 국정과제를 수립했다. 대통령
선거 기간 중 제시되었던 201개의 공약을 100대 과제로 압축하고,
실천 과제까지 포함해서 구체화하는 작업을 진행했다. 외교 분과는
외교·통일·안보 분야에서 총 16개의 국정과제를 수립했는데, 동북
아의 평화와 번영을 위함은 물론이고 이를 넘는 적극적인 평화협력

외교를 지향한다는 것을 밝혔다.

　실제로 대통령 후보 캠프 시절부터 많은 고민과 내부 토론을 거친 후에 지역을 향한 다자 구상이 나올 수 있었다. 미·중 대결구조가 심화할 경우 양자 간 진영 대결로 이행될 가능성이 크기 때문에 다자외교는 당장 성과를 내기는 쉽지 않을 것임은 주지의 사실이었다. 하지만 단기적으로는 대결구조를 완화하고, 중장기적으로는 진영을 초월하는 대안이 될 수 있다는 인식에 공감했다. 세계 10위권의 국력을 고려하고 한국이 속한 한반도와 주변의 강대국 역학관계를 생각할 때, 중장기적 지역공약의 필요성은 그 누구도 부인할 수 없었다. 하지만 동북아라는 용어부터 논란이 적지 않았다. 일단 우리가 처한 아시아는 다른 지역과는 달리 다양한 차이를 가지고 있으며, 동아시아, 동북아, 극동, 아시아태평양 등의 범주들이 규정하는 경계조차 분명하지 않고 혼란스럽다. 게다가 세계적 추세에 맞춰 동아시아, 아시아, 세계로 뻗어나야 할 시점에서 오히려 동북아로 한정시키는 것은 시대조류의 역행이라는 반론이 많았다.

　고심 끝에 나온 결론은 동북아를 중심 기반으로 하되 무한한 확장성을 가진다는 것을 표현하는 용어로 '플러스'를 붙이는 것이었다. 공간적으로는 동북아가 대한민국의 생존이 달린 핵심지역임을 인정하고 최우선 순위로 대처하는 데는 이견이 없었다. 그러나 동시에 동북아의 틀에 갇혀 버린다면 오히려 생존문제에만 급급할 수 있고, 안보 딜레마와 진영대결의 프레임을 오히려 수용하거나 강화할 수 있다는 점에서, 지경을 확대한다는 의미를 담고 싶었다. 플러스의 가시적 범주에는 아세안, 몽골, 인도, 호주, 러시아, 유럽까지 해당하고, 미국이나 일본 역시 포함되는 것은 당연하다. 어떤 면에서 미국이나 일본이 배제된다면 제2차 세계대전 이후 줄곧 유지되어 온 미국 주도의 동맹체제인 샌프란시스코 체제를 이탈한다는 오해를 살 수 있다는 점에서, 미국과 일본의 참여는 필수적이다.[4]

플러스는 이렇게 공간적 확장성을 의미하는 것 이외에 이슈 영역에서도 정치적 생존에 머무르지 않고 경제적 번영, 인권, 민주주의, 그리고 사회문화 영역까지 확대하자는 의미도 포함하고 있다. 이는 문재인 정부의 트레이드 마크라 할 수 있는 '사람이 중심이 되는' 정책 지향성과도 연결되며, 국내정치는 물론 대외정책에도 적극적으로 반영했다. 플러스는 또한 노무현 정부 당시 '동북아시대위원회'를 설립하여 적극적으로 추진했던 지역 비전을 계승, 발전시킨다는 의도를 담고 있다. 노무현 정부는 김대중 정부의 동아시아 지역 정책을 계승하여 '평화 번영의 동북아 시대'를 천명했다. 하지만 김대중 정부의 동아시아공동체 수립 노력을 동북아로 한정하면서 퇴행적이라는 지적이 따랐고, 북핵 문제 발생으로 경제협력 사업의 한계가 드러나면서 문제점을 노출했다. 동북아 플러스 책임공동체는 이런 경험을 통해, 업그레이드시킨 지역구상을 준비하려는 노력의 결과였다.

[그림 5-1] 동북아 플러스 책임공동체의 점진적 발전 단계

또 하나의 핵심키워드인 '책임'은 책임국방, 국민안전책임, 치매 국가책임제 등 문재인 정부를 대표하는 키워드와 맥을 같이 하는 것으로 대외정책 구상에서도 다시 강조한다. 책임이란 가장 단순하게 다자협력에 대한 진정성에서부터, 궁극적으로는 참여국들에 책임을 물을 수 있는 법적 구속력이 있는 공동체로의 발전까지 목표로 하고 있다. 그림 5-1에서 볼 수 있듯이 4가지 점진적 단계를 상정하고 있는데, 먼저 실천성이 담보되지 않은 정치외교 담론이나 허황한 상상의 담론이 아니라 '진정성sincerity'을 가지고 실현 가능한 구상에 참여하자는 것이다. 두 번째 단계에서는 구동존이求同存異의 정신으로 같음을 추구하고 다름을 존중하며 '공존co-existence'을 추구한다. 세 번째 단계로서 참여하는 국가들은 현존하는 위기와 갈등을 극복하고 평화와 번영을 이룸에 있어 '의무감accountability'을 가지도록 촉구한다. 마지막 단계로는 지금 당장은 힘들다고 하더라도 향후 참여국들이 전쟁방지와 평화번영을 위한 협력질서 구축이

라는 법적 '책임responsibility'을 물을 수 있는 공동체를 형성하는 것을 목표로 삼는다. 이렇게 책임공동체는 자체적으로 4가지의 점진적 단계를 거친다. 국내정치에서 안보나 치매에 대한 국가의 책임을 말할 때는 곧바로 최종 단계인 법적 책임의 수준으로 시작할 수도 있지만, 국제정치에서는 낮은 단계인 진정성이나 공존의 수준에서 시작, 이후 점진적인 발전을 이루면서 의무와 책임의 수준으로 발전하는 것을 목표로 할 수밖에 없다.[5]

이렇게 동북아 플러스 책임공동체는 문재인 정부가 대선 전부터 면밀하게 준비한 한국판 중장기 생존번영 전략으로, 중견 국가의 위상을 활용해서 지정학적 취약성을 극복하고 평화와 번영의 미래를 준비하고자 하는 대한민국의 중장기적인 지역구상이었다. 이를 바탕으로 한국은 한편으로는 북핵 문제를 해결하고 남북관계를 개선함으로써 평화를 이룩하는데 진력하며, 다른 한편으로는 동북아는 물론이고, 국가의 백년대계를 생각하며 아시아, 유라시아, 유럽, 아프리카까지 외교 지평을 적극적으로 확대해 나가자는 의지의 표명이었다.

동북아 플러스 책임공동체는
어떻게 발전해야 할까

동북아 플러스 책임공동체는 동북아 평화협력 플랫폼, 신남방정책, 신북방정책의 3가지 기본 축으로 구성했다. 평화와 번영의 유기적 연결은 문재인 정부의 대외정책의 기본적인 접근법이지만, 전자는 평화구축을 지향하고, 후자의 두 축은 번영에 집중한다. 먼저 동북아 평화협력 플랫폼은 다자협력의 전통이 깊지 않고 동맹질서가 지배적인 상황에서 한국 주도로 다자협력 외교를 통해 진영대결 구조를 완화하고, 이슈를 다양화하고 심화시키며, 가능하다면 제도화를 추진한다는 목표를 가지고 있다. 플랫폼이란 용어는 여러 다양한 구성요소나 행위자들이 자유로이 모일 수 있는 장을 의미한다. 바꿔 말해 우리 정부가 역내 구성원들이 모여 평화협력을 논의할 수 있는 대화의 장을 마련하되, 논의의 방향성과 범위에 대해서는 한정하지 않고 참여국들이 필요에 따라 자유로이 활용할 수 있게 하는 것을 의미한다. 구체적으로는 기존까지 추진해 온 역내국들의 비전통·연성 안보 협력과 더불어 안보·경제·문화 등 다방면의 협력을 폭넓게 모색하고자 하는 목표를 가지고 있다. 과거에는 정부가 바뀔 때마다 이전 정부의 지역구상을 폐기하고 새로운 지역 다자비전을 제시하는 경우가 대부분이었다. 하지만 동북아 플러스 책임공동체는 이전 정부들의 다자협력은 물론이고 박근혜 정부의 동북아

[그림 5-2] 동북아 플러스 책임공동체 구상의 구성

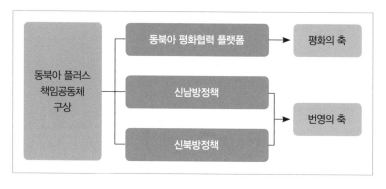

평화협력 구상까지 그 장점을 살려 계승하자는 취지까지 담았다.

대한민국의 미래를 위한 중장기적인 평화 구축은 신성장동력을 위한 번영 전략과 동반되어야만 효력을 발휘할 수 있다. 이에 따라 신남방정책과 신북방정책의 적극적인 추진을 번영의 핵심축으로 삼았다. 동북아 플러스 책임공동체는 국제질서 재편기에 한국의 자국 영향권 내 편입을 시도하는 중국의 '일대일로 구상', 러시아의 '신동방정책', 일본의 '지구본을 부감하는 외교'에 대응하는 한국판 중장기 생존·번영 전략이다. 또한 남북관계가 개선될 경우 환동해권, 환황해권, 그리고 휴전선이 만들어내는 'H'자 형태의 '한반도 신경제지도' 구상과도 연계되어 있다. 즉 문재인 정부는 적극적인 남북화해정책을 통해 한반도 위기를 극복하고, 러시아, 몽골, 유라시아로 향하는 신북방정책과, 아세안과 인도로 가는 신남방정책으로 동북아의 안보 딜레마를 우회하자는 원대한 계획을 세웠다.

신남방정책은 아세안과 인도, 더 나아가 호주 등을 주변 4개국과의 관계와 유사한 수준으로 격상하겠다는 문재인 대통령의 거듭된 언급과 깊은 관련이 있다. 아세안은 우리의 제2위의 교역·투자·건설 수주 대상이자 제1위 방문지역이며, 한류가 가장 왕성한 곳이다. 동시에 양자 관계는 최근 비약적으로 발전하여 중요성이 날로 커지고 있다. 경제적 중요성뿐만 아니라 미·중 패권갈등 상황에서 한국의 전략적 입지를 확보하는 것 또한 중요하다. 그렇다면 한-아세안 관계를 격상하는 것도 중요하지만, 남아시아 개별국가와의 외교 관계도 강화할 필요가 있다. 이 중에서 인도와의 협력도 중요성이 증대하고 있으며, 더 나아가 호주와 뉴질랜드 등과의 협력도 추진해야 한다는 인식이다.

신북방정책은 한반도가 대륙을 향해 평화와 번영의 공간을 창출하는 것을 목표로 출발했다. 즉 한반도 냉전 동안 닫힌 공간이었던 북한과의 물리적 연계를 출발점으로 남북 간 경제협력과 통합을 모색함과 동시에 러시아 및 중국을 포함한 유라시아 지역 국가들과 경제적 연계를 시도함으로써 개별국가의 경제적 이익을 바탕으로 지역 평화를 도모하고자 했다. 유라시아 대륙 국가들과 교통물류 및 에너지 인프라 연계를 통해 새로운 성장 공간을 확보하고 공동의 번영을 도모하는 동시에, 신남방정책과 더불어 해륙복합국가로 새로운 일자리 창출과 지속 성장을 견인해 차세대 경제 성장 동력을 확보하려는 시도다. 과거 정부에서 '북방'과 '유라시아'는 실체가 없는 관념과 구호에 불과했고, 국가발전의 에너지를 '북방'으로 투사하려는 실질적인 정책은 부재했으며, 포괄적인 정책목표와는 달리 구체적 사업과 예산이 부족하여 성과는 미흡했다는 점을 깊이 인식하고 이를 제대로 추진하겠다는 의도다.

이렇게 동북아 플러스 책임공동체의 구상이 한반도와 동북아를 넘어 주변 지역의 평화번영 여건 조성을 위한 한국의 중장기 외교 비전으로 설정되었지만, 그 배경과 목표, 방향 등에 대한 관련 분야 전문가와 일반 국민의 이해와 공감이 매우 부족한 것은 사실이다. 특히 박근혜 정부의 국정농단 사건으로 촉발된 촛불혁명으로 2017년 5월에 전격 출범했던 문재인 정부는 사드 논란, 북핵 문제, 국내 적폐청산 및 개혁 등 다급한 현안에 정책의 무게중심이 실리고, 전쟁 위기의 한반도를 정상외교를 통해 완화하는 데 전력을 기울여야 했으므로 이런 중장기 정책 비전을 적극적으로 알리고 추진하는 노력이 미흡했다. 중장기비전이 태생적으로 가진 한계지만, 구체성이 부족했고 구상으로서의 추상적이고 함축된 의미가 대중에게 쉽게 전달되는 데는 어려움이 따랐다. 더욱이 국정과제에 포함되어 정부가 추진하고 있는데도 이전 정부의 여타 동북아 정책구상과의 차별성을 제대로 드러내지 못하고 있다는 점은 문제다.

또한 동북아 플러스 책임공동체라는 상위의 정책 비전을 구성하는 3가지 축이 상호 긴밀하고 유기적인 연계체계를 이루지 못하고, 마치 별개의 정책의제인 양 독립적인 단위로 작동되고 있다. 조직적 측면에서도 정책추진 주체와 단위의 상호 부조화와 불균형이 발생하고, 파편화되는 경향을 보이는 것이 가장 심각한 문제다. 구상을 기획할 때부터 동북아플러스위원회(가칭)를 통해 3가지 축을 종합적으로 관리하는 것을 상정했지만 성사되지 못하면서 개별 축들이 상황과 필요에 따라 분리해 추진되었다. 국정기획자문위원회에서 100대 과제 중 위원회 설립을 전제한 중점과제 4가지를 선정했는데, 외교 분야의 위원회가 빠진 것이 가장 안타까운 부분이다. 선거 전에는 외교안보 이슈가 핵심이지만, 정권이 출범한 이후에는 내부의 권력 구조상 외교안보 영역이 뒷전으로 밀리는 경우가 많고, 문재인 정부에서도 반복되었다. 3가지 축은 구심점을 잃고 파편화되었다. 신북방정책은 우여곡절 끝에 2017년 12월 북방경제협력위원회가 출범하면서 따로 떨어져 나갔고, 신남방정책 추진체는 표류하다가 2018년 8월에 정책기획위원회 산하의 특별위원회로 편입되었다. 그리고 동북아 평화협력 플랫폼은 별도의 전담조직 없이 외교부가 단독으로 담당하게 되었다.

동북아 플러스 책임공동체 구상은 한국의 가교 국가 역할을 증대하기 위한 전략으로 발전하는 것이 바람직하다. 이를 위해 중국의 일대일로, 러시아의 신동방정책, 미국과 일본의 인도·태평양 전략에 대해 치밀하게 분석해야 할 것이다. 특히 중국과 러시아를 전략적 경쟁국이자 현상타파 국가로 바라보는 미국이 일본과의 협력을 강화하고, 한국의 참여를 촉구하는 움직임에 적극적인 대응이 요구된다. 현재의 전략적 모호성을 유지하며 소극적으로 대응하는 것은 사드 배치 사례의 오류를 반복할 수 있다는 점에서 바람직하지 않다. 오히려 적극적으로 진영을 넘어, 약한 강도의 크로스오버 협력 프로젝트를 추진함과 동시에 역발상의 측면에서 강대국들의 지역 비전에 중첩적으로 참여하는 것도 고려해야 한다.

메가 아시아 속
한국의 비전을 준비해야

한국은 지정학적 긴장과 갈등의 진영 구도가 심화하는 동북아 지역에서 생존을 위한 번영에 우호적이고 협력적인 환경조성이 무엇보다 필요하다. 물론 시급히 해결해야 할 당면과제는 북핵문제 해결을 통해 남북 및 북·미관계를 개선함으로써 한반도 평화 프로세스를 성공적으로 이끄는 것이지만, 국가의 중장기적 전략 비전의 추진 역시 간과할 수 없다. 이 둘은 따로 떨어져 있는 게 아니라 상호보완의 관계이며, 특히 국가의 중장기적 전략 비전을 추진하는 것은 한반도 평화 프로세스가 가야 할 바람직한 길을 제시한다는 함의가 있다. 한반도가 미·중 패권경쟁의 단층선으로 격화되고, 지정학적 안보 딜레마의 약한 고리로 발화되는 사태를 막기 위해서는 한국이 적극적으로 대립을 해소하고 지역협력을 견인하는 능동적 역할에 나서야 한다. 강대국 이해관계의 충돌이 언제든지 발화될 수 있는 협소한 동북아라는 공간을 넘어(플러스) 국가발전 동력을 집중하고 대외전략을 투사할 수 있는 전략 공간을 확장하는 것이 필요하다.

차기 정부는 이에 대한 명칭이나 구상이 달라질 수도 있으나, 동북아 플러스 책임공동체 구상의 배경과 비전 등은 계승하고, 한계를 극복해 훨씬 더 진전된 지역구상으로 발전시킬 의무가 있다고 믿는다. 앞으로도 여전히 남북관계의 특수성, 북한의 비핵화 문제 등에서 비롯되는 한반도라는 중심축을 설정해야 하겠지만, 전략적 핵심공간은 국격의 신장과 글로벌 전략환경 및 통상질서의 변화에 맞추어 외교 지평을 보다 '큰 공간'으로 확장해가는 대전환이 필요하다. 한·중·일 3국 간 관계는 물론 남북과 4강만 포함하는 동북아 차원으로 좁혀 사고하는 지역협력의 담론은 유용하지 않고 전략적으로 바람직하지 않다. 때문에 21세기 대유라시아 시대라는 지역협력의 공간을 설정해야 한다. 광역화 공간을 대상으로 국격에 맞는 '큰 외교'를 전개하는 대전환이 필요하다는 의미다. 중국의 '일대일로' 구상, 미·일을 비롯한 서방의 '인도·태평양 전략', 러시아의 '대유라시아$^{Greater\ Eurasia}$' 구상 등이 격돌하는 중첩 지역을 핵심공간으로 설정하고, 여기에서 대전환 시기 평화와 번영을 구가할 수 있는 협력, 공생, 연대의 지대를 구축해야 한다. '큰 외교'가 전개될 전략적 핵심공간은 사실상 문재인 정부가 추진했던 신남방과 신북방을 포괄하는 지역이지만, 과거처럼 분리 단절된 이원적 공간의 배치가 아니라 신남방과 신북방이 상호 연계되고 대외정책의 에너지가 균형 있게 투사되는 통합공간이 구축되어야 한다.

또한 '큰 외교'의 확장된 공간은 현재 21세기 '대유라시아', 혹은 '메가 아시아'여야 한다. 특히 메가 아시아는 아시아 내 존재하는 다양한 지역들이 신대륙주의 및 신지역주의와 같은 지구적·지역적 필요에 따라 서로 연결될 것이며, 거대한 상호작용의 공간은 향후 경제-기술-안보 통합전략의 공간이 될 것이고, 이는 메가 지역협력 공간을 가능하게 할 것이다. 중국의 부상에 따른 미·중 전략경쟁이 고조되면서 그 주된 경쟁지로서 아시아가 주목받게 되었고, 전략적 중요성은 한층 높아지고 있다. 유럽, 북·미, 동아시아라는 세계 경제의 3대 축을 중심으로 지구적 세력 배분을 논의하던 시각은 최근 축 사이의 연결에 주목하는 시각으로 대체되고 있다는 사실을 인지해야 한다. 북·미의 축과 유럽의 축을 연결하는 대서양 연대는 이미 그 역사가 오래며 안정적이다. 미국과 일본이 진력하는 북·미와 동아시아의 축을 연결하려는 노력은 환태평양경제동반자협정^{TPP} 등의 형태로 표출된 바 있다. 한편 중국과 러시아가 추진

중인 아시아와 유럽을 연결하려는 노력은 일대일로 전략Belt and Road Initiative(BRI) 등으로 나타나면서 서로 각축하고 있다. 최근 들어 주목받고 있는 인도·태평양 전략은 중국의 전략에 대한 견제의 성격과 더불어 아·태 구상의 확장된 버전으로 이해될 수 있다.

이러한 강대국 중심의 구상과 각축에 대하여 아시아 각국은 개별국가의 이익뿐만 아니라 아시아의 각 지역이 지닌 구도에 따라 신중하게 반응하고 있으며, 유럽 또한 이 과정에 대해 관망세에서 벗어나 적극적으로 반응하고 있다. 특히 중국 주도의 아시아 미래에 대한 고민이 아시아 내부에서도 심심치 않게 표출되고 있다. 다시 말해 중국이 주도하는 아시아의 미래는 또 다른 의미에서 분열하는 모습이 될 수도 있다. 아시아를 분열시키고 고립시켰던 기존 서구의 전략으로부터 분명 탈피하고 극복해야 하지만, 동시에 아시아 내 압도적 영향력을 지닌 중국의 일방주의에 기초한 아시아 질서의 재편이 가져올 수 있는 위험에 대비하면서, 아시아 보편의 평화와 공영의 전략을 담을 수 있는 그릇을 준비해야 한다. 이에 대비해 변화하는 아시아 안팎의 상황 속에서 아시아 내의 다양한 주체들의 상호작용을 종합적으로 이해하는 틀로서 아시아를 메가 지역으로 조망하는 시각이 필요하다. 거대지역으로서의 새로운 아시아는 서로 다르면서도 공통의 역사적 경험을 가진, '여럿이면서 동시에 하나인 지역'으로 발전하고 있다. 따라서 아시아를 권역 단위라는 부분이나 그 합으로 파악하는 시각을 넘어 '메가 아시아', 즉 아시아 '전체'를 하나의 단위로 설정하여 개념적이며 현상적으로 규명하는 새로운 시각이 필요하다.

평화의 바다에서 함께 유영할 돌고래들에게

"정치의 꽃은 복지이고, 외교의 꽃은 평화이다."

정치학자로서 필자의 좌우명 같은 것이며, 이미 여러 차례 인용해 온 말이기도 하다. 반복하는 가장 큰 이유는 세상이 아직 그렇지 않기 때문이다. 아직도 약자를 위한 정치는 멀었고, 평화를 위한 외교는 턱없이 모자라기에 자꾸만 되뇌게 된다.

약육강식의 세계에서
정치는 '돌봄'이 되어야

"인간은 정치적 동물이다!"라는 아리스토텔레스의 유명한 경구는 여러 해석이 있을 수 있다. 하지만 필자는 인간사회에서 정치를 빼면 '인간은 동물이다'가 된다는 데 주목했다. 즉 인간사회에서 정치가 사라지면 약육강식의 질서가 너무도 당연한 짐승의 세계가 되지만, 정치가 제대로 작동하면 약자가 보호받는 진정한 인간(문명)의 세계가 된다는 것이다. 그리고 약자를 보호하는 가장 구체적인 정책은 복지를 통해 실현할 수 있다. 가난한 이들에게 돈을 주는 단순한 정책적 복지만을 말하는 것이 아니라, 권력 격차와 빈부 격차의 약육강식이 판치는 정글 같은 질서에서 약자를 향한 끊임없는 포괄적인 '돌봄'의 정치가 필요하다는 말이다. 아리스토텔레스는 이성이 인간의 고유한 영역이며, 정치가 바로 그런 이성을 실천하는 영역이라고 했다. 문명사회의 인간다운 이성은 세상이 초래하는 불평등을 정치가 교정하고, 약자를 돌보는 것을 지향한다. 그런 정치를 이루는 것이 시대정신이다.

평화 역시 가까워지기보다 멀어지고 있다. 전쟁은 어떤 경우에서도 막아야 하지만, 우리가 사는 세상에서는 여전히 전쟁을 멈출 생각조차 하지 않는다. 만인의 만인에 대한 홉스적인 투쟁은 국내뿐 아니라 국제무대에서 격화하고 있으며, 공동의 번영보다는 각자도생의 자국 이기주의와 군비경쟁이 만연하고 있다. 미·중 패권 갈등이 심화하고, 남북한의 대화와 평화공존은 멀어지고 대치와 갈등은 길어지고 있다. 전쟁이 숙명이고, 끊임없는 생존에 대한 위협과 공포를 운명으로 받아들인다면야 외교는 필요하지 않을 것이다. 그러나 외교는 안보를 확보하는 가장 값싼 방법이며, 평화는 안보가 지향해야 하는 궁극적 목표다. 이 땅에서 지속 가능한 평화를 위한 외교를 달성하는 것 역시 시대정신이다.

유엔무역개발회의 사상 최초
개발도상국에서 선진국으로

오늘날 세계가 부정적이고 비관적인 물결이 압도하는 것처럼 보이지만, 희망적 대안들도 조금씩 힘을 얻고 있다. 배타적 민족주의의 부상과 미·중 대결의 심화로 인한 불안한 질서는 국제협력의 부활에 대한 기대감을 키운다. 상황이 악화할수록 효율보다는 삶의 질이, 돈보다는 생명이 중요한 사회에 대한 끌림과 바람도 함께 커지는 법이다. 권위주의의 침입이 늘어나면서 민주주의의 후퇴를 가져온 듯하지만, 민주주의 체제를 경험한 사람들은 권위주의가 내세우는 단기간의 효율성이 품은 야만성을 그리 오래 수용하지 않을 것이다. 자본의 무한 확산을 허용했던 시장은 빈부 격차의 치명적 결과를 반성하고, 공적 국가의 복귀로 교정을 수용할 수 있을 것이다. 여기에 대한민국은 훌륭한 대안이 될 수 있다. 시장에 의해 국가가 무력해진 서구식 체제와 시민사회의 부재 속에 권위주의가 맹위를 떨치고 있는 중국식 체제 사이에서, 한국은 자유로운 시민사회와 공적 국가의 역동적 균형이 가능함을 보여줬다. 한국은 전쟁, 분단, 독재로 점철된 나쁜 국가의 과거를 가졌으나, 동학에서 4·19혁명, 5·18 광주민주화운동에서 6월 민주항쟁, 그리고 촛불혁명으로 이어지면서 힘을 키운 시민사회가 나쁜 국가를 견제하고, 선을 넘을 때마다 봉기하여 몰아내었으며, 민주성과 공공성을 지닌 착한 국가를 재소환했다. 아직 갈 길이 멀지만, 촛불혁명과 코로나 방역에서 증명한 우리의 높은 시민의식이 만들어가는 대한민국의 미래를 너무 비관할 필요는 없다.

한국이 세계가 주목하는 대단한 나라가 되었다는 것은 이제 객관적 사실이다. 대한민국은 국력, 국위, 국격의 놀랄 만한 도약으로, 국제질서에 영향을 줄 수 있을 정도로 중요한 플레이어가 되었다. 본문에서 제시한 많은 자료와 수치에서 드러나듯 우리의 하드파워와 소프트파워는 함부로 넘볼 수 없을 만큼 커졌다. 개발도상국들이 배우기를 원하는 바람직한 모델인 동시에 무엇보다 세계인들이 한국을 정말 좋아한다. 제국주의에 의한 식민지 과거도 억울한데 여전히 국제자본주의 체제 불평등의 최대 피해자인 아시아, 아프리카, 중남미 지역 국가들이 특히 한국을 좋아한다. 이는 제국주의 침탈의 피해를 공유하면서 경제발전의 성공사례와 한류의 매력 덕분이기도 하지만, 이들 국가를 괴롭혔고 지금도 이용하려는 패권적 강대국들과는 달리 한국은 위협적이지 않은 국가라는 점이 어필한다. 한국이 가치사슬의 실력자로서, 그리고 가치 규범의 모범국으로서 협력적 글로벌 거버넌스의 주역으로 발돋움할 기회가 왔다.

잘사는 대한민국에 사는
한국인도 행복해지려면

물론 대한민국은 잘나가는데, 그 안에 사는 한국인은 행복하지 않다는 말은 함께 자성해야 할 뼈아픈 지적이다. 쉽고 빠른 해결은 불가능하다. 인식의 전환이 중요하지만, 숨 막히는 적자생존의 전쟁터 같은 한국사회가 근본적으로 변화해야만 가능하다는 점을 견지하며 긴 안목으로 오랜 노력을 기울여야 할 일이다. 재화는 한정적인데 원하는 사람은 너무 많다는 구조적 한계 속에서 능력에 따라 배분하는 것은 일단 공정하다. 그러나 오늘날 한국사회에서 금과옥조처럼 여기는 능력주의의 일방적 적용은 생존과 경쟁을 극단으로 몰고 갈 수 있다. 따라서 약자에게 최소한의 인간다움을 유지할 수 있는 공적 국가의 복지적 분배기능은 필수다. 덧붙여 소위 부모 찬스, 낙하산 인사, 공직 비리, 부정행위, 검찰, 언론, 기업 등의 기득권 카르텔을 막지 않으면 국가 시스템은 작동하지 않고, 선량

한 시민은 좌절한다는 사실을 기억해야 한다. 기울어진 운동장을 평평하게 만드는 노력 없이 경쟁의 공정성을 말하면 국민은 행복을 상실한다.

대한민국이 미래에도 잘나가기 위해, 그리고 그 안에 사는 사람들이 행복해지려면 더불어 사는 사회를 만들어야 하는 것은 의문의 여지가 없다. 이와 함께 평화의 가치는 너무도 중요하다. 평화를 달성하기 위해 외교는 혁명에 가까운 새로움으로 거듭나야 한다. 한국이 서구와 일본의 오류를 뒤따르는 아류제국주의가 되지 않아야 한다. 서구사회가 오리엔탈리즘의 선입관으로 차별과 멸시의 눈으로 제3세계를 대했던 행보를 우리가 반복하고 있는 것은 아닌지 깊이 성찰해야 한다. 벼락부자의 오만을 버리고 포용과 관용, 그리고 무엇보다 겸손함으로 다른 나라 사람들을 대해야 할 것이다. 눈앞의 경제이익만 혈안이 되어 기대를 실망으로 변하게 만들어서는 안 될 것이다. 한국에 열광하던 나라 중에 오히려 혐한을 외치고 있는 나라가 하나둘씩 나오고 있다는 것에 경각심을 가져야 한다.

내부적으로는 분단체제에 기생하며 기득권을 유지해 온 안보장사꾼들을 배격하고, 외부적으로는 극우민족주의 강경파들이 득세하는 한반도 주변 국제질서에서 중심을 잡고 주도적인 외교로 평화를 도모해야 한다. 시쳇말로 '국뽕'에 취하거나 우리만 잘살겠다는 편협한 이기주의의 나라가 되는 데 애쓰지 말고 함께 행복하게 살 수 있는 세계를 건설할 외교를 펼쳐야 한다. 사람이 고통받고, 죽어가는 비극적 상황에 대한 품격을 지키면서 겸허한 마음으로 천박한 자본주의가 가차 없이 내쳤던 생명, 생태, 환경의 가치를 수호해야 우리도 살고 세계도 사는 길이다.

더 나은 세계를 이끌 의무를 망각하고 있는 미·중 패권 질서에서 선택하는 구조를 탈피해 처지와 가치를 같이하는 국가들과 연대해 제3의 지대를 구축하자. 약소국 콤플렉스를 벗어나 '고래 싸움에 등 터지는 새우' 신세가 아니라, '영민하게 움직이며 중요한 역할을 하는 돌고래'라고 자신 있게 외칠 수 있어야 한다. 더욱이 돌고래는 혼자 다니지 않는다. '함께 평화의 바다를 유영할 돌고래'들을 모으자. 연대를 통해 각자도생의 단절과 고립 속에서 도리어 가치와 협력의 공간을 지향하고, 방법과 능력이 없는 사각지대에 놓인 국가들을 도와야 한다. 이것이 가능하기 위해서는 관성으로 반응하는 외교가 아니라 창의적으로 선도하는 외교로 도약해야 한다. 경제는 물론이고, 외교도 추격자에서 선도자로서의 위상과 능력을 발휘할 때가 도래했다. 그런 외교를 위해 필자의 '졸작'도 한 모퉁이에서 작은 참고서가 되기를 바란다.

주

1장. 흔들리는 국제질서

1 토마 피케티 지음, 장경덕 외 옮김, 《21세기 자본*Capital in the Twenty-First Century*》, 글항아리, 2014.

2 Richard Haas, "The Age of America first:Washington's Flawed New Foreign Policy", *Foreign Affairs*, 2021.11/12.

3 Joshua Shifrinson and Stephen Wertheim, "Biden the Realist, The President's Foreign Policy Doctrine Has Been Hiding in Plain Sight", *Foreign Affairs*, 2021.9.9.

4 Mohamed El-Erian, *When Markets Collide:Investment Strategies for the Age of Global Economic Change*, New York:McGraw Hill, 2008.

5 올드노멀이라는 개념은 뉴노멀이 등장하면서 그 이전에 있던 사회를 규정하는 말이 되었다. 본 책에서 뉴노멀은 상당 기간 비정상적 상황이 마치 정상처럼 지속하는 것으로 정의했으므로, 올드노멀은 과거 질서의 안정성을 설명하는 용어라고 할 수 있다. 물론 올드노멀이 다 긍정적이라는 말은 아니며, 부정적이든 긍정적이든 한 가지 확실한 질서가 안정적으로 유지된다는 것은 분명하다.

6 인류 전체를 세계의 시민으로 보는 입장이다.

7 Steve Tesich, "A Government of Lies", *The Nation*, 1992.1.6.

8 강성현, 《탈진실의 시대, 역사 부정을 묻는다》, 푸른역사, 2020.

9 이영훈 외, 《반일 종족주의》, 미래사, 2019.

10 랜섬웨어*Ransomware*는 몸값을 의미하는 랜섬과 소프트웨어의 합성어로, 악성 프로그램의 일종이다. 사용자의 동의 없이 컴퓨터에 침입해 주요 파일이나 문서를 암호화한 다음 암호를 풀어주는 대가로 금품을 요구한다. 금액을 지급하더라도 파일이 복구된다는 보장은 없다.

11 이언 골딘, 로버트 머가 지음, 추서연 외 옮김, 《앞으로 100년:인류의 미래를 위한 100장의 지도*Terra Incognita*》, 동아시아, 2021.

12 David Wallace-Wells, *The Uninhabitable Earth:Life After Warming*, New York:Tim Duggan Books, 2019.

13 실패 상황이나 부정적 결과에 대해 책임을 인정하지 않고 서로에게 책임을 전가하

는 것을 가리킨다.

2장. 잘나가는 한국, 행복하지 않은 한국인

1 박해식, 〈전경련 '올해 수출, 역대 최고 실적'…2024년엔 세계 6위 수출국〉,《동아닷컴》, 2021.11.30.

2 ESG는 환경Environment, 사회Social, 거버넌스Governance의 머리글자를 딴 것인데, 미래의 기업활동은 친환경, 사회적인 책임 경영, 지배구조 개선 등을 고려하는 것이 경영의 성패를 좌우한다는 개념으로 최근 급부상했다.

3 이한듬, 〈세계가 인정한 '선진국' 대한민국, G7과 어깨 나란히〉,《머니S》, 2021.9.20.

4 Jiyoung Sohn and Timothy W.Martin, "In Hunt for Next 'Squid Game', Streaming Services Battle for South Korean Shows," *Wall Street Journal*, 2021.12.28.

5 Ronald Inglehart, "Postmaterialist Values and the Shift from Survival to Self-Expression Values," in Russell J.Dalton and Hans-Dieter Klingemann(Eds.), *The Oxford Handbook of Political Behavior*, Oxford:Oxford University Press, 2007.

6 김난도, 전미영 외 6명,《트렌드 코리아 2018》, 미래의창, 2017.

7 박정익, 〈심상정 신년사:시민의 삶이 선진국인 완전히 새로운 대한민국 필요〉,《메트로 신문》, 2021.1.1.

8 소득 분배 불평등 정도.

9 유발 하라리 지음, 조현욱 옮김,《사피엔스》(김영사, 2015), 60쪽.

10 박태웅,《눈 떠보니 선진국:앞으로 나아갈 대한민국을 위한 제언》, 한빛비즈, 2021.

11 장시복, 〈뉴노멀이 한국사회에 던지는 경고〉(《릿터》 1호, 민음사, 2016. 8/9), 30쪽.

12 오혜진, 〈혐오의 시대:한국문학의 행방〉,《릿터》 1호, 민음사, 2016. 8/9.

13 "Devastatingly Pervasive:1 in 3 Women Globally Experience Violence", Joint News Release GENEVA | NEW YORK, 2021.3.9.

14 강력범죄의 80%가 여성이라는 말은 2016년, 이른바 '강남역 묻지마 살인사건' 이후 여성계에서 자주 인용해 왔고, 남성단체에서는 사실이 아니라고 대응해서 논란이 되어왔다. 그러나 이 말은 사실이다. 2020년 통계를 보면, 전체 강력범죄 피해자는 2만 4332명이고, 이중 남성이 2821명, 여성은 2만 1006명, 성별 불상이 505명이었다. 성별 불상을 제외하면 남성이 11.8%, 여성이 88.2%였다. 그리고 2011년부터 2020년까지 10년간 통계 역시 남성이 13.3%, 여성이 86.7%였다. 오

히려 80%는 실제보다 약하게 표현된 것이라고 할 수 있다.

이수정, '[팩트체크]강력범죄 피해자의 80%는 여성?', 〈열린라디오 YTN〉, 2021. 12.20.

15 통계설명자료 참고:온라인쇼핑동향조사 통계정보보고서, 통계청, 2020.12.
(https://meta.narastat.kr/metasvc/index.do?orgId=101&confmNo=101056&kosisYn=Y)

16 Statista, "Main reason why tourists chose to visit South Korea in 2019"
(https://www.statista.com/statistics/1134859/south-korea-main-travel-reason-for-tourists/)

17 배타적이고 폐쇄적인 애국주의, 국수주의.

18 〈[카버의 한국 블로그] 황당한 '두 유 노' 질문〉,《동아일보》, 2019.4.19.
(https://www.donga.com/news/Opinion/article/all/20190412/95015195/1)

19 홍석경, 〈한류의 세계화:이해와 오해〉,《아시아 브리프》1권 23호, 서울대학교 아시아연구소, 2021.
(http://asiabrief.snu.ac.kr/?p=355)

20 제페토ZEPETO는 네이버 Z가 개발한 메타버스metaverse 플랫폼이다. 이곳에서 이용자들은 3차원의 가상현실 속에서 다양한 정체성을 가진 부캐(부캐릭터)로 변하고, 새로운 개성을 뽐내고, 전 세계의 캐릭터들과 연결될 수 있다. 제페토의 경우 아시아 최대규모로, 전 세계 2억 5천 명가량의 이용자를 확보하고 있으며, 이 중 90%는 해외 거주 이용자다. 메타버스의 특징은, 글과 실물 사진 중심인 트위터, 페이스북, 인스타그램과 달리 '가상 그래픽 이미지' 중심이라는 점이다. 모든 유·무료 아이템은 가상이며, 구매 비용이 현물로 결제되어도 현실에서는 소유할 수 없다. 나이키, 구찌, 디올, 나스 등 다양한 패션 및 뷰티 브랜드와의 협업을 선보이기도 한다.

21 Henry Wong, 〈Squid Game:the hellish horror show taking the whole world by storm〉 (https://www.theguardian.com/tv-and-radio/2021/sep/28/squid-game-the-hellish-horrorshow-taking-the-whole-world-by-storm)

3장. 위기를 기회로

1 Bryan C.Mezue, Clayton M.Christensen, and Derek van Bever, "The Power of Market Creation:How Innovation Can Spur Development", *Foreign Affairs*, 2015.1/2.

2 김기정 외, 〈외교 유연성의 의미와 의의〉(국가안보전략연구원, 2021.5.31), 23쪽.

3   헤징 전략Hedging Strategy은 원래 경영학에서 사용하는 용어인데 최근 외교에서도 많이 사용한다. 의미는 위험을 회피하고 이익을 확보하기 위해 다양한 수단과 대안을 마련하는 전략을 말한다. 미중 사이에서 어느 한쪽을 선택하기보다, 양쪽으로부터의 위험을 회피하는 것을 우선시하는 전략을 말하기도 한다.

4   ODA 주관기관인 기재부EDCF, 유상차관와 외교부KOICA, 무상증여 외에도 주요 부처와 42개 기관이 1682개의 사업을 추진하고 있다.

5   '국내 청중 비용domestic audience cost' 개념은 국제정치에서 위기를 끌어올렸다가, 물러서는 경우 국내정치에서 치르는 비용을 말한다. 가장 극단적인 사례는 상대국에 최후통첩을 했는데, 막상 그 시점이 되었을 때 실행하지 않고 꼬리를 내림으로써 감수할 국내 지지 상실 같은 것이다. 일반적으로는 장기적 국익을 위한 결정을 했더라도 국내의 여론이 악화하여 단기적 정치적 비용을 치르는 것을 포함한다. 오늘날은 국내정치가 외교를 움직인다는 점에서 청중 비용이 나날이 커짐에 따라 국익을 위한 중장기적 외교가 어렵게 되고, 정권연장 같은 국내정치적 목적을 위해 인기영합적 포퓰리즘이 득세하게 된다.

6   https://freedomhouse.org/report/freedom-world/2021/democracy-under-siege

7   제1차 세계대전과 제2차 세계대전 사이의 과도기.

8   가치, 규범, 규칙 등.

9   Ankit Panda, "The Hwasong-15:The Anatomy of North Korea's New ICBM:Is the Hwasong-15 the Apotheosis of North Korea's Ballistic Missile Program?", *The Diplomat*, 2017.12.6.

10 Bruno Tertrais, "The Causes of Peace:The Role of Deterrence", Fondation pour la Recherche Strategique, Recherches & Documents No.02/2018, 2018.1.12. p.5. (www.frstrategie.org/web/documents/publications/recherches-et-documents/2018/201802.pdf)

11 문정인, 〈문정인 칼럼:다시 평화를 말한다〉,《한겨레》, 2020.7.22.

12 Jon Grevatt and Craig Caffrey, "Seoul Approves Biggest Defence Budget Increase in a Decade", *Jane's 360*, 2018.12.10.

13 Jeff Jeong, "Inside South Korea's Military Wish list, As it Seeks Greater Control Over its Forces", *Defense News*, 2019.4.21.

14 이 부분은 필자의 책《전쟁하는 인간》(풀빛미디어, 2016)을 인용했다.

15 "The logic of war is power, and power has no inherent limit. The logic of peace is proportion, and proportion implies limitation. The success of war is victory; the success of peace is stability. The conditions of victory are commitment, the

condition of stability I self-restraint."
Henry Kissinger, *A World Restore: Illustrated edition* (Brattleboro, VT:Echo
Point Books & Media, 2013), p.138.

16 동남아시아 국가연합ASEAN 10개국(미얀마, 라오스, 태국, 캄보디아, 베트남, 필리
핀, 말레이시아, 브루나이, 싱가포르, 인도네시아)과 3개국(한국, 중국, 일본)의 협
동 포럼이다.

17 경성 이슈는 하드파워에 관련된 이슈를 말하는데, 핵무기, 군비경쟁, 군사동맹 등
을 가리키고 이를 주로 다루는 안보를 전통안보라고 한다. 대응 개념은 연성 이슈
로, 소프트파워에 관련된 이슈를 말하며, 문화, 기후문제, 이민 등을 가리키고 이
를 다루는 안보를 비전통 안보, 또는 신(흥)안보라고 부르기도 한다.

18 동남아시아국가연합 10개국과 한국·중국·일본·호주, 뉴질랜드 등 총 15개국이 참
여했다.

19 Stephen D.Krasner, *International Regimes*, Ithaca:Cornell University Press, 1983.

20 Amitav Acharya, "After Liberal Hegemony:The Advent of a Multiplex World
Order", *Ethics and International Affairs*, Carnegie Council for Ethics in
International Affairs, 2017.9.

21 정욱식,《한반도의 길, 왜 비핵지대인가?》, 유리창, 2020.

22 Alexander Dugin, *The Theory of a Multipolar World*, Northumberland, UK:Arktos
Media Ltd., 2020.

23 오수건설정보 블로그,〈블록경제Bloc Economy란?〉, 2018.7.17.
    (https://ohsu2008.tistory.com/7)

24 클라우스 슈밥 지음, 송경진 옮김,《클라우스 슈밥의 제4차 산업혁명》, 메가스터디
북스, 2016.

25 김태유·김연배,《한국의 시간》, 쌤앤파커스, 2021.

26 김태유·김연배, 위의 책, 75쪽.

27 2021년 10월 18일에 '제1차 대외경제안보 전략회의'가 열렸는데, 경제부총리가
주재하고, 과기부·외교부·농식품부·산업부·해수부 장관, 국조실장, 국정원 1차장,
통상교섭본부장, 특허청장, 국가안보실 2차장, 경제수석, 경제보좌관 등이 대거
참여했다. 이 회의체는 그보다 한 달 전인 9월 27일 제224차 대외경제장관회의
의 의결로 신설된 것인데, 새로운 회의체의 출범은 경제·통상 분야의 현안을 다
루던 회의체에서 최근 '안보'와 직결된 이슈에 대한 논의가 반드시 이뤄져야 함을
반영한다.

1 Johan Galtung, "Violence, Peace, and Peace Research"(*Journal of Peace Research* Vol.6, No.3, 1969)pp.167~191.

2 〈국민을 위한 평화:오슬로 포럼 기조연설〉, 청와대, 2019.6.12.
(https://www1.president.go.kr/articles/6495)
June 12, 2019Share(https://english1.president.go.kr/BriefingSpeeches/Inter KoreanRelations/606)

3 본 장은 필자의 다음 두 글을 인용했음을 밝혀둔다. 김준형, 〈한국의 대미외교에 나타난 동맹의 자주성-실용성 넥서스〉(《동북아연구》 제30권 2호, 2015)와 〈한미동맹을 한미관계로〉(《창작과 비평》 제46권 제1호, 봄호 2018).

4 헤겔의 변증법에서 '정립(테제)'을 부정하는 단계로, 반정립이라 부른다. 특정한 긍정적 주장에 반하는 특정한 부정적 주장이다.

5 이삼성, 〈한미동맹의 유연화를 위한 제언〉(《국가전략》 제9집 제3호, 2003), 9쪽.

6 Stephan M.Walt, "Why Alliances Endure or Collapse."(*Survival* vol.39, no.1, Spring 1997), pp.156~179.

7 이는 중국이 한반도 비핵화를 위한 해법으로 제시한 것이다. 쌍중단은 북한의 핵미사일 도발과 한미 연합군사훈련의 동시 중단을 의미하고, 쌍궤병행은 북한의 비핵화 이행과 함께 북미가 직접 협상을 통해 정전협정을 평화협정으로 전환하다는 제안이다.
(https://www.pewresearch.org/global/2020/10/06/unfavorable-views-of-china-reach-historic-highs-in-many-countries/ pg_2020-10-06_global-views-china_0-01/)

8 이오성, 〈중국의 모든 것을 싫어하는 핵심집단, 누굴까?〉, 《시사IN》 제717호 〈반중정서 리포트〉, 2021.6.15.
(https://www.sisain.co.kr/news/articleView.html?idxno=44821)

9 2021년 12월 31일 KOTRA의 발표에 의하면 한중 교육 규모는 1992년 63억 달러에서 2020년 2450억 달러로 38배 늘어났다. 2020년 기준으로 중국은 한국의 최대 교역국(전체 교역량의 24.6%)이자 최대의 수출 및 수입국이다.

10 조준형, 〈빛과 그림자 공존하는 한중수교 30주년:미·중 경쟁기 뉴노멀 필요〉, 《연합뉴스》, 2021.12.31.

11 2021년 7월 2일 발효된 러시아연방 대통령령 제400호 〈러시아연방 국가안보전략에 대하여〉 참조.

12 푸틴 대통령과 러시아 고위층의 부패를 파헤쳐 온 나발니는 푸틴 대통령의 정적
으로 꼽힌다. 2000년 정계에 입문했고, 2009년 이후 러시아연방 정부의 부패 문제
를 거론하고, 반푸틴 노선과 러시아 민주화 운동을 선동하며 주목받았다. 2013년
모스크바 시장 선거에 출마해 27.24%를 득표해 돌풍을 일으켰고, 2020년 8월 20
일 톰스크에서 모스크바로 가는 비행기 안에서 신경제인 노비촉Novichok 공격을 받
아 한동안 혼수상태에 있었으나 9월 7일 깨어났다. 이 독극물 공격의 배후로 푸틴
이 지목되었다.

13 일본의 자위대와 주일미군도 한국군과 주한미군과 비교해 공군, 해군, 그리고 해
병대 위주로 편성되어 있다는 사실도 전환에 훨씬 더 유리했다.

14 존 볼턴 지음, 박산호·김동규·황선영 옮김, 《그 일이 일어난 방》, 시사저널, 2020.

15 Robert Kagan, *Of Paradise and Power:America and Europe in the New World Order*, New York:Alfred A.Knopf, 2003.

16 2021년 9월 발족시킨 호주Australia, 영국UK, 미국US 3개국의 외교 협의체. 3개 국가
이니셜을 따서 지었다.

17 William A.Galston, "On China, We May Not Always Have Paris:Europe doesn't see its interests in the Pacific as identical to America's", *Wall Street Journal*, 2021. 9.21.

18 2021년 9월 독일 총선 결과 사민당(중도좌파)이 25.7%로 206석을 획득해
24.1%(196석)를 획득한 앙겔라 메르켈의 소속된 기민당-기사련(중도우파)보다 의
석이 많아졌다. 과반수를 획득한 정당이 없기에 이념이 다른 정당이 연합하는 이
른바 '신호등 연정'이 될 것으로 보인다. 이 경우 독일 내에선 메르켈 정권보다 진
보적인 정책이 실행될 것으로 보이지만, 대외정책 면에서는 미국과의 동맹이 강화
되는 반면 중국과의 관계는 경제적 경쟁자이자 체제적 라이벌system rival이라는 현
실주의적인 면이 강조될 것으로 보인다.

19 본래 2020년 6월 개최될 예정이었던 본 회의는 코로나19 팬데믹의 여파로 이듬
해인 2021년에 비대면 화상회의 방식으로 개최되었다. P4GPartnering for Green Growth
and the Global Goals 2030 이니셔티브의 기원은 2011년, 덴마크 코펜하겐에 사무국을
두고 유럽국가들을 중심으로 시작된 3GFGlobal Green Growth Forum(글로벌녹색성장포럼)로,
2017년 유엔에서 채택되며 참여대상 및 목표가 확대되었다. 제1차 회의는 2018년
코펜하겐에서 개최되었다.

20 비셰그라드 그룹Visegrád Group은, 1991년 헝가리, 폴란드, 체코슬로바키아 세 국가
가 헝가리 비셰그라드에 모여 개최된 정상회담을 기원으로 하고 있다. 이후 1993
년 헝가리, 폴란드, 체코, 슬로바키아 네 국가의 지역 협의체로 발전되었고, 2004

년 EU에 공동으로 가입했다. 2020년, 코로나19 팬데믹 상황에서도 한국은 비세그라드 그룹 국가를 대상으로 한 교역에서 역대 최다 규모인 168억 달러(약 19조 8천억 원)를 기록한 바 있다.

21 현재 전 세계 인공지능 연구기관이 집중되어 있는 빅 3는 미국(28%), EU(24%), 중국(23%)이다. 인공지능 관련 각종 동향과 통계를 수집, 연구하고 있는 기관으로 스탠포드대학교 산하 'Stanford Institute for Human-Centered Artificial Intelligence'가 대표적이다. 해당 기관에서 매해 발행하고 있는 인공지능 통계 지수AI Index 보고서에서 자세한 사항을 확인할 수 있다.

22 Ministère de l'Europe et des Affaires Etragères, France's Indo-Pacific Strategy, 2021.7.

23 Ramon Pacheco Pardo(ed.), "South Korea-EU Cooperation in Global Governance", Centre for Security, Diplomacy, and Strategy, 2021.12.13.

24 조현, 《한국 대사의 인도 리포트 : 너무나 멋진 인도》, 공감, 2020.

5장. 우리는 세계 5강으로 간다

1 조지 프리드먼 지음, 손민중 옮김, 《100년 후》, 김영사, 2010.

2 Karl Polanyi, *The Great Transformation : The Political and Economic Origins of Our Time*, New York : Beacon Press, 2001.

3 윤명철, 〈고조선 문명권의 흥망과 해륙활동〉(4장)
신용하 외 공저, 《왜 지금 고조선 문명인가 : 21세기 새로운 고조선 문명의 탐구》, 나남, 2019.

4 샌프란시스코 체제는 제2차 세계대전 이후 미국의 대아시아 전략의 핵심으로 미국이 아시아 국가들과 양자 동맹을 체결하고 안보 우산을 제공함으로써 아시아에서의 패권적 영향력을 유지했는데, 이는 유럽에서 북대서양조약기구NATO라는 다자적 접근을 했던 것과 비교된다.
Kent E.Calder, "U.S.Foreign Policy in Northeast Asia", in Samuel S.Kim(ed.), *The International Relations of Northeast Asia*(Lanham, MD : Rowman & Littlefield. Calder 2004), pp.226~227.

5 이는 국제정치학에서 스티븐 크래스너Stephen Kranser를 필두로 개진되고 있는 국제 레짐 이론과도 깊은 연관성을 가진다. 크라스너에 의하면 국제 레짐은 일반적으로 국제체제의 의미, 다자간 조정 협력, 공동 이익을 위한 협조, 국제기구나 공식 기구의 담론, 통치 양식 등을 의미하는데, 국제적 특정 쟁점 사항에 대하여 행위자들의

기대가 수렴되는 원칙, 규범, 규칙 그리고 의사결정 절차의 순서대로 점진적으로 발전할 수 있다는 것이다. 동북아 플러스 책임공동체는 협력에 대한 진정성의 기본적인 수준에서 시작해서 점진적으로 진전될 경우, 책임이라는 효력을 발휘하는 제도의 형성까지도 가능하다는 논리다.

대전환의 시대, 새로운 대한민국이 온다

제1판 1쇄 발행 2022년 3월 9일
제1판 3쇄 발행 2023년 12월 8일

지은이 김준형
펴낸이 나영광
펴낸곳 크레타
출판등록 제2020-000064호
책임편집 정고은
편집 김영미
디자인 강수진

주소 경기도 고양시 덕양구 청초로 66 덕은리버워크 B동 1405호
전자우편 creta0521@naver.com
전화 02-338-1849
팩스 02-6280-1849
포스트 post.naver.com/creta0521
인스타그램 @creta0521
ISBN 979-11-977842-2-4 03340